U0367833

高等学校教材
教师教育专业·教育学科类课程系列教材

教学原理与设计

张轶　主编

卞春麒　丁　敏　牟艳杰　副主编

化学工业出版社

·北京·

本书第一章重点阐述教学设计以及新课程背景下的教学设计。第二章在介绍课堂教学模式的基础上提出了不同知识类型的教学设计。第三章着重阐述了教学目标的性质、分类，并结合实例提出了设置与陈述教学目标的方法。第四章主要围绕指导课堂教学任务分析的理论，结合具体实例阐述了如何进行教学任务的分析。第五章从微观的角度介绍了课堂教学的具体教学方法。第六章首先介绍了国内外的主要教学模式，而后探讨了当代教学模式的共同特征和发展趋势。第七章结合具体课堂教学，阐述了课堂教学的主要教学技能。第八章主要介绍了学习者学习结果的测量与评价问题。第九章着重阐述了教学组织与课堂管理问题。

本书为教师教育专业学生提供比较完善的教材，为中学教师、中学班主任、准备参加教师资格证考试的人员提供比较完整、实用的学习辅导用书。

图书在版编目（CIP）数据

教学原理与设计/张轶主编. —北京：化学工业出版社，2010.12（2022.1重印）

高等学校教材　教师教育专业·教育学科类课程系列教材

ISBN 978-7-122-09681-4

Ⅰ. 教⋯　Ⅱ. 张⋯　Ⅲ. 课堂教学-教学研究-中学-高等学校-教材　Ⅳ. G632.421

中国版本图书馆 CIP 数据核字（2010）第 201348 号

责任编辑：李玉晖　杨　菁　　　　　　　　　装帧设计：韩　飞
责任校对：蒋　宇

出版发行：化学工业出版社（北京市东城区青年湖南街 13 号　邮政编码 100011）
印　　装：北京虎彩文化传播有限公司
787mm×1092mm　1/16　印张 12¼　字数 309 千字　　2022 年 1 月北京第 1 版第 9 次印刷

购书咨询：010-64518888　　　　　　　售后服务：010-64518899
网　　址：http://www.cip.com.cn
凡购买本书，如有缺损质量问题，本社销售中心负责调换。

定　　价：32.00 元

教师教育专业·教育学科类课程系列教材编写委员会

主　　任：韦洪涛

副 主 任：鲍谧清　艾振刚

编　　委：（按姓氏笔画为序）

丁　敏　韦洪涛　卞春麒　艾振刚　牟艳杰

李　锐　杨翠蓉　宋春蕾　张　轶　邵爱国

贾凤芹　彭杜宏　鲍谧清

总　序

教育学、心理学是高校为教师教育各专业学生开设的有关教育教学理论、方法、技能等方面的职业基础与训练的专业课程，是体现"师范性"特征的课程。这类课程的课程设置与教学安排是教师专业化程度的反映，不仅影响着教师职前教育的专业化程度与水平，而且对他们走向教育工作岗位后的教育意识、教育能力、教育水平也有着深远的影响。

1966年联合国教科文组织和国际劳工组织提出《关于教师地位的建议》，首次以官方文件形式对教师专业化作出了明确说明，提出"应把教育工作视为专门的职业，这种职业要求教师经过严格的、持续的学习，获得并保持专门的知识和特别的技术"。几十年来，在国外的师资培训中，加大这类课程的比重，增加学科门类，改善培训体系，强化教学技能培训。但是我国高等师范院校在这方面与国外有着较大差距，也与基础教育的要求不相适应。仍然主要延续新中国成立初期的"3+1"课程模式，即公共心理学、教育学、分科教学法加教育实习等，已不能适应现实需要。在教师教育面向基础教育的办学方向指引下，高等师范课程建设中教育类课程问题，一直是教育界讨论的热门话题，改革公共教育学、心理学、分科教学法和教育实习的呼声很高。有关的改革探讨文章很多，但付诸实施的却较少。

1991年3月，国家教委师范司在北京召开"全国师范院校公共教育学教材改革研讨会"。会议一致认为：在课程安排上，教育类课程的地位在实践中未能解决，致使教育类课程没有被放在应有的重要位置。课程门类单一（教育类课程俗称"老三篇"），教育职业技能训练课程少，课时有限（约占总课时的5%～6%），课时比例严重失调；在教材方面，基本理论框架无重大突破，教材的教学法功能不足；在教育内容上，脱离基础教育实际；在为社会服务上，反映时代特色不够，对改革开放以来我国教育改革中的新情况、新问题、新经验总结不够；对当代国际可供借鉴的教育理论和经验研究和总结不够。

针对上述问题，苏州科技学院承担教师教育专业教育学科类课程教学的老师们，从1991年起，对教育类课程进行了一系列的创新性改革和实践。其中最为核心的是针对教师各专业的特点、中学教育教学改革发展的需要和教育理论体系的整体结构，取消了教育学、心理学课程，代之以教育概论、学习心理学、教学原理与设计、班级工作与心理辅导、教育科研方法等多门课程，加强了学习心理学、教学原理与设计、心理健康与心理辅导的教学内容。2001年开始由韦洪涛老师策划并主持的系列课程改革与教材建设正式启动，先后出版了《学习心理学》和《班级工作与心理辅导》两本教材，并在教学中成功使用近八年的时间。2007年，苏州科技学院教务处和有关部门在全面考核的基础上，将已经建设了16年的教师教育专业教育学科类课程系列教材，列为学校精品教材项目加以扶持，由鲍谧清老师负责进行系列教材整体建设。经过苏州科技学院教育与公共管理学院心理学系专任教师的共同努力，在学校教务处的大力支持下，得以出版。

改编后的系列教材，参照了我国多省份教师资格证书考试、教育硕士入学考试的相关文件，充分体现了适合于中学教育教学需要的教育理论结构体系的完整性、教育教学应用知识的实用性、教师教育专业的师范性和教育教学改革的时代性。《学习心理学》将心理学一般原理与学习心理学理论有机结合，加深了教育，教育各专业学生对中学教育教学中学习过程的心理活动的理解程度；《教育原理》全面体现了教育学最基本的理论体系和实用性知识，融入了当代教育教学改革的最新理论；《教学原理与设计》旨在指导学生职前教育阶段能够了解教学设计的基本理论，掌握进行教学设计的基本原理与技能；《班主任工作与心理辅导》以班主任工作为主线，将中学生心理发展、心理健康教育、个体与团体心理辅导的理论与技术、中学生心理发展的主题中学生常见心理问题的表现与辅导策略等进行了全面的介绍。本系列教材在编写过程中，力求体现如下特点：

一是专业性。各部教材都是针对教师教育各专业的专业化要求，选择最为基本的教育学和心理学基础理论知识和专业技能性知识，力求涵盖中学教育教学实践对教育理论的基本要求，本系列教材包含了普通心理学、发展心理学、教育心理学、学习心理学、社会心理学、咨询心理学、教育学基本原理、教学论、课程论、班主任工作等多方面的知识，充分体现了教师专业化建设的基本需要。帮助学生树立具有时代性、前瞻性的教育观、学生观、教师观、课程与教学观、自我发展观，培育美好和教育理想和尊重教育现实的态度，养成对学生负责、对社会负责、对自己负责的专业责任感；在专业上不断进取、不断创新，为人师表。在各本书每一章的最后都列出了"拓展性阅读资料"，设计了相关的"研究性课题"，用于促进读者对教育理论的深入学习和开展相关问题的教育科学研究。

二是实用性。本系列教材在选题上，紧扣中学教育教学实际，围绕教育教学和班主任工作，选编了大量的实用性知识，包括学习策略与指导、教学原理与设计、班主任工作、中学生常见的心理问题与指导对策、中学生个体与团体心理辅导等多种实用的教育理论技能，加入了资料阅读、案例分析等通俗易懂的资料。

三是时代性。本次教材改编，特别增加了与当代中学生心理发展、中学教育教学改革相关的新知识，特别是素质教育理论、中小学课程改革、当代班主任工作要求、当代教学设计原理与技能等新知识，力求提升教育理论的时代感和与时俱进的态势。

四是综合性。本系列教材，力求体现中学教育教学所需的教育理论的基本面貌，同时反映当代教育理论的前沿性知识，各本教材都力求在有限的篇幅中体现本门课程最为全面的知识体系，虽然有详略之分，但总体视野开阔，反映了本领域的较为全面的教育理论与技能常识。所以本系列教材的使用对象比较广泛，不仅适用于我国高校教师教育各专业的学生，也适合准备参加教师资格证书考试的学生参考，适用于在职教师全面提升教育理论水平。可以说，有一套教材在手，即可对当代教育理论的基础知识和较为常用的应用性知识有个全面和实用的掌握。

本书在编写中，得到了苏州科技学院教学质量工程的专项经费扶持，同时得到了苏州科技学院教务处、教材科的大力支持，特别要感谢教材科的杨晓燕老师的全方位的支持。

本系列教材在编写过程中，全体专任教师殚精竭虑，将多年的教学和科研体会融入教材编写之中，召开多次编写工作会议，共同商议选题、讨论编写结构体例，汇聚了集体的智慧。尽管如此，由于编写水平的限制，难免会有所疏忽，请各位读者提出宝贵意见，以促进本系列教材的完善与发展，也为我国高校教师教育专业教育学科类课程改革与教材建设作出一些创新性的尝试和努力。

编写委员会
2010 年 7 月

前 言

　　教师教育学科类课程是教师教育专业为学生开设的有关教育教学理论、方法、技巧等的职业训练课程。解决未来教师"如何教"、"教什么"的问题，是体现"师范性"特征的课程。其学科门类与教学时间的多少是教师专业化程度的反映，是教师教育专业教学中的"重中之重"。在外国的师资培训中，这类课程不仅所占比重大，而且学科门类多。在我国，对于教师教育课程虽然做了一系列改革，但还是存在诸如课程结构比较传统、课程体系比较古老、课程内容比较陈旧等问题。针对这种现象，从 20 世纪 90 年代起，我们对教师教育学科类课程进行了改革。《教学原理与设计》一书就是改革的成果之一。

　　教学设计是依据对学习需求的分析，提出解决问题的最佳方案，使教学效果达到优化的系统决策过程。它以学习理论、教学理论和传播理论为基础，应用系统科学理论的观点和方法，调查、分析教学中的问题和需求，确定目标，建立解决问题的步骤，选择相应的教学活动和教学资源，实施并评价其结果，从而使教学效果达到优化。

　　本书主要面向课堂教学，阐述中学相关学科课堂教学设计的理论和相应的操作程序。现代学习理论认为，学习具有不同的类型，不同类型的学习具有不同的内部过程，需要不同的内部条件，学习后内部的表征不同，外显行为也不同。建立在现代学习理论基础上的教学设计强调，依据学习者的学习规律来安排教学活动、选择教学方法和媒体、对教学目标实现与否进行测量，学习的规律清楚了，与之对应的、有效的教学就明确了。本书努力尝试将中学相关学科教学设计建立在学习心理学的研究基础之上，依据学习心理学理论所揭示的中学相关学科中"知识与技能"、"过程与方法"以及"情感态度价值观"等不同类型学习的内部学习过程、条件和外显行为，来设计教学活动方案和测量项目。

　　全书分为九章。第一章重点阐述教学设计以及新课程背景下的教学设计，旨在从宏观的层面和现代教育理念的视角把握教学设计的要求。第二章在介绍课堂教学模式的基础上提出了不同知识类型的教学设计。第三章着重阐述了教学目标的性质、分类，并结合实例提出了设置与陈述教学目标的方法。第四章主要围绕指导课堂教学任务分析的理论，结合具体实例阐述了如何进行教学任务的分析。第五章从微观的角度介绍了课堂教学的具体教学方法。第六章首先介绍了国内外的主要教学模式，而后探讨了当代教学模式的共同特征和发展趋势。第七章结合具体课堂教学，阐述了课堂教学的主要教学技能。第八章主要介绍了学习者学习结果的测量与评价问题。第九章着重阐述了教学组织与课堂管理问题。

　　全书体系是在主编提供的框架基础上集体讨论而定的，具体分工如下：张轶编写第一章、第二章，韦洪涛编写第三章、第四章，卞春麒、李锐编写第五章，牟艳杰编写第六章、第八章，丁敏编写第七章、第九章。本书初稿由张轶审阅并提出修改意见并最后统稿。

　　由于我们水平所限，编写经验不足，书中不足之处在所难免，敬请读者批评指正。

张轶

2010.9

目 录

第一章 绪 论

第二章 教学过程

第三章 教学目标的设置与陈述

第四章 教学任务分析

第五章　教学方法

第六章　教学模式

第七章　教学技能

第八章　学习结果的测量与评价

第九章　教学组织与管理

第一章 绪 论

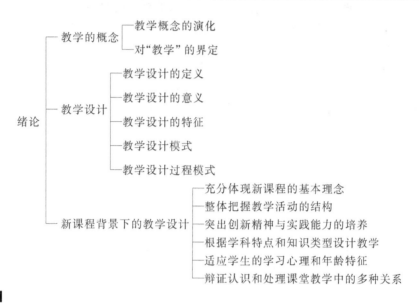

绪论
- 教学的概念
  - 教学概念的演化
  - 对"教学"的界定
- 教学设计
  - 教学设计的定义
  - 教学设计的意义
  - 教学设计的特征
  - 教学设计模式
  - 教学设计过程模式
- 新课程背景下的教学设计
  - 充分体现新课程的基本理念
  - 整体把握教学活动的结构
  - 突出创新精神与实践能力的培养
  - 根据学科特点和知识类型设计教学
  - 适应学生的学习心理和年龄特征
  - 辩证认识和处理课堂教学中的多种关系

【学习目标】

- 能用自己的话解释教学。
- 能比较教学的各种观点。
- 能评价已有教学设计过程模式。
- 能阐述新课程背景下进行教学设计的要求。

教学在各种教育途径中，计划性、目的性、系统性最强，所占有的时间最多，对学生的影响最全面，是学校全面实现教育目的和培养目标的基本途径，也是学校的中心工作。

第一节 教学的概念

一、教学概念的演化

关于"教学"一词。在中国，商朝甲骨文中就已经出现了"教"和"学"。"教"字在甲骨文中就这样出现过"丁酉卜，其呼以多方小于小臣其教戒"。甲骨文中也有了"学"字，如"壬子卜，弗酒小求，学"。通过甲骨文中的字形分析看，"教"是从"学"派生出来的。"教"和"学"最初都是独立的单字，而二字的连用在《学记》中做了生动的阐释："学然后知不足，教然后知困，知不足然后能自反，知困然后能自强也。故曰：教学相长。"但这里的"教学"并不是现代意义上的教学含义，确切地说虽是教学，实指"学"义。可以看出在我国古代极其重视治学之道，相对忽视传授之术。在国外，英语中表示"教学"的词有teaching 和 learning，它们都源于希腊语的 deiknyne（teach），英语以 learn 代表 learning 和 teaching，意思是指"口头流传的事实和信念"，与今天所指的教学内容有关。另外，teaching 还是与 token 有关的 taecan 的同源派生词，与教学的媒介和方法有一定的关系。由此看来，无论是东方和还是西方，"教"在起源上都是与"学"一体化的。

进入近代，随着社会科学、文化的发展，特别是西方资产阶级革命和工业革命的兴起，改变了人们的生活方式，激起人们对科学文化知识和技术的更多需求，这对教育提出了新的要求。在此背景下，以夸美纽斯、赫尔巴特为代表的教育家提出了系统的教学思想，夸美纽斯的《大教学论》是西方第一部教学论著作，正如他在书的扉页上写的那样"阐明把一切事物教给一切人的全部艺术"。赫尔巴特的《普通教育学》推动了教学论的科学化进程，建立了以统觉心理学为基础的教学理论。这时的教和学开始被分别对待，有了不同的任务，教师以传授知识为主，学生以接受知识为主。夸美纽斯就提出过教学的三大任务：教学知识；发展才能；培养德行。三者中以教学知识为主。到20世纪，教学活动无论是观念还是内涵都呈现出教与学的分化和统一。以杜威为代表的进步主义教育家们，在批评了传统教学理论的基础上，呼唤一种全新的教学格局"儿童是中心，教育的措施便围绕他们组织起来。"20世纪50年代以来，世界各国把教育视为科技进步、国家强盛的基础，纷纷提出教育改革方案，在教学上根据人的认知发展规律，提高教学效率。这样教与学的两个方面统一了起来，教学的重心偏向学，作为教师需要研究学生学习的规律，立足于学生的学。这时对教学的认识，进入了"教"受制于甚至取决于"学"，这无疑是真正、全面、系统掌握了教与学的内在关系。

在20世纪初，我国由于"废科举，兴学校"和班级授课制的要求，以及赫尔巴特教育思想的传入，人们对"教"开始重视起来。教学及教学法当时解释为教授及教授法。这时的教学就是教书，就是向学生传授知识。新中国成立后，随着前苏联教育思想被介绍进来，教学内涵发生了新的变化，教和学是同一过程的两个方面，彼此有联系，不可分割。教学既包括教师的活动（教），也包括学生的活动（学）。这一认识在我国产生了持久的影响，一直延续至今。

教学至此走过了"教"弟子学、教授、教与学的联结这三大历程。

二、对"教学"的界定

"教学"概念是教学理论研究中的最基本概念，对这一概念理解的深浅，直接影响到对教学过程、教学活动等一系列问题的认识。关于"教学"是什么，国内外教育理论界有许多不同的阐述。

(一)西方国家关于教学的理解

在西方国家，对"什么是教学"的回答中，比较有代表性的观点。

(1) 认为教学就是传授知识或技能。持这种观点的专家认为，教学定义只是表明这个词的适用范围，"教学"是通过语言、符号、实物等向学生说明所教的内容，以激起学生的学习。

(2) 从教与学的相互作用中定义：教学即成功。这样教学可以解释为：学生学习教师所教的东西应有一定的成效，假如学生没有学会教师教的内容，教师的教学就没有任何意义。

(3) 认为教学是一项有意向的活动。这种观点强调教师在特定环境中应该想方设法使学生学会学习。这种观点指出教学并不能保证一定取得成功，但要求教师要参与活动，关注活动的进展，帮助学生形成有效的学习行为。所以，教学是一项以目标为指向的有意识的活动。

(4) 从认知方式上，教学是教师依据学生的心智和社会的道德准则，为学生理解进行探究的活动。这里的教学与灌输、启发、指导、训练等混为一谈。

(5) 认为教学应针对教师工作效果而定义，教学必须符合三个条件：一是教师要有目的地引起学生的学习意图；二是说明或表达要学生学习的内容；三是要选择恰当的认知方式。

这种理解总结了前几种观点：第（2）、第（3）种观点是指意图；第（1）种观点是指内容；第（4）种观点是指认知方式。

因此，教学是由教师事先明确意图或预期的。教学活动的特点是：教学前设计详细的计划，包括教学目标、内容、方法和评价等。然后在课堂或其他场所的实施，真正的教学实施要符合学生的愿望、动机和心智水平，激发学生学习并取得一定成效。

（二）我国关于教学的基本观点

我国当代对教学的理解，主要受到三个方面的影响。一是受我国古代以"论语"、"学记"为代表的传统教学思想的影响；二是来自西方以教育心理学为依据的认知学派、行为主义、人本主义学派的影响；三是来自前苏联以凯洛夫为代表的教学思想的影响。对"教学"界定有以下的观点。

（1）强调教学的最基本方面：即教师的教和学生的学。《辞海》中教学的定义是"指教师传授和学生学习的共同活动。"《中国教育大百科全书（教育卷）》中认为"教学是教师的教和学生的学的共同活动"。

（2）认为教学的定义应该反映本质属性。教学的构成因素不仅是教师的教和学生的学两个方面，除了教师和学生共同参与外，还包括使教师的教和学生的学融为一体的中介因素。有人提出"教学是一种由教师和学生相互作用，以课程为中介而专门组织起来的教育活动。"也有人认为这中介因素是教学内容。

（3）认为教学可以根据不同适用范围有多种含义。最广义的教学是指人们在生活中，通过学习获得经验，引起行为变化。广义的教学是指从内容到形式都体现有目的、有领导，经常而全面的学习，与教育含义相通。狭义的教学是指传授和学习知识、技能，促进学生全面发展的双边活动。最狭义的教学是指一种具体的操作过程，如学生在教师的指导下进行阅读、操练等实实在在的一次授受活动。

综上所述，在我国绝大多数观点认为教学概念的内涵：教学是一种以课程为中介，教师的教和学生的学的双边活动，是学生在教师的指导下掌握知识、技能，全面发展的教育活动。

第二节 教 学 设 计

一、教学设计的定义

教学设计是在综合多种理论的基础上随着教育技术的发展而发展起来的一门学科，因此相关理论与技术的每一次发展都对其产生重要的影响，所以人们在对教学设计概念的界定上存在多种不同理解和认识。当前比较权威的教学设计的定义是："教学设计是运用系统方法分析教学问题和确定教学目标，建立解决教学问题的策略方案、试行解决方案、评价试行结果和对方案进行修改的过程。"即强调教学设计是一个系统化的过程。教学设计的理论基础是学习理论、教学理论和传播理论。教学设计的方法论基础是系统科学理论。教学设计的依据是对学习需求（包括教学系统内部和外部的需求）的分析。教学设计的任务是提出解决问题的最佳设计方案。我国的学者认为教学设计是"对整个教学系统的规划，是教师教学准备工作的组成部分，是在分析学习者的特点、教学目标、学习内容、学习条件以及教学系统组成部分特点的基础上统筹全局，提出教学具体方案，包括一节课进行过程中的教学结构、教学方式、教学方法、知识来源、板书设计等。"教学设计是运用传播学、学习心理学、教学心理学等理论与技术，来分析教学中的问题和需要、设计解决方法、试行解决方法、评价试行结果并在评价基础上改进设计的一个系统过程。它既具有一般设计的特点，又必须遵循教学的基本规律。通俗地说也是教师根据各种学习和教学理论，依据教学对象的特点和教学理念、风格，运用系统的观点和解决问题方法，遵循教学过程的基本规律，对教学活动进行的系统规划、安排与决策的过程。尽管对教学设计概念的界定有所不同，但教学设计的过程实际上就是为教学活动制定蓝图的过程。通过教学设计教师可以对教学活动的基本过程有个整体的把握，可以根据教学情境的需要和教学对象的确定教学目标，实施可行的评价方案，从而保证教学活动的顺利进行。另外，通过教学设计还可以有效地掌握学生学习的初始状态和学习后的状态，从而及时调整教学策略、方法，采取必要的教学措施，为下一阶段的教学奠定基础。

因此，教学设计是以系统方法和设计观为指导，探索解决教学问题的有效方案，目的是实现效果好、效率高和富有吸引力的教学，最终促进学习者的学习和个性的发展。教学设计是以关于教和学的科学理论为基础的。教学设计是一种产生学习经验和学习环境，提高学习者获得特定知识、技能的效率和兴趣的技术过程。教学设计是一种具有创造性、学科性、决策性的研究活动，它是背景范畴、经验范畴和组织化的知识范畴三方面综合作用的产物。教学设计具有非常强烈的社会交往性，它受背景因素、社会因素、教学设计者、实施者、学习者等多方面的制约。

二、教学设计的意义

（一）有利于教学工作的科学化

传统的教学中也有教学设计活动，但大都是以课堂为中心、教材为中心、教师为中心，教学上的许多决策都是凭教师个人的经验和意向做出的，如在制订教学计划时，教师往往根据本人的理解或对内容是否熟悉来确定某某内容是否重要，或者根据有无现成的课程标准、教学参考资料等来决定教学内容，有经验的教师凭借这种途径也能取得较好的效果，这是教学艺术性的表现。但这对大多数的教师来说是无法做到的，教学艺术是难以传授的。而教学设计克服了这种局限，将教学活动建立在系统方法的科学基础上，使教学过程和教学活动成为可复制、传授的技术和程序。所以只要懂得相关理论，掌握科学的方法，一般教师特别是新手教师也能迅速地操作。运用好教学设计的原理与技术，是促进教师工作科学化的有效途径。

（二）有利于教学理论与教学实践的结合

为了使教学活动高效、有序地展开，人们一直致力于探讨教学的机制，对教学过程、影响教学的因素及其相互关系进行研究，并形成了一套独立的知识体系化的教学理论。但长期以来，教学研究偏重于理论上的描述和完善，脱离教学实际，使教学理论成为纸上谈兵，对改进教学工作帮助不大。在这种情况下，被称为"桥梁学科"的教学设计学起到了沟通教学理论与实践的作用。一方面，通过教学设计可以把已有的教学理论与研究成果运用于实际教学中，指导教学工作的进行。另一方面也可以把教师的教学经验升华为教学科学，充实和完善教学理论，把教学理论与教学实践紧密地结合起来。

（三）有利于科学思维习惯和能力的培养

教学设计是系统解决教学问题的过程，它提出的一套确定、分析、解决教学问题的原理和方法也可用于其他性质的问题中，具有一定的迁移性。如在分析教学任务时，需要把总的教学目标分解为一系列子目标，然后根据每一个子目标制定教学策略，并确定实现总目标的教学步骤。这与很多实际问题的解决思路是相同的。因此，通过教学设计原理与方法的学习、运用，可以培养科学思维的习惯，提高人们科学分析问题、解决问题的能力。

（四）有利于加速青年教师的培养

教学是科学也是艺术，虽然教学艺术很难通过教学来传授，但科学的教学理论和方法是可以学习的。我国的师范教育在培养新教师时过分注重专业知识的教学，而比较忽视基本教学技能和能力的培养，年轻教师大多通过模仿和经验的积累来计划和组织教学，这大大延缓了年轻教师教学水平的提高，影响了教学的效果。教学设计为师资队伍的培养提供了一条有效的途径，教师通过学习可以迅速掌握教学的基本原理和方法，并在实际运用中不断熟练和提高，最终成为一名教学专家。

三、教学设计的特征

在具体的教学实践中，教学设计者形成的教学设计方案虽各有不同，但教学设计在教学活动中体现出的一些基本特征却是共同的、普遍的。

（一）指导性

教学设计是教师为组织和指导教学活动精心设计的施教蓝图，教师有关下一步教学活动的一切设想，如将要达到的目标、所要完成的任务、将采取的各种教学措施等均已反映在了教学设计中。因此，教学设计的方案一旦形成并付诸行动，它就成为指导教师教学的基本依据，教学活动的每个步骤，每个环节都将受到教学设计方案的约束和控制。正因为如此，教师在课前进行教学设计时，一定要认真思考，全面规划，提高设计方案的科学性和可行性。只有这样，才能在课堂教学中更好地发挥教学设计的指导功能，使教学取得良好的效果。

（二）统整性

教学是由多种教学要素组成的一个复杂系统，教学设计则是对诸多要素的系统安排与组合。以系统科学方法指导教学设计，这是科学的教学设计与实际经验的教学设计的重大区别。建立在经验基础上的教学设计往往只注重教学的某个部分，如教学内容或教学方法，具有很大的局限性。从系统科学方法出发，就是要求对由诸多要素构成的教学活动进行综合的、整体的规划与安排。无论教学设计指向什么样的教学目标，它都必须全面、周密地考虑、分析每一个教学要素，使所有的教学要素在达成一致的教学目标的过程中实现有机的配合，成为一个完整的统一体。

（三）操作性

教学设计为教学理论与教学实践的有效结合提供了现实的结合点，它既有一定的理论色彩，但同时又是明确指向教学实践的。在成型的教学设计方案中，各类教学目标被分解成了具体的、操作性的目标，教学设计者对教学内容的选择、教学方法的运用、教学时间的分配、教学环境的调适、教学评价手段的实施都作了具体明确的规定和安排，这一系列的安排都带有极强的可操作性，抽象的理论在这里已变成了具体的操作规范，成为教师组织教学的可行依据。

（四）预演性

教师进行教学设计的过程，实质上就是实际教学活动的每个环节、每个步骤在教师头脑中的预演过程。这一过程犹如文艺演出中的彩排一样，带有较强的预演性和生动的情境性。它能使教师如临真实教学情境，对教学过程的每一细节周密考虑、仔细策划，为教学活动的顺利进行提供可靠保证。

（五）突显性

教师在设计教学方案时，可以有目的、有重点地突出某一种或某几种教学要素，以达到特定的教学目标。如教师可以在教学方案中突出某一教学方法的运用，某一部分教学内容的讲述，一种新教学环境的设计，从而使教学活动重点突出，特色鲜明，富有层次感。

(六)易控性

易控性这一特点表现在两个方面，一是由于教学设计是对教学活动的预先规划和准备，教师有充足的时间对整个教学过程进行周密计划，反复检查。因此，与在真实的课堂情境中相比，教师在教学设计阶段更容易掌握和控制各种教学要素，能够做到发现错误及时修改，从而使教师在实际教学过程中出现失误的可能性降到最低程度。二是教学设计要确定明确的教学目标，教学目标是课堂教学的出发点和归宿，是课堂教学的灵魂。教学目标对教学活动的诸要素都具有较强的控制作用，它既控制着教学活动的方向，也控制着教学活动的大致进程、内容、程序和活动中主客体之间的动态关系。因此，重视教学目标的设计，是强化教学设计控制功能的一个重要方面。

(七)创造性

创造性是教学设计的一个基本特点，同时也是它的最高表现。教学设计是一项极富创造性的工作。教学设计的过程，实际上也就是教师在深入钻研教材的基础上，根据不同的教学目标，不同学生的特点，创造性地思考，创造性地设计教学实施方案的过程。教学设计虽然使得教学程序化、合理化和精确化，但它并不束缚教学实践的自由，更不会扼杀教师的创造性。为了适应教学活动丰富多彩、灵活多变的固有特点，适应学生学习的多种需求，教学设计十分强调针对具体情况灵活设计。另外，由于教学设计同教师个人的教学经验、风格、智慧紧密结合在一起，每个教师设计的教学方案都会不同程度地带有个人风格与色彩，因而它为教师个人创造才能的发挥提供了广阔天地。

四、教学设计模式

教学设计中，由于人们对教学设计的理解有别，设计者进行设计时的针对性也不甚相同。还有在设计时涉及的教学背景、设计人员、教学范围、理论基础以及教学条件等种种差异，这就形成了教学设计的不同模式。通常依据其理论基础、主要特征和基本取向的差异，把教学设计模式划分为三大类，即行为主义的教学设计模式、认知主义的教学设计模式和建构主义的教学设计模式。

(一)行为主义的教学设计模式

1. 理论基础

行为主义理论是研究有机体行为的一个学习心理学派，1931年起源于美国。在众多的行为主义心理学流派中，对教学设计领域影响最大的是桑代克和斯金纳。桑代克的影响主要产生在20世纪上半叶，斯金纳的影响则发生于他1954年在《哈佛教育评论》上发表了《学习的科学和教学的艺术》一文之后。

行为主义者认为，行为的基础是由个体的反应所构成，个体的行为受到环境因素的影响，是有机体"操作"环境的结果。所有行为主义心理学流派的共同特点是从行为的角度观察人的心理，试图找到人的行为的本质及其变化规律，以有效地控制行为。

2. 基本特征

行为主义的教学设计模式就是基于行为控制而设计教学的，其宗旨也在于完善人的行为。行为主义者把学习看成是刺激与反应之间形成联结的过程，教学则是运用适当的强化作用，使学习者产生适宜的行为，强化这种联结，有效的学习取决于此强化作用的安排。根据这些观念，设计者在进行教学设计时，预先设计学习者的预期行为，针对行为选择和拟定教学策略，并分析学习者的反应，以达到学习效果。由此可见，行为主义的教学设计在教学目标的拟定、学习需要的评估、教学活动理论与策略的采用、教学媒体的选择与决定、教学评价等方面，均强调外显可观察及可量化的行为，即非常重视外部学习环境的设计和分析。

3. 代表模式

在许许多多的行为主义教学设计模式中，影响最大、最有代表性的是斯金纳的程序教学模式。该模式产生于20世纪五六十年代的美国，他把操作条件、作用理论和强化理论应用于教学上，制成了程序教学机器，并逐步完善了他的程序教学设计。

程序教学的过程是：将教学内容分成一个个小的内容单元或项目，按一定逻辑排列好，并事先做出解释，然后依次呈现给学生，供他们学习。每一个小的单元或项目学完后，呈现一些测验题，测验学生的学习效果，每个问题都要有正确答案。当学生回答问题后，通过出示正确答案，使他们确认自己反应的正误，反应正确后，再进入下一阶段的学习；如果反应出现错误，则要返回到先前学过的内容，重新进行学习。程序教学的设计要遵循下列几条基本原则：积极反应原则，小步子原则，即时强化原则，自定步调原则，低错误率原则。

依据上述的原则，程序教学的基本要求是：

（1）教师要编写一系列刺激（问题）→反应（答案）框面，这些框面由易到难地小步子呈现教学内容；

（2）要求学生主动地学习，即要求他们对每个框面所呈现的内容（问题）做出积极地反应；

（3）给学生的每个反应（答案）提供即时的反应（指出正确答案）；

（4）尽量安排好问题，使学生能经常做出正确的反应并得到及时强化，这样可以避免错误，减少学习中的失败；

（5）让每个学生按照自己的进度完成整个教学程序；

（6）给勤奋和学习效果好的学生提供大量支持性强化物。

斯金纳的程序教学理论催生出了美国20世纪五六十年代的程序教学运动，并且影响了世界教学改革运动。首先，它不仅促进了学习理论的科学化，加速了心理学与教育学的有机结合，而且推动了教学手段的科学化和现代化。在今天信息技术飞速发展的背景下，它对如何利用现代技术改革教学，进一步提高教学质量，仍极具启发意义。其次，这种设计能保证使学习者在学习中得到及时反馈，并在每一小步上得到强化，较好地适应了个别差异性和多样化的个体需求，有效地克服了传统教学设计中过于侧重整体而忽视个体的不足。另外，斯金纳还重视学习者非智力因素的发展及其在学习中的作用，强调积极反应原则与自定步调原则等，客观上为学习者的人格独立与自由创造了条件，促进了学习者人格的发展。时至今日，这一理论和模式的价值追求有些仍是积极的、贴近教育的时代精神的。

当然，程序教学设计的局限性也是显而易见的。首先是从教学形式上看，程序教学是在没有任何社会联系的情况下进行的，减少了师生直接对话的机会，阻碍了师生间的及时交流，忽视了学习过程的开放性和学习中的交互作用。特别是当学生在教学机器上学习的时候，还会产生盲目地追求学习进度、猜想问题的答案以及不求甚解等不良倾向。其次是从教学内容上看，程序教学中往往只能提供那种不要求解决问题的思维材料，而对那些涉及理解行为、带有判断色彩、评价和认识过程等方面的内容并不适合。此外，在程序教学中，学习者的内因、思想意识和情感意志等情感性目标要求也未得到应有的重视。

（二）认知主义的教学设计模式

1. 理论基础

认知主义的教学设计模式的理论基础是认知心理学。认知心理学是西方现代心理学的一个新流派，它兴起于20世纪50年代中期，20世纪60年代之后得到了迅速发展。随着当时在心理学领域中行为主义的主导地位逐渐被认知主义所替代，以认知心理学为基础的认知主义的教学设计理论开始兴盛了起来，这使得对教学设计的研究进一步贴近了现实的教学情境，也为展示知识的获得过程开辟了更为广阔的前景。虽然不同时期的认知心理学取向有较大差异，但有着共同的基本观点。

（1）认知心理学把人的心理活动看做是信息加工系统，它把人类的学习过程看成是由一系列假设的信息加工转换的过程来实现的。这种假想模型对解释和说明学习过程比较有效且易于理解。

（2）强调已有知识、认知结构对人的行为和当前的认知活动的决定作用。在这里学习的基础是学习者内部心理结构的形成和改组，而不是刺激-反应联结的形成或行为习惯的加强和改变，教学就是要促进学习者内部心理结构的形成和改组。

（3）重视认知过程的整体性，即各种认知之间是相互作用、相互影响，有机联系在一起的一个整体。

2. 基本特征

认知心理学致力于研究人的智能或认知活动的性质及其过程，这也是所有认知主义的教学设计模式的共同特征：基于学生的认知发展进行教学设计，其要旨就在于发展学生的认知能力和水平。认知心理学的观点将教学设计引入到了一片新的天地，它对教学设计的贡献就在于提出了学习与记忆的信息加工理论，提出了基于认知发展的教学策略，实现了研究重点的转移。认知主义的教学设计视教学为问题解决的过程，教学策略的选择与应用，重点在于引导学生面对问题情境时，采用最适当的策略和方法。

3. 代表模式

有代表性的认知主义教学设计模式很多，包括赞可夫的教学设计模式、布鲁纳的教学设计模式、根舍因的教学设计模式、加涅的教学设计模式、奥苏伯尔的教学设计模式等。这里仅介绍奥苏伯尔的教学设计模式。奥苏伯尔的教学设计模式是以其有意义学习理论为基础的。他十分重视学生认识结构的发展，提出认知结构是个体在特殊学科领域内的知识的组织，认知结构的稳定和清晰是影响有意义的新材料的学习与保持的主要因素。他认为，教学的目标就是培养学生良好的认知结构，教学的关键在于学习是否有意义，有意义的讲解或教学是课堂教学的基本方式。而要使有意义学习得以发生和顺利进行，奥苏伯尔认为必须具备两个条件：一是学习者表现出一种把新学的材料同他已了解的知识建立非任意的、实质性联系的意向；二是学习任务对学习者具有潜在意义，即学习任务能够在非任意的和非逐字逐句的基础上同学习者的知识结构联系起来。为促成学生有意义地学习以及认知结构的发展，奥苏伯尔积极倡导讲解式教学，提出了妥善设计和编排教学内容的两大原则：逐渐分化原则和综合贯通原则。前者是指教学内容的安排要遵从从一般到个别的原则，首先讲授最一般的、包摄性最广的观念，然后根据具体细节对它们逐渐加以分化；后者则是指教学内容的横向组织应该考虑学生认知结构中现有观念的异同。

为贯彻上述两大原则，即有效激活新旧知识之间的知识性联系，提高已有知识对接受新知识的影响，奥苏伯尔提出了"先行组织者"的教学策略。

奥苏伯尔的教学设计模式更加关注把心理学原理运用于课堂教学实践。他提出的先行组织者、逐渐分化、综合贯通等原则和方法，有利于教学内容的设计和教学序列的安排，适合于学生认知结构的组织特点，使学生掌握概念及其间的联系容易且省时，促进了学生对知识的学习、保持和运用。但其教学设计原理也存在着不足之处。如建立在该原理之上的教学设计更适用于课堂的知识教学，而在智力开发、技能训练以及各种能力培养等方面却嫌不足；只关注到学生课堂接受学习和教师的课堂讲授教学，而忽略了学生的读书学习和教师对学生的阅读指导；此外，注重具体知识的迁移，而忽略了学习方法和学习策略的迁移等，因而学生的迁移能力可能较弱。

（三）建构主义的教学设计模式

1. 理论基础

作为一种新的认知理论，建构主义的兴起是近二十年来的事情，建构主义思想来源复杂，流派众多，主要包括激进建构主义、社会性建构主义、社会文化认知观点、信息加工的建构主义、社会建构论和控制论系统等，虽然众多流派提出问题的角度、术语的使用等方面各不相同，但在如何看待知识、如何理解学习、如何看待教师和学生等问题上却有共同之处。建构主义的基本主张可以概括为下列几点。

（1）学习是一个积极主动的建构过程。学习者不是被动地接受外在信息，而是根据先前认识结构主动地和有选择地知觉外在信息，建构当前事物的意义。

（2）知识是个人经验的合理化，而不是说明世界的真理。因为个体先前的经验毕竟是十分有限的，在此基础上建构知识的意义，无法确定所建构出来的知识是否就是世界的最终写照。

（3）知识的建构并不是任意的和随心所欲的。建构知识的过程中必须与他人磋商并达成一致，来不断地加以调整和修正，在这个过程中，不可避免地要受到当时社会文化因素的影响。

（4）学习者的建构是多元化的。由于事物存在复杂多样性，学习情感存在一定的特殊性，以及个人的先前经验存在独特性，每个学习者对事物意义的建构将是不同的。

2. 基本特征

建构主义学习理论强调以学生为中心，它不仅要求学生由外部刺激的被动接受者和知识的灌输对象转变为信息加工的主体、知识意义的主动建构者；而且要求教师要由知识的传授者、灌输者转变为学生主动建构意义的帮助者、促进者。

建构主义提倡在教师指导下的以学习者为中心的学习，也就是说，既强调学习者的认知主体作用，又不忽视教师的主导作用。教师是意义建构的帮助者、促进者，而不是知识的提供者与灌输者。学生是信息加工的主体、是意义的主动建构者，而不是知识的被动接受者和被灌输的对象。学生要成为意义的主动建构者，就要求学生在学习过程中从以下几个方面发挥主体作用：

（1）要用探索法发现法去建构知识的意义；

（2）在建构意义过程中要求学生主动去搜集并分析有关的数据和资料，对所学习的问题要提出各种假设并努力加以验证；

（3）要求学生把当前学习内容所反映的事物尽量和自己已经知道的事物相联系，并对这种联系加以认真的思考。"联系"与"思考"是意义构建的关键。如果能把联系与思考的过程与协作学习中的协商过程（即交流、讨论的过程）结合起来，则学生建构意义的效率会更高、质量会更好。

3. 代表模式

建构主义的教学设计模式也很多，如支架式教学设计模式、抛锚式教学设计模式、随机进入教学设计模式等，在这里只简要介绍抛锚式教学设计模式。

抛锚式教学设计模式主要强调以技术为基础的学习，它是由美国温特比尔特大学皮波迪教育学院认知与技术课题组（Cognition and Technology Group at Vanderbilt，简称 CTGV）在布朗斯福特的领导下开发的，布朗斯福特对抛锚式教学的理论和研究做出了重要贡献。

抛锚式教学设计的主要目的是"使学生在一个完整、真实的问题背景中，产生学习的需要，并通过镶嵌式教学以及学习共同体中成员间的互动、交流，即合作学习，凭借自己的主动学习、生成学习，亲身体验从识别目标到提出和达成目标的全过程。"即是根据事先确定的学习主题在相关的实际情境中选定某个典型的真实事件或真实问题（"抛锚"），然后围绕该问题展开进一步的学习；对给定问题进行假设，通过查询各种信息资料和逻辑推理对假设进行论证，根据论证的结果制定解决问题的行动计划，实施该计划，并根据实施过程中的反馈，补充和完善原有认识。由于抛锚式教学是以真实事例或问题为基础（作为"锚"），因此，有时也被称为"实例式教学"或"基于问题的教学"。

抛锚式教学设计有两条重要的原则：

（1）教学活动紧紧围绕某一"锚"来设计。所谓"锚"即某种类型的个案研究或问题情境。这种教学要求建立在有感染力的真实事件或真实问题的基础上，确定这类真实事件或问题被形象地比喻为"抛锚"，因为这类事件或问题一旦被确定了，整个教学内容和教学进程也就被确定了（就像轮船被抛锚固定一样）。

（2）教学的设计应允许学生对教学内容进行探索。如允许学生探索问题的多种可能解答、发展有关体验的表征、学生自己生成项目等。

抛锚式教学通常有下列五个基本的环节组成。

（1）创设情境。使学习能在和现实情况基本一致或相类似的情境中发生。

（2）确定问题。在上述情境下，选择与当前学习主体密切相关的真实性事件或问题作为学习的中心内容（让学生面临一个需要立即去解决的现实问题）。选出的事件或问题就是"锚"，这一环节的作用就是"抛锚"。

（3）自主学习。不是由教师直接告诉学生应当如何去解决面临的问题，而是由教师向学生提供解决该问题的有关线索，如需要搜集哪些方面的资料、从何处获取有关的信息以及现实中专家解决类似问题的探索过程等，并要特别注意发展学生的"自主学习"能力。

（4）协作学习。讨论、交流，通过不同观点的交锋，补充、修正、加深每个学生对当前问题的理解。

（5）效果评价。由于抛锚式教学要求学生解决面临的现实问题，学习过程就是一个解决问题的过程，即由该过程可以直接反映出学生的学习效果。因此，对这种教学效果的评价往往不需要进行独立于教学过程的专门测验，只需要在学习过程中所及观察记录学生的表现即可。

抛锚式教学成功的关键还在于教师，而对教师提出的最大挑战就是角色的转换，即教师应从信息的提供者转变为"教练"和学生的"学习伙伴"。它首先要求教师自己也应该是一个学习者，同时为激励和支持学生的生成性学习，教师还必须是灵活的。要求教师应从学习者的观点出发去切身体验课程和问题，并通过多种途径去深入了解所探究问题的知识源。还要求教师应允许学生尽自己的最大可能指导自己的学习进程，并要注意把握当学生以建构主义方式向问题挑战时，究竟何时需要真正的指导。特别是当教师还无法确定如何向学生提供有效的指导时，以便让学生重组问题并将问题置于一个全新的、更为有效的问题解决进程之中，应努力坚持不让学生过于直接的解决问题等。所有这些不仅是抛锚式教学所具有的，也是一切依据建构主义原则的教学设计所具有的特征，也正是一个需要进一步探索的方面。

五、教学设计过程模式

教学设计综合了教学过程中包括教学目标、教学对象、教学策略教学评价在内的诸多基本要素，并运用系统方法对教学过程加以模式化。目前，采用文字或图解的形式对教学设计过程进行描述是教学设计研究中体现系统论思想的一个特色。

（一）迪克-卡里的系统教学设计模式

关于教学设计过程，目前有许多不同类型的理论模式，迪克和卡里提出的教学设计模式包括九个环节和最后的信息反馈环节。具体的步骤（见图 1-1）。

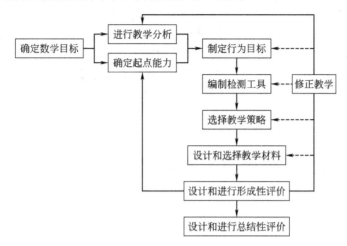

图 1-1　迪克和卡里的系统教学设计模式框架

（1）确定教学目标：教学设计的第一步是确定在教学之后学生应该能够做什么。教学目标制订的依据有，学生需求评估，现实中的学习问题，工作分析或其他一些因素。

（2）进行教学分析：在教学目标制订之后，设计者需要取得目标中包含的学习类型以及分析完成目标任务所需要的步骤。同样，设计者还要对完成目标所需的子技能进行任务分析。通过这种分析，可以得出完成这一目标所需的能力或子能力，以及这些能力之间的关系。

（3）确定起点能力：设计者在确定了目标能力中的子技能和任务操作步骤外，还需要明确在教学之前学生必须具备的知识和技能。这并不是要将学生所具备的知识和技能一一罗列出来，而是针对这一目标应有的知识和技能。

（4）制订行为目标：在教学分析和起点能力确定的基础上，设计者还要详细描述在任务完成之后，学生应该做什么或有怎样的表现。行为目标包括学习者将要学习的行为，行为产生的条件以及完成任务的标准。

（5）编制标准参照测验：测验项目测量的内容应该是行为目标中所揭示的学生的习得能力，所以设计者要注意测验项目与行为目标的一致性。

（6）选择教学策略：在前面五个步骤确定后，设计者将要考虑如何形成教学策略，如教学前或教学后的活动安排，知识内容的呈现，练习与反馈和测验等。在师生相互作用中，教学策略的选择要根据学习的原理和规律、教学内容和学生的特性等因素而定。

（7）设计和选择教学材料：在确定了教学策略后，设计者需要考虑采用何种教学材料，进行何种教学活动，如材料准备、教师指导等。选择这些材料、活动依赖于可利用的教学手段、教学素材和教学资源等。

（8）设计和进行形成性评价：形成性评价的形式可以是个别、小组和全班的测验，测验的结果是为设计者提供改进教学的数据或信息。

（9）修改教学：在形成性评价后，设计者总结和解释收集来的数据，确定学生遇到的问题以及发生这些问题的原因，并修改教学步骤。修改教学步骤还包括对行为目标的重新制订或陈述，改进教学策略和教学方法，更有效地进行教学。

（10）设计和进行总结性评价：尽管总结性评价是确定教学是否有成效的步骤，但在这一模式中，迪克和卡里不认为它是教学设计的一个环节，这是在教学结束时进行的。

可以看出，这一模式是基于一般教学过程的教学设计，也是一个以学生学习为中心的设计过程，其特点：①强调学生学习任务的分析以及起点能力的确立；②教学设计是一个反复的过程，需要设计者不断进行分析、评估和修正，以期完成教学任务，达到教学目标。

（二）我国邵瑞珍教授提出的教学设计过程模式

我国邵瑞珍教授等从教育技术学的角度将完整的教学过程加以了分析（见图1-2），这一过程也可看做是教学设计过程，包括了下述6个环节：

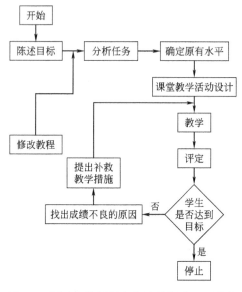

图1-2 邵瑞珍教授提出的教学设计过程模式

（1）陈述目标。尽量用可观察和可测量的行为术语陈述预期学生要达获得的学习结果。

（2）分析任务。分析从学生的原有的水平达到教学从目标之间所需要的从属的知识和技能，并确定他们之间的层次关系。

（3）确定学生原有水平。根据学生的原有基础确定达到教学目标的起点能力。

（4）课堂教学活动设计。根据教师在任务分析中所确定的概念与技能，选择适当的教学手段和活动的准备。这一阶段的设计必须建立在任务分析的基础之上。

（5）教学。这是指课堂上教师和学生之间的信息传播与反馈的过程，其一般模式是：呈现教材——学生反应——强化与校正性反馈。这一步是第四步的实施或执行。

（6）评定。对照教师提供的教学目标，确定每一个学生是否达到规定的教学目标。如果教学目标已经达到，则一次完整的教学过程已经完成，这一新的学习结果就成为下一轮教学的起点（原有水平）。如果没有达到教学目标，就找出原因，提出补救教学措施和修改教程，重新进行任务分析工作。这里可能出现两种情况：一是原先的任务分析是正确的，问题出在课堂上师生相互作用关系中学生没有认真参与教学活动，补救的办法是加强对学生的学习态度教育，让学生重新参与教学活动，直到目标达到为止。另一种情况是在任务分析阶段有错误，如教师分析任务时忽略了在达到终点目标之前的必要准备性知识或技能，补救的办法是补上必要的先决知识或技能，然后再进入正式的教学流程。

综合前面介绍的模式，可以看到教学设计过程具有一些共同的特征要素，主要体现为以下几点。

（1）确定教学目标。通过教与学的活动，要求学生掌握哪些知识或技能？形成怎样的态度和认识？要求用具体可观察、可测量的术语精确表达学习目标，这是教学设计的一项基本要求。

（2）进行任务分析。了解学习者的学习特点、学习的需要和初始能力，从而确定学生从现有水平到教学目标之间所需要获得的能力和子能力及其层次关系。

（3）选择教学方法。包括教与学的形式、媒体、方法等方面的选择与设计。

（4）开展教学评价。了解教学目标是否达到，并为修正教学提供实际依据。

正如美国学者马杰认为：教学设计依次由三个基本问题所组成。首先是"我要去哪里？"即教学目标的制定；接着是"我如何去那里？"即包括学习者起始状态的分析、教学内容的分析与组织、教学方法与教学媒介的选择；再是"我怎么判断我已到那里？"即教学的评价。也就是说，教学设计是由目标设计、达成目标的诸要素的分析与设计、教学效果的评价设计构成的。

第三节　新课程背景下的教学设计

我国基础教育的课程改革是一次课程文化的全面而深刻的变革。随着课程功能、课程理念、课程内容、课程架构、课程实施与课程评价的变化，新课程必然对教师的教学活动（包括教学设计、课堂教学、教学评价等）提出一定的要求。这些要求主要落实在以下一些方面。

一、充分体现新课程的基本理念

基础教育课程改革把"学生发展为本"作为基本的课程理念。"学生的发展"既指全体学生的发展，也指全面和谐的发展、终身持续的发展、活泼主动的发展和个性特长的发展。课程的教学设计要为每位学生的发展创造合适的"学习的条件"。

1. 促进全体学生的最佳发展

新课程建构了一个符合素质要求的，具有普及性、基础性和发展性的课程体系，这为教学设计提供了一个很好的平台。新课程的教学设计要以提高全体国民素质为目标，面向全体学生，促使每位学生在原有基础上得到最大限度的发展。面向全体学生的实质是面向每一个有差异的学生"个体"。因此，在教学中，教师要把基本要求同特殊要求结合起来，把着眼全体同因材施教结合起来，把班级授课同差异教学结合起来。

2. 着眼学生的基本素养的全面提高

学生的素养是他内在的心理特性，取决于他的心理结构及其质量水平；提高学生的素养，就必须化知识为智慧，积文化为品性。新课程把课程的功能定位于促进学生的全面发展，因此，新课程的教学设计不仅要重视基础知识的教学和基本技能的训练，发展学生的智慧和能力，而且要促进他们积极的情感和态度以及正确价值观的形成。

3. 引导学生生动活泼地主动地学习

为了培养适应新世纪要求的、具有创新精神和实践能力的一代新人，新课程的教学设计要注重充分发挥学习者的主体作用，创设合适的教学情境和条件，激发学生的学习热情和动机，引导他们主动参与、乐于探究、勤于动手，在自主的活动中理解、掌握和运用所学的知识。

二、整体把握教学活动的结构

我们通常把教学活动的结构看成是教师、学生、教材和环境四个因素相互作用的动态系统。新课程对"课程"涵义的理解，也从强调"教材"这一单一因素走向教师、学生、教材、环境四个要素的整合。因此，新课程的教学设计应当以系统的眼光和动态的观念看待教学活动，处理好各个要素之间的相互关系，整体地把握其结构。

1. 课程的目标结构决定教学的活动结构

课程的目标是课程编制的根据，也是教学活动的出发点和归宿。新课程的教学设计作为达成课程目标的一种筹划，它必然以课程目标为依归。在国家课程标准中，不仅对课程的总目标、分目标以及内容标准进行了清晰的叙述，而且还提出了每一部分目标的结构框架，即知识与技能、过程与方法、态度情感与价值观。因此，新课程的教学设计，要把教师的教学、学生的学习、教材的组织以及环境的构建统一起来，使之围绕这四方面的要求形成有序运行的系统。

2. 整合教师、学生、教材、环境四个结构要素

在新课程的视野中，教材绝不就等于课程，教学设计也并非只是备"课"。新课程强调把课程视为学生的经验，强调教学过程本身的价值，这就必然把课程视为教师、学生、教材、环境四因素持续交互作用的动态情境，课程由此变成一种动态的、生长性的"生态系统"和完整文化，教学设计当然也就应当注重对教师、学生、教材、环境四个因素的配合与整合。

3. 实现学生学习方式、教材呈现方式、教师教学方式与师生互动方式的同步变革

新课程的实施，要求改变学生的学习方式，确立学生在课程中的主体地位，建立自主、探索、发现、研究以及合作学习的机制。而要真正转变学生的学习方式，就必定要改变教材的呈现方式、教师的教学方式和师生的互动方式，这可以说是新课程的教学设计的着力点。事实上，当代的课程学习方式已经走向以理解、体验、反思、研究、创造为根本；现代信息技术也已全面介入教学过程。这一切都不能不促使新课程的教学设计有一次新的跨越。

三、突出创新精神与实践能力的培养

江泽民总书记指出："必须把增强民族创新能力提到关系中华民族兴衰存亡的高度来认识，教育在培育民族创新精神和培养创造性人才方面，肩负着特殊使命。"素质教育就是以培养学生创新精神和实践能力为重点的教育，新课程的教学设计必须凸显这一点。

1. 培养学生搜集和处理信息的能力、获取新知识的能力、分析和解决问题的能力和团结协作的能力

《中共中央国务院关于深化教育改革全面推进素质教育的决定》指出，智育工作"要让学生感受、理解知识产生和发展的过程，培养学生的科学精神和创新思维习惯，重视培养学生搜集、处理信息的能力、获取新知识的能力、分析和解决问题的能力、语言文字表达能力以及团结协作和社会活动能力。"新课程的实施落实了这一精神。中央的指示高屋建瓴，勾画出面向未来的人才在智慧和能力方面的发展要求，同时也为新课程的教学设计提供了一个基本的思路。

2. 让学生感受和理解知识的产生与发展的过程

新课程把过程与方法作为课程目标之一，强调"过程"，强调学生感知、理解并参与新知识的寻求与获得，这是新课程实施很重要的特点。就学科知识的掌握而言，"过程"表征该学科的探究经历与方法，结果表征该学科的探究成果，只有二者的完美结合，才能算是真正地全面占有了知识。而且，感受和理解知识的产生与发展的过程，对于教会学生学习、弘扬科学精神、提高科学素养、培养创新意识和能力、发展学生的创造个性，都有重要的意义。

3. 创设学生自主参与、探究发现、合作交流的教学情境

为了培养学生的创新精神与实践能力，教学设计应当创设一定的情景，安排一系列的"教学事件"，并提供相应的教学条件，通过教材呈现方式的变革、活动任务的"交付"、教

学方式与师生互动方式的变化，最大限度地组织学生亲历科学探究的过程，在动手、动口、动脑、"做中学"、用科学的协作参与中，发展他们的个性和能力。

四、根据学科特点和知识类型设计教学

教学设计总是针对特定的学科和不同的知识类型而做出的具体筹划：学科的特点相异和知识类型的差别，必然是教学设计要认真研究的一个重要方面。新课程在学科观和知识观上的变化，更要求人们更新教学观念，努力摸索符合不同学科特点和知识类型的教学设计思路和教学模式。

1. 超越学科中心与知识本位取向

随着当代课程价值观的变化和课程功能的调整，以学科为中心、知识为本位的取向被"学生发展为本"所取代，"学科观"也赋予了新的内涵——学科是培养学生生存与发展能力的教学内容，是谋求学生整体发展、有利于学生主体活动而选取的经过整合的文明成果；学科知识的框架是假设性的、动态变化的；学科的学习是以人类文化遗产为线索展开的对话，各门学科知识的学习是建立在超学科的综合性学习的基础上的。

2. 凸显本学科在目标、内容、方法上的特点

每一门学科都有自己特定的研究对象和范围，它们的体系建构和知识集合（现象、事实、概念、法则、规律等）也各具特色，反映了客观世界的多样性和各种关系与关联的复杂性。教学设计必须认真钻研课程标准对各门学科的性质界定、目标设置、内容构成以及教学建议，针对各自学科的特点，提出有效教学的模式和具体措施。

3. 按照知识类型组织教学

当代对知识的分类多种多样，针对不同类型知识的教学设计异彩纷呈。加涅根据学习结果的分类以及他对教学事件同学习过程关系所作的研究，已经为人们所熟知并进入了教学设计的操作领域。后来引起人们注意的是奥苏伯尔、安德森和梅耶为代表的认知心理学家对知识的分类，即按照陈述性知识、程序性知识和策略性知识进行不同的教学设计。这种主张为教学设计拓宽了思路。

五、适应学生的学习心理和年龄特征

学习理论是教学设计最重要的理论基础。当系统理论为教学的整体设计勾勒出大的方向与图景以后，学习理论便为教学设计提供了具体的指导，学习理论中的知觉、强化、记忆、转换、理解、迁移、问题解决等研究成果，都对教学设计产生深刻的影响。

1. 认真研究学生的阶段特征和学习准备

"为学习而设计"，必须做到"心中有人"，"以人为本"。学生是发展中的人，在某一年龄阶段，都会出现一些一般的、典型的、本质的心理特征，教学设计应当认真分析并根据学生的发展水平、认知方式和已有的知识经验准备，提供适当的学习指导和支持条件，以保证他们的学习需要与动机、知识经验与智慧技能、认知策略与学习方式，能与课程的习得很好地匹配起来。这方面，课程标准的"学段"划分，很值得认真研究。

2. 考虑学习活动中动力（情意）因素与智慧（认知）因素的统一

在影响学生学习成效的心理变量中，动力因素、智慧因素和策略因素总是综合的发生作用的；教学设计应当将三者统一起来，使情知渗透、求知与得分统合，在强化认知活动中发展学生的智力兴趣和学习效能感，以志趣和理智感驱动认知的积极化，使学科学习的过程成为学生全面和谐发展的过程。

3. 注意学生课堂学习心理动力变化同教学事件的配合

课堂学习中学生的心理动力变化是有规律的，这种心理动力的变化通常就成为教学程序

安排的一种重要参照。著名的教学设计大师加涅提出，将课堂学习中学生的心理状态同教学事件进行匹配，提供了一个很有价值的操作框架。

六、辩证认识和处理课堂教学中的多种关系

教学设计作为一种对教学活动中各种要素、各种资源的系统规划与安排，必然要处理好诸如教与学、书本知识与学生经验、知识的结论与过程、目标与策略方法等等关系。在认识和处理这些关系时，一定要多一点辩证法，少一些绝对化；多一点具体分析，少一些一刀切。

1. 积极介入课程建设和课程资源开发利用

当新课程从"制度课程"和"学科课程"走向经验课程，课程的开放性和民主化程度不断提高的时候，教师的课程实施取向发生了明显的变化，教师不再停留在"忠实取向"，而逐步地采取了"相互适应取向"与"创生取向"，这就要求教师在教学设计中，应更多地发挥自身对课程建设的能动作用；教师不仅是课程的执行者，而且应当成为课程的开发者；教师要充分地开发利用各种课程资源，处理好书本知识与学生经验的关系，沟通生活世界与课堂学习之间的关系，变"教课本"为"用课本教"。

2. 教师应当成为学生学习的激励者、指导者和组织者

新课程要求教师在教学过程中应与学生积极互动、共同发展，鼓励合作学习，促进师生之间相互交流、教学相长，注重培养学生的独立性和自主性，引导学生质疑、调查、探究，在实践中学习，使学生能在教师指导下主动地富有个性地学习。这就需要我们在教学设计中摆正教师的角色地位，不能再作为一个知识的灌注者和"话语霸权主义者"，而应成为学生学习的激励者、指导者和组织者。

3. 教学模式与策略的采用应综合渗透和灵活变通

教学模式与策略的选择与采用，是教学设计十分重要的一个环节。根据一定的教学目标、教材特点和学生实际，选用或建构一种模式与策略是必要的，这使得人们"有法可循"。但是也应当看到，没有一种模式与策略是绝对有效和最优的、是在各种情况下都适用的。因此，教学设计中模式与策略的确定要在需求分析、目标分析和内容分析的基础上进行，追求优势互补、整体优化和灵活变通，不能限于某种僵硬的、齐一的形式，而要着眼于结合、渗透、创新与生成。

资料卡

新课程教学设计与传统备课的差异

随着新课程的推进，传统的备课越来越不适应新课程的教学。尽管传统备课在长期以来的传统教学中发挥过一定的作用，但对于新课程教学的实施，其弊端显得愈加突出。

传统备课，教师面对的是知识、技能、方法的传授，关注的是如何讲给学生听，让学生掌握系统的知识，教师面对的是接受知识的容器，不需要考虑学生获得知识的过程。因此，备课时只需要备两个方面，一是如何教教材，即如何对知识进行系统的分析讲授；二是如何教学生，即学生如何接受并消化知识，通过训练会用知识解答题。

新课程教学设计，是面对学生如何学将要进行的教学行为、教学过程的设计，设计对象是活生生的学生，教师关注的是如何让学生经历知识形成的过程，获得并内化知识，形

成自己解决问题的方法，还要关注学生学习这些知识能够做什么。 这就是教学的目标。 因此，教学设计首先要分析教学任务，即通过什么样的教学活动和教学内容实现教学目标。其次要了解学生，这是教学设计的关键，了解学生的生活经历、知识经验、认知特征、思维水平以及学生之间在学习活动中存在的个体差异。 教师要明白有效的学习方式是个性化的，尊重学生的差异，不能一概而论，确保不同的人在学习上得到不同的发展。 再次要精心设计学习活动，数学教学即活动的教学，教师应根据学习内容的特点，引导学生在"动手、动口、动脑"中学习数学。 教学设计要适合于学生的经验、兴趣、知识、思维、理解和能力，为学生创设有学习兴趣、有教学内涵、有学习效果的学习情境。 最后要设计有效的检测评价方法，思考通过什么途径和手段检测教学设计中提出的教学目标是否达到，教学效度如何，学生的知识和能力是否有提高。

总之，新课程教学设计是针对学生的学习需求和目标，用教材提供的知识和方法设计的学习方案，不是为了教师的"教"，而是为了学生的 "学"。

（资料来源：mingshi. henanedu. com/2008）

研究性课题

1. 阐述教学设计的意义。
2. 评价已有教学设计过程模式。
3. 探究新课程背景下的教学设计。

拓展性阅读

[1] 皮连生主编. 学与教的心理学. 上海：华东师范大学出版社，2006.

[2] 佐藤正夫著. 钟启泉译. 教学原理. 北京：教育科学出版社，2001.

[3] 王逢贤主编. 学与教的原理. 北京：高等教育出版社，2000.

[4] 皮连生主编. 教学设计. 北京：高等教育出版社，2009.

[5] 李方主编. 课程与教学基本理论. 广东：广东高等教育出版社，2002.

[6] 黄甫全主编. 课程与教学论. 北京：高等教育出版社，2002.

[7] 陈旭远主编. 课程与教学论. 长春：东北师范大学出版社，2002.

[8] 钟启泉，崔允漷主编. 新课程的理念与创新. 北京：高等教育出版社，2003.

[9] 周小山，严先元主编. 教学设计思路与教学模式. 成都：四川大学出版社，2006.

[10] 李晓文，王莹主编. 教学策略. 北京：高等教育出版社，2000.

第二章　教 学 过 程

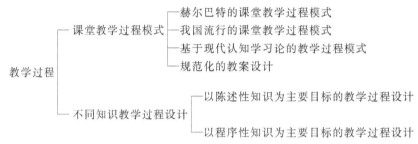

【学习目标】

- 能比较课堂教学的各种模式的优缺点并会运用。
- 结合本专业，根据规范化教案的要求，设计一个课堂教学方案。

教学过程就是教学活动的过程，即学生在教师有目的、有计划、有组织的指导下进行的认识活动过程。同时，也是师生双方共同活动的过程，是学生在各种活动中得到发展的过程。

第一节　课堂教学过程模式

教学作为一种有目的、有计划、有组织的师生交往活动，在进行时有它所需要经历的基本阶段，这就是教学过程模式。了解教学过程模式能帮助教师在课堂教学实践时有章可循，有的放矢。

由于文化背景、历史传统、哲学与心理学基础和实践基础等存在的差异，教育家们提出了许多关于课堂教学过程模式的不同观点和主张。

（1）夸美纽斯：观察、记忆、理解、练习。

（2）赫尔巴特：明了、联想、系统、方法。

（3）赫尔巴特派：预备、指示、联合、概括、应用。

（4）齐勒：分析、综合、联想、系统、方法。

（5）凯兴斯泰纳：问题、假设、验证、结论。

（6）凯勒：形象、感受、认识、练习。

（7）施瓦茨：提出目标、准备、讲授、掌握、体验。

（8）杜威：疑难、问题、假设、验证、结论。

（9）克伯屈：提出目标、计划、进行、评定。

（10）凯洛夫：组织上课、检查复习、提出上课的目的内容和要求、讲授新教材并明确内容要点、检查巩固所学的知识、布置课外作业。

一、赫尔巴特的课堂教学过程模式

赫尔巴特提出的教学过程模式可以说是教育史上最早的课堂教学过程模式。该教学过程模式以一定的认识论、心理学和教学理论为依据，强调心理学的统觉理论在教学过程中的作用，认为教学必须使学生在接受新教材时，唤起心中已有的观念。他按照儿童获得知识的心理过程，把教学过程分为四个阶段：明了——给学生明确地讲授新知识；联想——使学生将新知识与旧知识联系起来；系统——指导学生在新旧知识的基础上做出概括和总结；方法——引导学生把所学知识用于实际（习题解答、书面作业等）。同这四个阶段相对应的心理状态是注意、期待、探究和行动。他认为上述四个阶段决定着各种课堂教学的基本顺序。后来，赫尔巴特的弟子将他的四段教学过程模式改为五段教学过程模式：预备、提示、比较、概括和应用。五段教学过程模式在四段教学过程模式的基础上增加了"预备"阶段，它与四段教学只是名称上的差异。

赫尔巴特的五段教学模式于19世纪末20世纪初通过日本传播到我国，并在我国被广泛应用。1909年商务印书馆创办的《教育杂志》第一期曾征集和悬赏用五段教学过程模式编写的教案，许多教师根据自己的实践踊跃投稿。下面以该刊1910年刊登的植物教案为例，说明赫尔巴特的五段教学模式的运用。

理科教案（高小一二年级程度，植物）
目的之提出：今日者讲梅花，看其属何物

一、预备
（教）诸生见人家窗棂上，与冰纹合嵌者，为何花之纹。
（生）梅花之纹。
（教）当新春之时，不畏寒气而开放者何花乎？
（生）梅花。
（教）战争之时，兵人所用之干果为何？
（生）梅干。

二、提示
示梅之图及实物
（教）叶如何？
（生）圆形。
（教）叶之生法如何？
（生）互生。
（教）持花而嗅之如何？
（生）有清香。
（教）其色如何？
（生）有白色者，有红色者。
（教）瓣之数如何？
（生）大概五枚。
（教）萼如何？
（生）亦五枚。
（教）蕊之数如何？
（生）雄蕊二十，雌蕊一个。
（教）实之形如何？
（生）圆形。
（教）其味如何？
（生）极酸。

（教）枝之状如何？

（生）概屈曲。

（教）其表面如何？

（生）粗而坚。

（教）梅之功用如何？

（生）花可赏，实可食。

（教）其外如何？

（生）用其木以为种种之细工。

（教）何物系梅所作？

（生）木箱及算盘之珠。

三、联结

（教）今日之梅与前日之桃比较，其花梅似？

（生）梅花颇似桃花。

（教）桃之花瓣如何？

（生）有一重者，有数重者。

（教）瓣之数如何？

（生）每重五枚。

（教）蕊之数如何？

（生）雄蕊二十，雌蕊一个。

（教）（示以樱花）知此花之名否？

（生）樱花。

（教）樱花之前，既讲之花何花？

（生）蔷薇。

（教）梅桃樱之花，与蔷薇似否？

（生）皆似蔷薇。

（教）是等之花，皆似蔷薇，故总括之曰蔷薇科。

四、总括　本于问答而书之黑板者如左。

（叶）：圆形，互生。

（花）：白色或红色，有清香。

（瓣）五枚。

（萼）五枚。

（蕊）雄蕊二十，雌蕊一。

（实）形圆而味酸。

（枝）概屈曲，表面粗而坚。

（效用）赏花、食实、其木可为种种之细工。

（科）蔷薇科。

既毕，令生出笔记簿书之。

五、应用

（教）梅花与樱花，其差别如何？

（生）樱花之瓣，其尖头裂而香不及梅。

（教）梅花以何见贵于世？

（生）以香。

（教）花之有香，譬之于人何似？

（生）花之有香犹人之有德。

（教）花之美丽胜于梅者，草木中多有之，而梅特以其芳香见重于人，

　　　人之技能不见胜于众人，而以道德之高见重于世，亦犹梅也。

（教）作梅花与樱花比较表。

（教）作观梅记。

上之比较表及问题或当时即作，或用为宿题。

[简评]　从该教案可见，教案设计者对赫尔巴特的五段教学过程模式可谓心领神会，教案设计很巧妙。在预备阶段，教师通过日常实例，巧妙地引出了新的学习课题；在提示阶段，教师结合梅花的实物及图片，清晰地呈现了梅花的叶、花、瓣、萼、蕊、实和枝几个方面的特征，并指出了其效用；在比较阶段，通过将新学习的梅花与已学习过的桃花、樱花以及蔷薇花进行比较，达到使学生的新旧知识相联系的目的；在概括阶段，教师抓住梅花的几个特征，对新学习的知识做了系统概括，便于学生记忆；最后，在应用阶段，教师通过将梅花之香与人之品格相比较，渗透了德育。课堂教学的整个过程是通过师生的互动实现的。

二、我国流行的课堂教学过程模式

在我国把千千万万堂课所经历的操作程序称课堂教学结构。一堂课的基本操作程序是：组织教学、检查复习、讲授新教材、巩固新教材、布置课外作业。

（一）组织教学

组织教学既是课堂管理又是指示本节课的教学目标和引起学生注意的过程。说它是课堂管理，教师通过组织教学了解学生出勤情况，维持课堂纪律和秩序。一节课，一开始就抓好管理是课顺利进行的良好开端，十分重要。要做到这一点，教师要在上课前三分钟来到教室门口，观察学生的情绪状态和班级正在发生的事件，通过与学生平易近人的接触掌握班级的"民意"和形势，从而作出管理上的决策。如，测验课或考试课，教师一开始就宣布考试纪律，要求学生准备好测验要用到的文具用品，发考卷，作关于答卷的说明等，这样的组织教学就能发挥课堂管理的作用。上课一开始的组织教学除了达到课堂管理的目的，教师还要让学生明确一节课的目标、要求，把学生的注意力集中到学习上来。有时还要要求学生为更好地上课作准备，如作业纸的准备、外语听音设备操作的准备、体育课的准备运动等。在课的进行过程中，当变换学习目标时同样有组织教学的事要做。由此可见，组织教学是贯穿于课的始终。

（二）检查复习

检查复习是指检查学生的课外预习或复习情况，已学过的内容的掌握情况，适当复习旧知识等。检查复习可起到旧课向新课过渡的承上启下的作用。如果是单一检查或复习课，一般要对过去某一段时间内教学的内容作全面、系统的检查或复习。在带有教新教材任务的综合课上，检查复习是为顺利教新教材服务的，或是为了检查学生学新教材可能发生的困难所在，或是复习与新教材有联系的旧教材。检查复习的方法，可以选用谈话、练习或讲授等。检查复习的过程是反馈、矫正和巩固的过程。没有矫正和巩固，就无法顺利地教下去、学下去。

（三）讲授新教材

讲授新教材的目的在于使学生通过掌握新的知识和技能获得进一步的发展，这是课的结构中最重要的一个程序。教新教材要选用适当的方法或采取不同的教学模式。教新教材要着重考虑给学生提供发展的机会，通过教学活动使学生的个性有所改变或发展。

（四）巩固新教材

巩固新教材是要求学生在理解新教材的基础上，当堂能牢记或熟练掌握新教材。为了巩固新教材，教师可以通过让学生复述、自学辅导、练习或概括性讲授等方法。在巩固新教材时，教师要注意引导学生对新教材的进一步理解和应用，同时要照顾学生的个别差异，对不同程度的学生提出不同的要求，对学习有困难的学生予以个别指导。

（五）布置课外作业

布置课外作业一方面要求学生进一步巩固和深化对新教材的理解，另一方面要求学生预习下一课或下一阶段的教学内容，为进一步学习作准备。教师布置课外作业，要注意学生的用脑卫生，练习要少而精，不要搞题海战术。作业的形式应多样化，如果课内能基本完成学术性作业，课外应注重动手操作的作业，注意培养学生运用知识、熟练技能等手脑并用的能力。教师对作业的要求应作具体说明，并适当给予方法的指导和提供自学材料。针对个别差异，教师应指定几套作业，供不同能力、兴趣的学生选择。

我国流行的课堂教学过程模式一方面吸收了凯洛夫的课堂教学过程阶段理论，对他提出的六环节模式（组织上课、检查复习、提出上课的目的内容和要求、讲授新教材并明确内容要点、检查巩固所学的知识、布置课外作业）进行了继承；另一方面概括了我国广大教师的教学实践经验。下面这个教案，可以用来说明我国课堂教学结构的运用。

音乐课——歌唱的共鸣

年级　中等师范1年级第2学期

课题　发声基础知识：歌唱的共鸣。歌曲《太湖美》。

学时　1学时。

教学目标

（1）学会第一段歌曲，指导学生用优美、亲切和富有感情的声音唱好这首歌，从中体会到今天的新农村在现代化建设中出现的繁荣景象，使学生更加热爱社会主义新农村。

（2）通过发声练习，使学生初步获得自然而均匀的呼吸方法，能够用比较流畅、连贯的声音来演唱歌曲。

教学过程

一、组织教学

检查人数，安定情绪。

二、检查复习——发声练习

发声练习是为了使我们的嗓音得到训练，使我们的声音圆润、明亮、优美动听。在这之前，我们还必须了解和学习一些有关声乐方面的基础知识。下面就讲歌唱的共鸣。良好的歌唱共鸣能使声音集中、洪亮，传送较远，并且具有丰富的色彩变化。

（1）什么叫共鸣？什么是歌唱共鸣？

声学中由声波作用引起的"共振"现象叫"共鸣"。"歌唱共鸣"就是指歌唱发声时，声带振动产生的声波通过声带附近的肌肉、软骨和空气的传递，使口、头、胸等腔体里的空气产生振动的现象。共鸣腔运动的好坏，直接影响歌唱的发声效果，如：（举例示范）。

（2）共鸣腔体的区分和声区的形成。

人体的共鸣腔可分为胸腔、口腔、头腔三个部分。把三个部分共鸣腔运用于人声的低、中、高三部分不同的声区，就形成了胸声区、混声区、头声区，这三部声区的形成和歌唱共鸣的运用是密切相关的。各声区通过共鸣腔的运用产生的声音效果如下：（举例示范）

练声　1＝C→A

1 3 ｜ 5 3 ｜ 1 — —

ma·······

要求：吸气要深，呼气要流畅、均匀；声音要自然连贯；并注意运用共鸣。

三、教唱新歌：

（1）歌曲介绍：《太湖美》是一首具有江南民歌风味的抒情歌曲。旋律流畅优美，节奏新颖、富有变化。歌词通过对江南一带农村的自然景色的描写，展现出社会主义现代化建设中欣欣向荣的大好形势。

（2）范唱。

（3）教唱旋律（视唱法与听唱法相结合）。

① 把带有十六分休止符和装饰音的乐句进行重点教唱。

② 分句视唱与教唱，注意音准和节奏。

（4）教唱歌词。（词曲互助法）

① 朗读歌词，要求咬字、吐字准确。

② 发现难点，反复教唱二三次。

③ 听琴默唱一二次。

④ 带学生从头到尾唱一遍，检查是否学会。

（5）歌曲分析与处理：

作者通过对具有典型和象征意义的景物的描写，运用"水上的白帆、水下的红菱、水边的芦苇、水底的鱼虾"一连串的排比，环环扣紧，层层铺展。看不够的美景，唱不尽的诗情，倾注了热爱祖国的深情厚意，歌颂了富饶美丽的农村和人民的勤劳。通过语言的描绘，达到了借景抒情的目的，在具有江苏民歌音调的旋律上，以装饰音、顿音和适当的休止符进行润色，音乐形象、生动、鲜明，使人们从歌声中看到了农村的美景。

① 根据对歌曲的分析，加以处理，范唱一次。

② 要求学生完整地、有感情地唱一遍。

四、课堂总结与布置作业。

（1）讲评这堂课的学唱情况（略）。

（2）布置课外作业——要求学生在课后练唱好第二段歌词。

[简评] 这份教案完全按照我国流行的教学过程模式设计，它简明扼要，重点突出，清楚地呈现了教学的完整程序。同时既有知识性，又有教育性；既注意了技能技巧的训练，又注意了思想感情的陶冶。符合中等师范学校音乐教学的特点，对普通中学的音乐课教学也有启发性。

三、基于现代认知学习论的教学过程模式

历史上已有的和我国流行的教学过程模式虽然在实践中有广泛影响，但是共同的缺陷是缺乏科学的学习论基础。赫尔巴特的教学过程模式建立在哲学心理学基础上，而我国广为流行的教学过程模式主要基于教学经验的总结。近几十年来，认知科学，特别是信息加工心理学的发展，为提出符合现代认知学习论的课堂教学过程模式奠定了基础。

根据广义知识学习阶段和分类模式、学习的信息加工模式，提出如下的教学过程模式，也可以概括为"六步三段二分支"课堂教学过程模式（见图2-1）。

其中，"六步"是指不论哪类知识，完整的学习过程都要经过如图2-1的六个步骤，同时也就有相应的六个教学步骤。"三段"是指学习和教学的六个步骤可以概括为三段：一至四步为一段，其中心任务是知识的理解；第五步为第二段，其中心任务是知识的巩固和转

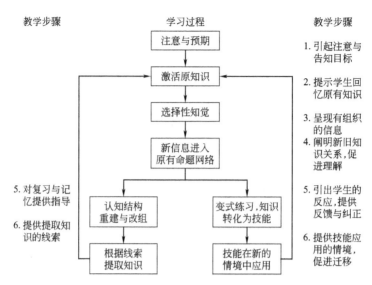

图 2-1　"六步三段二分支"课堂教学过程模式

化；第六步为第三段，其中心任务是知识的提取与运用。"两分支"是指陈述性知识和程序性知识的教学过程的前四步相同，从第五步开始出现分支：左边一支表示陈述性知识的巩固和提取，右边一支表示程序性知识的变式练习和迁移。

完整的教学过程要尽量符合"六步三段二分支"课堂教学过程模式，缺少任何一步，就可能学习不能发生，或者学习虽然发生，但不能持久。

与我国传统的课堂教学过程模式相比，该模式的优点在于：

（1）我国的教学过程模式着眼于教师的行为；该模式则着眼于师生的双向活动。该模式认为，学习有自身的独立过程，而教本无独立过程，它是学习的外部条件，是为学而服务的，离开了学，就没有教。

（2）我国的教学过程模式没有知识分类学习的思想；该模式反映了知识分类学习的思想。自第五步开始，学与教分为两支，左边的一支代表陈述性知识的学与教；右边的一支代表程序性知识的学与教。

下面这个教案，可以用于说明"六步三段二分支"课堂教学过程模式的运用。

语文课——比较阅读《桥》与《中国石拱桥》

教学目标

（1）对所提供的不同范文，能指出其各自的题材及其表达方式的异同。

（2）能根据所提供的范文，举例说明不同表达方式的作用及其与写作目的的关系。

（3）对所提供的熟悉的题材，能分别用说明和抒情两种表达方式写一段短文。

任务分析

1. 起点能力

（1）对两篇课文，即《桥》、《中国石拱桥》已熟悉。

（2）已初步掌握"题材"、表达方式（如抒情、议论、说明、描写、记叙等）概念。

2. 终点目标及其习得条件的知识类型

（1）目标 1 是学生原有"题材"与"表达方式"概念的深化和应用。

（2）目标 2 是新习得的写作规则（或原理），"不同表达方式作用不同，并为一定写作目的的服务。"其习得的条件是，①规则中的有关概念已掌握。②提供变式例证。

（3）目标 3 是通过有指导的练习，使规则支配学生的写作行为，初步获得运用该规则的技能。

3．课型与课时

（1）课型：知识与技能兼有，知识习得与练习并重。

（2）课时：教时。

教学过程

（一）复习原有知识与提出新的教学目标

1．复习原有知识

（1）回顾《桥》与《中国石拱桥》（以下简称《中》），请两学生分别简述《桥》与《中》的内容。

（2）提问：什么题材？什么表达方式？

请两个学生分别回答。

教师在评点学生的回答后，明确表述如下两个概念。

题材：构成文学和艺术作品的材料，即作品中具体描写的生活事件或生活现象

表达方式：作品中运用的描写、抒情、论述、说明、记叙等方式

（方框中文字用视觉方式呈现）

2．提出新学习课题

比较阅读《桥》与《中国石拱桥》。

（1）板书新课题：比较阅读《桥》与《中国石拱桥》

（2）新课内容：

① 复习两文在题材与表达方式上的异同。

② 通过比较阅读，明确不同表达方式的作用及其与写作目的的关系。

（3）学完本课后，你们应能做好以下事情（用视觉方式呈现教学目标，见前文）

（二）通过比较分析，加深原有概念理解，并习得新知识

（1）通过比较分析两文题材与表达方式异同，加深原有"题材"与"表达方式"的理解。

① 学生根据要求，细读和比较两文。

② 小组议论：两文题材是否相同？在取材上有何区别？两文表达方式是否相同？

③ 师生交流以后，明确：

ⅰ．两文题材相似，都是写桥（板书）。但范围不同：《桥》写各式各样的桥（板书），《中》描写石拱桥（板书）。

ⅱ．表达方式不同：《桥》以描写、抒情为主（板书），《中》以说明为主（板书）。

通过例文分析，说明两文表达方式差异。

例句 1　"小桥流水，柳暗花明，构成一幅美妙的山水画，看着叫人心醉"（出自《桥》）

（描写、抒情，突出具有民族风格的独木桥构成的如诗如画的景色美）

例句 2　"在传统的石拱桥的基础上，我们还造了大量的钢筋混凝土拱桥，其中'双曲拱桥'是我国人民的新创造，是世界上所仅有的。近几年来，全国造了总长 20 余万米的这种拱桥，其中最大的一孔长 150 米。"（出自《中》）

（以说明为主，由传统的经验到今日的创造，以列数字的说明方法概括介绍了我国建桥的成就）

（2）在原有概念基础上，通过例句分析，得出以下结论。

结论①表达方式不同，作用不同。

例句 3 "在落日的余晖里，踏上栈桥，看波涛汹涌，海鸥翔集，水天一色，白帆点点，令人心旷神怡，流连忘返。栈桥把我们带进如画的意境里，它是特殊的桥。"（出自《桥》）

（上例以描写、抒情为主，遣词造句优美形象，栩栩如生，给人以美的享受。）

例句 4 "赵州桥非常雄伟，全长 50.82 米，两端宽 9.6 米，中部略窄，宽 9 米……这座桥的特点是：（一）全桥只有一个大拱……（二）大拱的两肩各有两个小拱……（三）大拱由 28 道拱圈拼成……（四）全桥结构匀称……"（出自《中》）

（上例以说明为主，遣词造句通俗易懂，准确无误，给人以清晰的认识）

再分析表达方式与写作目的的关系。

举例说明：

《桥》以描写为主……

《中》以说明为主……

得出结论②表达方式为写作目的服务。

（三）知识的应用与检测阶段

（1）比较阅读以不同表达方式写草莓的两篇短文（见课本第 60～61 页）。学生看短文并听录音。

要求：

① 学生听完录音（或看完课文）后分组议论；

② 学生说说两文的题材与表达方式的异同；

③ 学生分析不同表达方式的作用及其与写作目的的关系。

若学生根据新授知识，能以新的短文为例做出适当分析，说明本课的第一个和第二个教学目标已经达到。

（2）仿写：以水仙为题，学生分别写一段以说明为主和以描写、抒情为主的短文。

① 学生练习（如果时间较紧，可作为课外作业）。

② 抽几名学生朗读习作，学生相互评议。

③ 教师小结。

[简评] 本篇教案的设计是以训练单项语文能力为主要目标的课题设计。学生的学习经历了从例子到结论（或规则），然后应用结论（或规则）指导自己的读、写行为两阶段。所不同的是，前者涉及习作的局部技能，因此选用的实例只是课文中的句或段。后者不仅涉及写作的局部技能，而且涉及文章的整体（即题材与表达方式的关系），所以选用的例子不仅有文章的句段，而且包括文章的整体。本教案充分体现了把课文作为例子的思想。用例子的目的是为了培养学生读、写的能力或提高他们的读写技能。

四、规范化的教案设计

教案也叫课时计划。根据"六步三段二分支"课堂教学过程模式，一般可进行如下的教案设计。

（一）确定并陈述教学目标

教学目标是预期的学生学习结果。对教学目标的确定应该要考虑知识的不同类型与水平。同时，教学目标的陈述应遵循具体、明确、可观察、可测量的原则。

（二）分析学习任务

教学目标只是确定了学习的最后结果（即终点目标），一般未包括达到终点目标之前先行条件的分析，也未包括学生原有知识、技能或学习方法等方面的起始状态的分析。学习任务分析则是在明确终点目标之后，一是确定学生的起始状态；二是分析从起点到终点之间必须掌握的知识、技能或行为倾向。通过任务分析，终点目标可以分解为一系列有关联的子目标，这些构成了达到终点目标的先行条件。

（三）选择教学步骤、方法、技术

根据图 2-1 的"六步三段二分支"课堂教学过程模式，可以把课区分成不同类型。

1. 根据广义知识的分类

（1）以陈述性知识为主要目标的课，如小学的常识，中学的历史、地理和生物，其中大多数课属于此类。课堂教学步骤可用图 2-1 中的一至四步加上左边的五至六步。

（2）以程序性知识为主要目标的课，如中小学的数学、物理和化学，其中大多数课属于此类。课堂教学步骤可用图 2-1 中的一至四步加上右边的五及六步。

（3）以策略性知识为主要目标的课，如中小学的语文和外语。在目前的教学实践中，许多教师把以策略性知识为主要目标的语文课或外语课教成以陈述性知识为主的课，结果学生记忆了名词术语、语法概念和写作规则，却不会开口讲外语，写不出文句通顺的文章。由于策略性知识是程序性知识的特例，因此以策略性知识为主要目标的课也是以概念和规则的教学为主，其课堂教学步骤也是用图 2-1 中的一至四步加上左边的六步及右边的六步。

2. 根据知识掌握的阶段

（1）新授课，即以知识理解为主要目标的课，这类课在中小学所占的比例最大。这类课的教学步骤一般只要求一至四步。

（2）复习课，即以陈述性知识的巩固为主要目标的课。这类课的教学步骤一般只要求第一步和第五步。此类课以学生的活动为主。

（3）练习课，即以促进陈述性知识向程序性知识转化为主要目标的课。这类课的教学步骤一般也只要求第一步和右边第六步。此类课以学生的活动为主。

（4）检测课，即以知识的应用或检测为主要目标的课。此类课一般是在一个大的教学单元之后或期中、期末进行的。不同类型的知识要求学生做出反应的性质不同。而且，同一类型的知识处于学习的不同阶段也要求学生做出不同反应。对于此类课，教师主要采取教学步骤中的左边的第六步和右边的第六步。根据学习类型和阶段，教师设计适当的测试形式和内容，以便检测教学目标是否达到。

教学方法的选择要根据不同的学习类型和学习阶段，表 2-1 列出可供选择的教学方法或技术。

表 2-1　根据不同的学习类型和学习阶段而选择的教学方法或技术

1. 新知识习得阶段（新授课）		
教学步骤	主要可供选择的方法和技术	预期的目标
告知教学目标	讲述,板书或由问题引入等	指引注意,激发兴趣
复习旧知识	提问,小测验等	激活原有知识
呈现新知识	设计先行组织者、图标；教师讲授；指导学生自学；提供直观材料等	选择性知觉新信息
促进新知识的理解	比较新知识内部的异同；比较新知识与相关的原有知识的异同；运用类比等	使新知识进入原有认知图式,理解新知识
2. 新知识的巩固与转化阶段（复习课或练习课）		
学习类型	主要方法或技术	达到的目标
陈述性知识	①布置思考题,让学生带着问题复习、讨论等 ②对学生的复习、记忆方法提供指导 ③上系统复习课	巩固新知识,防止遗忘,学会记忆和复习的方法

2. 新知识的巩固与转化阶段（复习课或练习课）

学习类型	主要方法或技术	达到的目标
程序性知识	①设计变式联系，指导学生练习 ②及时提供反馈，纠正练习中的错误	使知识转化为技能或认知策略

3. 知识与技能的运用与检测阶段（知识技能检测课）

学习类型	测验问题（S）	学生的反应（R）
陈述性知识	如：问第二次世界大战的原因是什么？	陈述有关事实的结论
程序性知识：智慧	如：已知圆锥体的底面积为 $10cm^2$，高为 $5cm$，求圆锥体的体积	应用公式，计算出正确结果
认知策略	如：给予难易适中的课文，要求学生迅速找出文中的主要观点	边读边思考，边做笔记……

第二节　不同知识类型教学过程的设计

一、以陈述性知识为主要目标的教学过程设计

在此首先介绍一个以陈述性知识为主要目标的教学范例，然后说明这类知识的教学设计中应着重考虑的环节。

（一）范例与评析

中国地形特点

（《中国地理》八年级第一学期，华东师范大学出版社，1996年版）

[教学目标]

（1）能用自己的话说出中国地形三大特点及其影响。

① 地势由西向东变化特点及其对河流影响。

② 沿海大陆架分布特点及其对经济影响。

③ 地形类型分布特点及其对经济影响。

（2）对给予的某一纬度地形剖面图，能填写不同剖面所代表的地形类型。

（3）能说明"山地"和"山区"两个术语的含义异同。

这里的三个目标中行为动词是"说明"、"填写"、"说出"，从这些行为动词可知，这节课是以陈述性知识为主要目标的。

[任务分析]

（1）起点能力应包括以下两点。

① 知识准备：学生已具备地形、地势和五类地型等概念。

② 技能准备：能运用分层设色图、地形剖面图和景观图识别地形类型和地势变化。

（2）知识类型及其习得条件。

中国地形、地势是一般地形、地势概念的特例，全课基本上是下位概念和具体事实性知识学习，原有上位概念是其学习的必要条件，阅读技能是其支持性条件。

（3）课型，新知识习得与巩固并重。

（4）课时，一课时。

[教学过程]

1. 告知教学目标，明确学习任务

师：我们学习过《中国地理》中"位置、疆域和政区"、"人口和民族"两章，今天学习

"地形"中的第一节（板书：地形特点请看这节课的教学目标）：

```
1.
  ①
  ②  （见教学目标）
  ③
2.
3.
```

2. 提示学生回忆原有知识，找到新知识同化点

师：呈现景观图。

生：看图。

（以下4种景观图让学生一一识别并回答）

师：景观图表示哪类地形？

生：答。

师：地形和地势两个概念如何区别？

生：答。

师：小结。

3. 呈现新教材，促进新知识理解

（1）新授：中国地势由西向东变化特点。

师：呈现"中国地势阶梯状分布示意图"，提示学生看图。

生：看图，读高度表。

师：从图上可以看出中国地势由西向东变化的哪些特点？（教师从海拔、地形类型、分界线三方面启发学生做出判断）

生：看书回答。

师：边讲边板书30°N地势剖面图（图略）。

师：归纳并板书（地势西高东低，呈阶梯状下降）。

（2）新授：大陆架分布特点。

师：我们完成了目标1.①。现在看沿海大陆架特点（目标1.②），请同学们看书，看图。

师：我国近海大陆架特点是什么？

生：答。

师：板书（沿海大陆架广阔）。

师：这样的大陆架对经济发展有什么好处？

生：答。

师：补充（略）。

（3）新授：中国地形类型分布特点

师：请同学们在中国地形图上找一找，我国有哪几种地形。

生：答。

师：地形类型分布有什么特点？

生：答

师：归纳并板书（地形类型多样，山区面积广大）。

师：山区和山地两个概念有什么不同？

生：答。

师：补充说明1/3山地和2/3山区所指的地域差异。

师：小结并指导学生记忆三个特点和三级阶梯的海拔高度。

4. 知识巩固与目标检测阶段

（1）投影呈现32°N地形剖面图和这个地势阶梯状分布示意图，让学生观察，回顾刚学过的知识。

（2）检查知识理解和巩固情况。（把书合上）公布练习，学生当堂完成，教师指正。

① 读36°N地形剖面图，写出各地形名称（图略）。

② 填写中国地形三大特点：地势由西向东变化的特点；大陆架特点；地形类型分布的特点。

③ 请说说中国山地只占全国总面积1/3，而山区面积占2/3的原因。

[简评] 从知识分类学习论来看，本节课是典型的陈述性知识为目标的学习。因为初中二年级的学生在小学六年级学习《自然地理》时，已经初步接触了地形、地势、地形类型等概念，以后学习《世界地理》又接触了这些概念中的许多下位例子，中国"地形特点"一节所涉及的基本上也是这些原有概念的特例。因此，从概念学习来看，本课没有难点，但从地理知识学习的要求来看，学生必须记住并能有效地提取这些特例及其特点。如地势分三级阶梯，每级阶梯的海拔高度以及具体山脉、高原、盆地的名称和位置等；理解和记住这些事实性知识是本课的主要目标。知识分类教学论要求教师根据学生所要学习的知识类型确定教学目标，分析教学任务，安排师生的活动以达到既定的教学目标，并检测教学目标是否达到。本节课的教案设计符合这些要求。有效的教学首先必须保证新的学习的内部条件满足。本节课的教学设计显然将内部条件中的必要条件和支持性条件都考虑了。其次，要创设有效学习的外部条件，教师清晰的讲解，提供景观图、地形图和剖面图，清晰的板书，指导学生选择性知觉和记忆等，这些都为有效的学习提供了外部条件。教师的教案设计和实际教学过程都满足了这些要求。

（二）教学设计中应着重考虑的环节

在以陈述性知识为主要目标的教学过程中，重要的教学设计任务首先是促进学生对知识点理解，然后是在理解的基础上促进学生对知识的保持。

1. 利用教材呈现技术，提高教材可懂度

（1）先行组织者

先行组织者（advance organize）简称组织者，是奥苏伯尔于20世纪60年代初提出的一个概念。根据奥苏伯尔的解释，组织者是先于学习材料呈现之前而呈现的一个引导性材料。它在概括与包容的水平上高于要学习的新材料，但以学习者通俗易懂的语言呈现。故它是新旧知识发生联系的桥梁。奥苏伯尔指出，组织者最适宜在两种情况下运用。第一，当学生面对学习任务时，倘若其认知结构中缺乏适当的上位观念可以用来同化新知识，则可以设计一个概括与包容水平高于要学习的新材料的组织者。通过先学习这一组织者，学生可以获得一个同化新知识的认知框架。这种组织者可称为陈述性组织。第二，当学生面对新的学习任务时，倘若其认知结构中已经具有了同化新知识的适当观念，但原有观念不清晰或不巩固，学生难以应用，或者他们对新旧知识之间的关系辨别不清，则可以设计一个指出新旧知识异同的组织者。这种组织者则称为比较性组织者。

一般来说，组织者的观念水平要高于新学习材料中的观念水平。它可以是一条定律，一个概念，或一段概括性说明文字，但是也可以用具体形象化的模型等。不管组织者的形式如何，其基本的目的是从外部影响学生的认知结构，使之易于同化新材料。

（2）符号标志技术

使用符号标志的形式很多，如列出小标题，使用不同字体，突出关键词语，用1、2、3

等序列数字指出内容的要点，使用暗示内容结构的语词：如："我们这一章将要谈这样三个问题"等。通过在学习材料中加入未增加实际内容的标志或词语，符号标志技术可以强调材料的概念结构和组织。它们虽不提供实际的信息，但材料的结构更为清晰，使人一目了然。因此，它们为读者选择适当的信息，并将这些信息组成一个彼此关联的整体提供了一个概念的框架。

（3）附加问题设计

设计附加问题，目的是从外部控制学习者的注意。附加问题的设计有两个变量可以控制：问题呈现的位置和呈现问题的目标。对前者而言，如果问题在阅读材料之前提出，则它们会影响学生的选择性注意，使学生更加注意问题中提到的信息。这是一种对知觉的倾向影响。如果问题在阅读之后提出，则学生会回过头来重新知觉问题中提到的信息。这是一种逆向影响。它影响到学生对附加问题中提到的信息的注意量。对于后者而言，附加问题可以是侧重文章信息，着重学生文章知识信息的获得；或者是侧重材料的篇章结构，着重学生对文章结构的分析能力。例如，如果问题涉及材料的结构，则学生会将注意力放在材料的内在结构上，从而有助于对材料的理解。

2. 设计教学活动，促进知识的理解

在知识理解的教学中，教师的作用只能是促进学生积极地投入知识的心理建构过程。一方面，学习者需要教师的充分指导，以帮助其将新知识与原有知识相联系。另一方面，在认知上，学生是独立的学习者，知识建构过程需要学生有主动学习的心理倾向，而不是完全受控于教师的指导。因此，这两方面的结合应是教师的关注之处。下面，介绍三种知识理解的教学方法。

（1）激活原有知识

学习者从新信息中获得意义不是指学得一些支离破碎的信息，而是将新旧知识整合成更高层次的知识结构。而这种整合则需要教师帮助学生激活原有知识。教师可采用的技术有先行组织者、事件概况结构和例子等。根据奥苏伯尔的认知同化论的思想，激活的知识必须是明确、清楚、固定的概念或规则，以便于成为新知识的"固着点"。比如运用先行组织者技术，这种激活的方式可提供一个整体的知识框架，通过逐步分化的过程使知识得到精致化的程度。

教师还可运用事件概况结构（包括一些核心概念，并用语义联系的方式将之相联系）来激活学习者原有知识，并作为同化新知识的基本框架，从一般性、浅显的方式呈现教学内容，逐步过渡到详细方式的呈现。此外，教师也可运用举例的方式来激活学生的原有知识。例子可使一些抽象的阐述变得更形象，使学生易于接受新知识；通过例子，学生可在某一特定的具体情境下，来理解新旧知识之间的联系。因此，与一些一般性的信息相比，例子更可能影响学生对新知识的理解。教学效果也是具体例子到一般原则的呈现方式较好。

（2）促进学生参与理解活动

大多数学生存在这样一个观念，知识理解就是从教师或书本中获得知识的一种被动接受过程，而非主动积极的、产生式的建构过程。因此，教师在课堂教学中的一个任务就是帮助学生如何进行正确的知识理解活动。除了运用简单的、准备好的知识框架，如先行组织者或事件框架结构，教师还可运用一些技术来激发学生自己发现知识间的内在联系，如提问技术、认知冲突技术等。通过自己来建构知识的问题情境，从例子中发现一般的联系，形成假设并加以验证，促进学生对知识的主动理解。

同样，在教学开始时，教师呈现教学目标或与之相关的问题也可帮助学生参与知识理解的活动。这样的目标信息可指导学生学习的方向，并预先安排自己的学习活动和有效地分配与控制自己的学习注意力。但是在呈现目标或问题时应注意目标呈现的数量。问题呈现的数量过多或太少都不能导致最佳的教学效果。这里有两个解释：一是目标或问题太多，学生抓不住知识的重点；二是目标太少，学生不能对学习任务进行积极有效的思考。同时，在问题呈现数量上，教师还应考虑一些其他的教学因素，如高素质的学生不需要教师用提问这种外部控制的手段来支配其思维活动。而如果学生的知识结构欠缺，教师缺乏教学兴趣，这类外在控制学生学习活动的教学方式（指目标或问题呈现）也起不到应有的作用。

（3）使学生自我控制理解活动，进行知识理解的策略训练

要使学生能够控制自己的知识理解过程，就必须使学生明确知识理解的标准。这是因为在知识理解的过程中，学生需要反复地询问自己是否已经理解了这一知识或理解到了哪种程度。例如，学生常常犯这样一个毛病：只从部分知识的联系来推测整个知识结构间的联系，或者干脆是一知半解。通过一些策略训练的方法，可避免学生表面理解知识。教师可要求学生注意学习内容的中心，不断地自我提问，进行新旧知识间的比较：如这个知识与刚学习过的知识有什么不同？下面可能要讲什么问题了？安德森提出可用概念地图法来训练学生对知识的理解。运用概念地图，学生勾画出学习内容的上位结构知识，逐渐形成从部分知识结构间的联系到较高层次间的知识联系。

3. 指导复习，促进知识的巩固

在教学过程中，教师可教给学生一些有效的记忆策略。下面介绍几种可被教师用于指导学生复习、促进知识巩固的技术。当这些技术由教师外部控制转化为学生的自我控制时，就意味着教师的教学策略转化为学生的学习策略了。

（1）复述策略

复述指为了保持信息而对信息进行多次重复的过程。对于简单的陈述性知识而言，如背诵英文单词，复述的量是关键因素。而对于复杂的陈述性知识而言，复述则有一定的技巧，并不等于简单的重复感知，而是在感知学习材料时对重点、难点和要点用画线、圈号、加标符号等方式将其突现出来。比如，教师向学生说明哪些句子、节段是文章重点，要求学生划出这些重要部分，然后要求他们解释这些句段，并进行复习。

（2）组织策略

组织策略是将分散的、孤立的知识集合成一个整体并表示出它们之间关系的方法。可以表现为多种具体形式：①描述策略，即将孤立的单词组成一描述性句子；②归类策略，即将分离的项目按类别组织成一序列，以减少记忆项目的数量；③表象策略，即将言语形式的信息转化成视觉形式或图画形式的信息。这些策略比较适合于简单陈述性知识的学习。对于复杂的陈述性知识的学习，组织策略往往表现为对前后学习内容进行纵向梳理、横向比较分析的方法。比如，学完现代心理学的几大主要流派后，用列表的形式从代表人物、产生年代、主要观点、研究方法等方面逐一对照分析，既能消除理解上的模糊和混淆，加深理解，又能精简内容减轻记忆负担。

（3）精加工策略

精加工策略指通过对学习材料增加相关信息来达到记忆的学习方法。如对材料补充细节、举出例子、做出推论或使之与其他观念形成联想等，旨在为知识的提取提供新的途径，为知识的建构提供额外的信息。对简单的陈述性知识来说，该策略十分有效。如在学习字词配对时，教师可让学生利用如"针——气球"、"桌子——椅子"、"狗——汉堡包"这些配对词造句，如"针刺破了气球"，"椅子在桌子下"等，从而记住它们。研究表明，对材料加工得越深，信息保持得越好。

记忆术是对无意义的材料赋予某些人为意义，以促进知识保持的记忆方法。有人在利用

记忆术帮助记外语单词的研究中创设了"关键字法"。即在记忆外语单词时，先在本族语言中找到一个读音与外语类似且能产生有趣联想的词，如英文中的"gas"（煤气），可用中文中的"该死"作关键词，两者读音相似，又可以产生"人因煤气中毒而死"的联想，从而使该词容易记住。

对于复杂的陈述性知识来说，"记笔记"的技术得到广泛研究，它包括摘抄、评注、加标题、写节段概括语和结构提纲等活动。研究表明，学生不但可以借助记笔记来控制自己的注意，而且有助于发现新知识的内在联系和新旧知识的联系。

4. 恰当安排复习时间的策略

学习者如能恰当安排复习时间，也能有效地提高学习效率。心理学研究表明，机械程度高的学习材料习得后的遗忘呈先快后慢的规律，习得后两天内的遗忘量多达70%，以后的遗忘速度明显减慢。据此，对那些机械程度高的学习材料，应在材料尚未出现大量遗忘之前安排复习。如果材料是有意义的，学会后不易遗忘，复习时间可以适当延后。

另外，为了减少复习中的疲劳和前摄、倒摄抑制，宜采用分散复习而非集中复习，如将不同性质的材料穿插复习，或在复习一段时间后做一些放松活动，将有助于提高学习效率。

在教材的组织与呈现方面，教师可以运用先行组织者、符号标志和附加问题设计等技术；在知识理解的教学中，教师的作用是促进学生积极地投入到知识的心理建构中去；在指导学生复习、促进知识巩固的过程中，教师可以选择精加工、组织、复述以及合理安排复习时间的教学策略。

二、以程序性知识为主要目标的教学过程设计

程序性知识与陈述性知识既有联系也有区别，为此，在教学设计中着重考虑的环节应有所区别。以下是一个以程序性知识为主要目标的教学范例。

（一）范例与评析

句式的变换——主动和被动的变换
（初中《语文》第五册，人民教育出版社，1989年版）

［教学目标］

1. 对教科书上或教师提供的主动句和被动句，学生能改成相应的被动句和主动句。

2. 能结合例句说出上述两种句式互换的规则。

［任务分析］

1. 教材知识结构分析

学生要能顺利掌握主动句和被动句互换的规则，其头脑中必须形成如下的知识结构。

$$句子\begin{cases}主谓句（不带宾语）\\主谓宾句\begin{cases}主动句\\被动句\end{cases}\end{cases}$$

2. 本课学习结果类型

目标1强调规则的应用，属于程序性知识（或智慧技能）学习；目标2强调清晰的意识和陈述规则，属于陈述性知识学习。

3. 有效学习的内部条件（含起点能力）分析

根据加涅的理论，规则学习的必要条件是构成规则的有关概念已被学习者所掌握。就本节课而言：①学生应能识别主谓句和主谓宾句，因为只有后一类句子才涉及主动与被动变换；②因为主动句又分"把"字句和一般主动句，所以学生又必须掌握"把"字句的概念和

构成规则；③被动句又分一般被动句和省略介词"被"的宾语的被动句，因此，学生还必须能区分被动句的两种形式。这些概念和相应的规则乃是新规则学习的先决条件，如果这些条件有一项未满足，新的规则学习要么不能顺利进行，要么将造成知识或能力上的缺陷。

[教学过程]

如果上述前提条件得到满足，本节课可以按照例—规法呈现新规则，然后按规—例法帮助学生应用和巩固所习得的规则。据"6步3段2分支"教学模型，教学步骤如下。

1. 告知本课内容及教学目标

2. 复习原有相关知识（如果确认已具备上述前提条件，复习一步可略）

3. 呈现新知识

学生打开书本，阅读"句式的变换"前两自然段，了解句式变换的限制条件和句式变换的类型，出示例句。

（1）用小黑板出示两组例句。这里是用例—规法引。

（2）学生辨别例句句式，辨别例句中的施动者和受动者。

（3）学生划分两组例句的句子成分：主语、谓语、宾语。

（4）教师指出施动者和受动者在主动句和被动句中充当的不同句子成分。

（5）在教师指导下，学生归纳得出主动句和被动句互换的规则：主动句变被动句规则——用主动句的主语作介词"被"的宾语，用"把"的宾语或动词的宾语作主语；被动句改主动句规则——用被动句的主语作介词"把"的宾语或动词的宾语，用"被"的宾语作主语。

4. 进一步列表说明主动句和被动句相互变换的规则

	主语	谓语动词	宾语
主动句式	施动者	"把"	受动者
被动句式	受动者	"被"	施动者

从表可见，在主动句中，施动者作主语，受动者作宾语。改为被动句后，受动者作主语，施动者作宾语。

5. 变式练习

（1）主动句改为被动句

大风吹倒了树木。

大风把树木吹倒了。

（2）被动句改为主动句

他被眼前的情景吓坏了。

（3）出示被动句某些特例让学生作句式变换练习

他的名字并不为许多人知道。｝"为"、"给"也

船早给别人租完了。可以表示被动

敌人被打退了。——施动者未出现

6. 出示教科书上的练习题（第269页，练习一）

让学生独立完成。如果学生能正确完成这些习题，表明本课教学目标已经达到。

[简评] 在语文教学设计中，语法知识的教学设计相对简单，与单篇课文教学相比，其任务相对单一。然而，同自然学科或数学相比，其教学目标和任务分析又相对困难。在数学、物理或化学等理科学科中，学生学习的规则一般是全新的。所以其学习先经过陈述性阶

段（如能说出欧姆定律是"电流等于电压与电阻之比"），然后经过变式练习，转化为程序性知识，即成为办事的技能。如果学生不理解或不能牢记规则（此处是公式），决不能办事（此处是计算电流、电压、电阻）。另外，其学习的先决条件相对明确和简单。"语法知识"学习同属概念和规则学习，其主要目标是获得陈述性知识，而不是技能。因为语文学习同其他任何学科的学习不一样，它是借助学生的口语为中介进行的。在口语学习中，只有语言实践，没有语言知识的专门学习。即使在后来的书面语言教学中，学生也是先接触大量的语言现象，这些现象可以借助口语理解，而不必借助语法规则。所以在语文学科中，一般是先有技能，后学习规则。当然这样学习的规则已上升到理性知识水平。这是教学目标的差异。此外，从学习任务分析来看，语法规则的学习涉及多起点、多先决条件。因此本课未单独做起点能力分析，而只分析了有效学习的内部条件，这些条件在某种意义上都是新的学习的起点能力。再就教学过程来看，尽管主动与被动句式互换涉及多项起点能力，但初中三年级学生在学习中并没有感到很困难，原因之一是在应用例子到规则的教学时，学生对例子很熟悉；原因之二是初中三年级学生已具备本课学习的先决条件。由于先有技能，后学习正式的语法规则，所以在本课的教学中，除了个别特殊句子之外，学生感到陈述规则较难，从事语言实践反而比较容易。这也是与其他学科学习的不同之处。

（二）教学设计中应着重考虑的环节

因为程序性知识的学习主要指习得的概念和规则在新情境中的运用，所以其教学设计的第一个重要环节是保证学生习得所教的概念和规则；接着，第二个重要环节是设计变式练习，使习得的规则转化为智慧技能。概念和规则的巩固和转化阶段，应用阶段的教学设计主要应处理好变式练习与反馈的问题。在概念和规则习得阶段的教学设计主要是处理好接受学习和发现学习的关系，这在第五章已进行过讨论，在此将主要对程序性知识教学的后两个环节进行分析。

1. 变式练习

同样是一个概念或规则，如果学生记住了它的含义，并能用自己的话来陈述它，只能说明概念或规则的学习还处于陈述性阶段，尚未转化为一种解决问题的技能。经常看到有些学生对一些公式、定义、规则说得头头是道，但一遇到问题往往束手无策，或是屡屡出错，这种情况的发生大多是缺乏练习的结果。

练习是学习者对学习任务的重复接触或重复反应，是形成某种熟练技能必须经历的过程。如运动员对某一动作或姿势的反复训练，低年级儿童一遍遍地抄写生字。要使学生将理解了的概念和规则转化为一种办事能力，必须要经过变式练习。

所谓变式练习就是在其他有效学习条件不变的情况下，概念和规则例证的变化。具体地说，在知识习得阶段，就是概念和规则正例的变化，它有助于学习者排除无关特征的干扰；在知识转化和应用阶段，就是题型或问题情境的变化，有助于学习者获得熟练解决问题的技能。例如，医科大学学生需要进行长时间的临床实习，这是因为从课堂上习得的病理知识属于陈述性知识，接触大量临床病例的过程就是进行变式练习，其结果将导致陈述性知识转化为以产生式系统表征的诊治疾病的技能。因此，医生的临床经验越丰富，医术（技能）就越高超。值得一提的是，在概念和规则习得的最初阶段，应设置与原先学习情境相似的问题情境进行练习，练习课题之间要保持一定的同一性。随着知识的渐趋稳定和巩固，问题类型要有变化，可逐渐演变为与原先的学习情境完全不同的新情境，以促进学生习得的概念、规则的纵向迁移。比如学生从一篇阅读课文中习得了"按照一定的顺序写"的作文规则，课文是按形—色—味的顺序写一水果。为了让学生掌握这条写作规则，教师可先要求学生仿照课文的写作手法记一种自己喜爱的水果，然后，逐步要求学生按一定顺序（时间顺序或空间顺序）记一件事，最后，要求学生按一定顺序记一个人。依此训练下来，学生就能真正掌握这条规则，获得一定的作文技巧。

另外，概念和规则的例证即变式常常是无限的。教师在给学生提供变式的时候，不可能提及所有的例证，而是要选择有代表性的典型变式，以便学生进行侧向迁移。例如，对于"力的图示"的教学，教师可以提供上、下、左、右和右上、右下、左上、左下八个方向的力的图示。

2. 反馈

在学生的陈述性知识向智慧技能转化的过程中，教师光让学生进行变式练习是不够的。只有当学生从他们的变式练习的结果中得到反馈时，变式练习才能对学习起促进作用。因此，提供信息的反馈是程序性知识的学习中非常重要的外部条件之一。

学习反馈是指告之学生关于其学习活动的进展情况及所取得的成绩的信息。反馈信息可以是及时的，也可以是延后的。学习任务的性质不同，及时的或延后的信息反馈的效果也不同。若是连续地学习，如学校中的大多数学习，则及时知道学习结果是重要的；若是不连续的学习，如体育课上某些动作技能的学习，则对结果的知悉可以延后而不失其效。概念与规则的转化与运用是连续的过程，及时反馈能帮助学生及时发现、纠正错误，调整学习进度，并使用合适的学习策略。而且，了解自己学习活动的进展情况，本身就是一种巨大的推动力量，会激发学生进一步学习的愿望。因此，教师应尽可能让学生及时、准确、具体地了解自己学习的进展情况和取得的成绩，对学生完成的练习或试卷的反馈切忌拖延，也不能过于笼统，只告之"对"与"错"，对错误学习的反馈意见越具体、越有针对性，效果越好。

研究性课题

1. 谈谈你对赫尔巴特课堂教学过程模式的理解。
2. 分析我国流行的课堂教学过程模式有何优缺点。
3. 结合你的专业，用"六步三段二分支"课堂教学过程模式设计一规范化教案。

拓展性阅读

[1] 皮连生主编. 学与教的心理学. 上海：华东师范大学出版社，2006.

[2] 皮连生主编. 智育心理学. 北京：人民教育出版社，1995.

[3] 皮连生主编. 知识分类与目标导向教学——理论与实践. 上海：华东师范大学出版社，1998.

[4] 皮连生主编. 教学设计——心理学的理论与技术. 北京：高等教育出版社，2009.

[5] 叶澜主编. 新编教育学教程. 上海：华东师范大学出版社，1991.

[6] 王逢贤主编. 学与教的原理. 北京：高等教育出版社，2000.

[7] 王维臣主编. 教学与课程导论. 上海：上海教育出版社，2000.

[8] 李方主编. 课程与教学基本理论. 广东：广东高等教育出版社，2002.

[9] 黄甫全主编. 课程与教学论. 北京：高等教育出版社，2002.

[10] 乌日娜主编. 教学设计. 北京：高等教育出版社，1994.

第三章 教学目标的设置与陈述

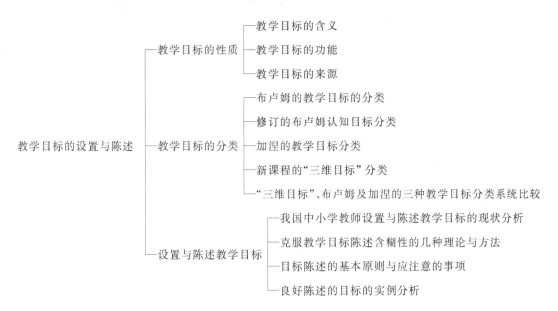

教学目标的设置与陈述
- 教学目标的性质
  - 教学目标的含义
  - 教学目标的功能
  - 教学目标的来源
- 教学目标的分类
  - 布卢姆的教学目标的分类
  - 修订的布卢姆认知目标分类
  - 加涅的教学目标分类
  - 新课程的"三维目标"分类
  - "三维目标"、布卢姆及加涅的三种教学目标分类系统比较
- 设置与陈述教学目标
  - 我国中小学教师设置与陈述教学目标的现状分析
  - 克服教学目标陈述含糊性的几种理论与方法
  - 目标陈述的基本原则与应注意的事项
  - 良好陈述的目标的实例分析

【学习目标】

◉ 能解释教学目标、行为目标、内部过程与外显行为相结合的目标、行为动词、表现性目标、五成分目标等概念。

◉ 举例说明教学目标的"三导"功能。

◉ 给定一个教学内容单元，能依据本章所介绍的目标陈述技术陈述符合三个原则的目标。

在教学设计过程中，最为关键的工作或许就是确定教学目标。如果教学目标确定得不合适，再好的教学也可能无法满足学习者的真正需求。没有准确的教学目标，教师就可能偏离学习者的需求去设计教学。教学目标的分析与确定决定着教学的总方向，学习内容的选择、教与学的活动设计、教学策略和教学模式的选择与设计、学习环境的设计、学习评价的设计都要以教学目标为依据来展开。为此，教学设计应该从确定教学目标开始。

第一节 教学目标的性质

一、教学目标的含义

（一）与教学目标有关的术语概念

在目标领域，国内外使用的相关术语概念比较多，显得比较乱。教学目标这一术语概念，与其他相关的术语概念相比，有自己不同的特点。

1. 国外与教学目标有关的概念

在西方教育界，人们常常使用四个相互联系又相互区别的术语，即"意图"、"宗旨"、

"目的"和"目标"。首先，在这几个术语概念中，"意图"这一概念是总括性的，从抽象到具体、从宽泛到特定，涵括了"宗旨"、"目的"和"目标"的概念。其次，在教育领域、课程领域和教学领域，许多学者是不区分教育目标、课程目标和教学目标，甚至有学者直称"目标"，其涵义覆盖从抽象到具体的各个层次。再次，在教育、课程和教学等领域，人们用得比较多的是"教育目标"这一术语，并用以代替和包含"课程目标"和"教学目标"；而"课程目标"和"教学目标"则分别各自主要在"课程"、"教学"领域里使用。

2. 我国与教学目标有关的概念

在我国教育领域，教学目标这一术语概念的使用比较广泛，其涵义与长期流行使用的术语概念"教育方针"、"教育目的"、"教育目标"、"培养目标"、"教学目的"、"教学要求"和"教学任务"既有联系又有区别。

（1）教育方针是指"国家为了发展教育事业，在一定阶段，根据社会和个人两方面的发展需要与可能制定的具有战略意义的总政策或总的指导思想。内容包括教育的性质、地位、目的和基本途径等。"[1] 教育方针是由党和国家在不同的历史时期，根据特定形势需要而制定的；它以行政性和法规性的权威，主要规定教育为谁服务，培养什么样的人，通过什么途径培养人等。它具有浓厚的时代性，不同的时代会制定适应不同时代需要的教育方针。它处于最抽象的层次，体现的是教育与社会和人的最一般的关系，一般是作为确定教育目标、教学目标的基本原则。

（2）教育目的是"培养人的总目标。关系到把受教育者培养成为什么样的社会角色和具有什么样素质的根本性质问题。是教育实践活动的出发点。根据一定社会生产力、生产关系的需要和人自身发展的需要来确定。"[2] 教育目的的核心是规定培养什么样的人，即把儿童培养成为什么样的社会角色。它具有历史性，不同的社会、不同的历史时期，需要不同的社会角色，就决定了具有不同的教育目的。它还具有一般性、概括性和抽象性，是一种总的规格要求。

（3）教育目标则有三方面指称，一是"培养受教育者的总目标。"即"教育目的"。二是"各级各类学校、各专业的具体培养要求。"即"培养目标"。三是"教育事业发展的目标。"[3] 在学术研究中，主要应用的是第二方面的指称。所以，教育目标是受教育者完成一定的教育计划后身心发展各个方面需要达到的具体规格要求及其结构体系。第一，教育目标总是体现在一定的教育计划中。在长期性的总教育计划中，有教育目标的规定，比如一个国家、一个地区、一个教育系统的教育计划，一个教育阶段、一个学校及其各个专业的教育计划，中小学中一贯性的各种课程的教育计划，都有教育目标成分。第二，教育目标实质是学习者身心发展各个方面的指标，规定完成一定教育计划后需要达到的发展水平的指标。第三，教育目标是教育方针和教育目的的具体化。教育目的是规定学习者的发展方向的，而教育目标则规定学习者按照既定方向发展过程中，身心发展的各个方面应该达到的水平指标。第四，教育目标是体系化的，总是表现为一个结构性、多层次和多规格的有机整体。结构性是指形成了一个以身心发展规律为依据的基本结构，比如"德、智、体"的结构，或"认知、情感、动作技能"的结构等。多层次是指，教育目标包括总教育目标，大中小学幼儿园的各个阶段的教育目标以及各个阶段的各个年级的教育目标。多规格是指，依据社会发展不平衡和儿童发展的个别差异而设计的对学习者的不同标准和要求。

---

[1] 顾明远主编. 教育大辞典（增订合编本）. 上海：上海教育出版社，1998，744.
[2] 顾明远主编. 教育大辞典（增订合编本）. 上海：上海教育出版社，1998，765.
[3] 顾明远主编. 教育大辞典（增订合编本）. 上海：上海教育出版社，1998，764～765.

（4）教学目的是"教师和教育工作者为完成教学任务所提出的概括性的要求。是整个教学计划的基础，教学设计的起点。所有教学步骤（程序）都是为这些目的设计的。"[1] 教学目的的特点，是具有概括性和全面性。教学目的一般包含三个方面：一是社会性的目的，要求考虑国家、社会和未来赋予教育教学的历史使命和任务；二是学生方面的目的，要求考虑学生自身的身心发展，能力的培养，品德的养成等；三是与课程内容有关的目的，要考虑专业的特点和业务上的要求。教学目标通常是策略性的，是可观察的、可明确界说、可测量、可评价的，而且受到一些条件的限制，然而它是教学目的的具体化。教学目的与教学目标的关系是一般与特殊、普遍要求与具体结果的关系。

（5）教学要求是指按照教学规律对教学提出的一切规则。一切教学思想、教学原则、教学方法和教学手段，只要有明确的规定和指示，都属于教学要求，但所有这些教学要求只有以教学目标为出发点和归属，才可能是合理的。

（6）教学目标是"教学中师生预期达到的学习结果的标准。"[2] 教学目标应该是师生双方所预期的，既是教师教的目标，也是学生学的目标。教学目标实质上是学生学习的预期结果。在我国的中小学里，这常常被误解，因为过去把教学目标等同于教学任务，教学任务主要被看成是教师教的任务，教学目标就被当成是教的目标、教的结果。这样的误解，导致教师在教学实践中重视自己的教，而忽视学生的学，把学生置于被动学习的地位。教学目标是分层次的，包括某一门课程的教学目的，及其年级教学目标、单元教学目标和课时教学目标。

（二）教学目标的内涵

明确教学目标是教学研究的基础，关系到对教学目标的作用以及陈述方法的认识。现代心理学认为，教学目标是预期的学生学习结果。具体蕴含的意义如下。

（1）教学目标规定的主体是学生。教学目标是预期经过教学后学生表现的行为而不是教师的行为。如果主体是教师，那么教师实施了教学，就算是达到了教学目标，可是学生却不一定发生变化。

（2）教学目标是学与教的结果而不是学与教的过程。教学目标规定了教师和学生在经过一系列的教学活动之后，最终要求学生达到什么标准，或学生能够做什么，而如何达到这一结果的过程则不属于教学目标。对此，林和格伦兰强调指出，当用学习结果来看待教学目标时，特别要记住，关心的是学习的结果（products）而不是学习的过程（process）。[3] 我国学者白月桥也认为，学生通过主动积极的探究过程，最好要形成能力，体验教学的结果要内化为个性特征。在教和学的过程中，学生最终获得的知识和能力以及形成的个性化行为习惯才是目标。从这个意义上说，过程不是目标。因为目标的本质特性就是有一定的终极性，而过程则是一种出于动态中的流程。[4]

（3）教学目标是学习的结果而不是发展的结果。学习是指学习者与环境相互作用所引起的能力或行为倾向的相对持久的变化。这一变化是由后天经验引起的。而发展的概念比较宽泛，它既包含后天经验引起的变化，也包括自然成熟而引起的变化。教学目标是在学习结果的意义上来界定的。

---

[1] 顾明远主编. 教育大辞典（增订合编本）. 上海：上海教育出版社，1998，718.

[2] 顾明远主编. 教育大辞典（增订合编本）. 上海：上海教育出版社，1998，717.

[3] Linn, R. L., Gronlund, N. E.. (2000). Measurement and Assessment in Teaching (8th. ed.). New Jersey: Prentice Hall，P. 55.

[4] 白月桥. 课程标准实验稿课程目标订定的探讨 [J]. 课程教材教法，2004（9），P7.

（4）教学目标是预期的而不是现实的学习结果。因为在教学之前，实际的教学活动还没有真正开始，学习结果并未出现。可是这一结果却是目标制定者认为学生经过一定的努力可以达到的结果。

其外，还可以从泛义的、广义的和狭义的三个层面来加以理解和把握教学目标。

（1）泛义的教学目标。

泛义的教学目标，就是教育意图。在西方，它包含了"宗旨"、"目的"和"目标"，甚至包含了"教学目的"和"教学目标"，可以分为"课程宗旨"、"课程目的"、"课程目标"、"教学目的"和"教学目标"；在我国，它则包含了"教育方针"、"教育目的"、"教育目标"、"培养目标"、"教学目的"和"教学目标"；其中，教育目标包含了"教育目的"、"培养目标"、"课程目的"、"课程目标"、"科目或学习领域教学目的"、"年级教学目标"、"单元教学目标"和"课时教学目标"。在泛义上，教学目标的涵义定位于教育与社会的关系，是一个泛化的视角，涵盖面是全层次的。所以，总的来说，教学目标包含了"教育方针"、"教育目的"、"教育目标"、"培养目标"、"课程目的"、"课程目标"、"年级教学目标"、"单元教学目标"和"课时教学目标"。

（2）广义的教学目标。

在广义上，教学目标的涵义定位于教育内部教育与学生的关系，是一个比较大的视角，它的涵括面主要指"教育目标"，不包含"教育方针"和"教育目的"，只包含"教育目标"、"培养目标"、"课程目的"、"课程目标"、"年级教学目标"、"单元教学目标"和"课时教学目标"。

（3）狭义的教学目标。

人们还常常是通过教学设计来规划具体的教学活动，教学设计的产品主要是"课程标准"、"课程教学计划"、"年度教学计划"、"单元（课题）教学计划"和"课时教学计划（教案）"，教学目标就是专指这些课程与教学文件里设计和表述的目标。所以在狭义上，教学目标仅仅包含"课程教学目标"、"年级教学目标"、"单元教学目标"和"课时教学目标"。

（三）课程标准与教学目标

我国新一轮基础教育课程改革中所制订的"课程标准"（2001年），取代了传统的教学大纲。课程标准或课程目标，其实质都是预期的学生学习结果。这可以从不同国家和组织对课程标准的界定中看出。如澳大利亚维多利亚州《课程标准框架》中指出，课程标准描述的是学生学习所包括的主要领域及大多数学生在每一学习领域能达到的学习结果。[1] 《加拿大安大略共同课程省级标准》也指出：课程标准……的根本目的是为了给教师、家长和学生提供对期望学生达到结果的清晰的陈述。[2] 1992年，亚太经济合作组织成员国（地区）教育部长会议提出，课程标准是对我们希望学生在校期间应掌握的特定的知识、技能和态度的非常清晰明确的阐述。[2] 国外一些课程标准，有的干脆就用学习结果来表示，如美国缅因州的英语课程标准就叫做"缅因州英语语言艺术学习结果"。[3] 在综合国际上对课程标准界定的基础上，我国的基础教育课程改革也采用预期的学习结果来界定课程标准，如课程标准主要是对学生在经过某一学段之后的学习结果的行为描述，而不是对教学内容的具体规定（如教学大纲或教科书）。[4] 国内一些学者也主张从学习结果的角度来界定课程或教学目标，如白月

---

❶ 钟启泉. 基础教育课程改革指导纲要（试行）解读［M］. 上海：华东师范大学出版社，2001，171.
❷ 钟启泉. 基础教育课程改革指导纲要（试行）解读［M］. 上海：华东师范大学出版社，2001，172.
❸ 王小明. 教学论——心理学取向［M］. 上海：上海教育出版社，2005，31.
❹ 钟启泉. 基础教育课程改革指导纲要（试行）解读［M］. 上海：华东师范大学出版社，2001，172.

桥认为："课程目标是指……最终取得的结果，而不是发展变化的过程和学生体验的过程。❶虽然有人认为课程标准、课程目标与教学目标是不同的，它们涵盖的范围、制定的主体都有所区别，但这些差异只是表面上的差异，其实质都是预期的学生的学习结果。

二、教学目标的功能

教学目标在教学中有三种主要功能：导教、导学、导测评，简称教学目标的"三导"功能。

（一）教学目标指导教学方法和媒体的选择与运用

教学目标有助于教师思考如何引导学生实现所期待的变化，即选择或组合适当的教学方法进行教学。例如，在课堂教学中，教师常为注重学生的接受学习还是发现学习而困扰。研究表明，如果教学目标侧重于掌握陈述性知识，则宜于选择接受学习，与之相应的教学方法是教师的讲授法。如果教学目标侧重于掌握程序性知识，则宜于选择发现学习，与之相应的教学方法是教师指导下的学生发现法。同样，教师也常为采取讲演法还是讨论法而犹豫不决。研究表明，讲演法适合于传递信息，讨论法适合于改变人的信念或观念。在教学中，由于学科自身性质或课程的教学目标的特点，教师采用的教学方法也不同。如在历史、地理学科的教学中，大多数是以教师讲授为主，而在数学、物理学科的教学中，教师则需要列举大量的例证来说明一个公式或定理。所以，离开了目标，就很难比较教学方法的优劣。

因此在目标确定之后，教师可利用目标指导教学方法的选择与应用，通过目标来确定学习结果的类型和同一类型的学习所处的阶段。一旦学习类型和学习阶段确定了，教师就可应用学习原理来指导教学方法的设计了。因此，不管是陈述性知识还是程序性知识，如果尚处于理解阶段，就可以采用相同的教学方法。对于处于巩固、转化和应用阶段的程序性知识的掌握，就不能采用与陈述性知识相同的教学方法，而应该突出变式练习的方法，促使处于陈述状态的程序性知识迅速转化为智慧技能和认知策略，从而提高解决问题的能力。

教学目标制约着教学媒体的选择。媒体是以不同的功能来实现教学目标的，因此要根据教学目标，选择具有相应功能的媒体。媒体的主要功能有：①展示事实、形成表象；②创设情境，建立共同经验；③提供示范，便于模仿；④呈现过程，解释原理；⑤设疑思辨，解决问题。显然上述前两种适合于陈述性知识学习，后三种适合于程序性知识的学习。因此，教学目标对媒体的选择具有指导作用。

（二）教学目标指导学生的学习

学生的学习一般是有意注意的学习，是在具体教学目标指引下的学习。一旦学生清晰地知道教学目标，就会将自己的注意指向与教学目标相关的内容，同时离开与教学无关的内容，产生选择性知觉。教学目标也能使学生了解教学的重点，知道各种知识和技能应该达到的目标，从而引导自己合理分配学习的时间和精力，促进知识的习得、保持和运用。教学目标还能引导学生依据目标的性质有意识地选择相应的学习方法或策略，促使自己达到目标的要求。此外，教学目标还有助于学生根据目标检查自己的学习，评估学习的效果，反思学习活动的有效性，并就出现的问题采取针对性的补救措施。

（三）教学目标指导教学结果的测量与评价

一节课、一个教学课题或一个教学单元结束之后，教师应自编测验题，测评教与学的效果。当教师或学校领导听完教师的一节课后，也可能要对所听的课做出评价。评价有许多标准，如信息技术的应用情况、教师的思维是否清晰以及学生参与的程度等。但惟一最可靠和

---

❶ 白月桥. 课程标准实验稿课程目标订定的探讨［J］. 课程教材教法，2004（9），P7.

最客观的标准是教学目标是否达到，教学结果的测量必须是针对目标的测量。如果试卷上的测试题没有针对目标，则测量缺乏效度。如一节语文课可能有多种目标，若教师的目标是侧重朗读技能训练，而测量的重点是阅读理解，如此就造成目标和测量不一致，那么，测量就无效，评价也就缺乏可靠的依据。

教师设计一定的目标来陈述在特定情境下所要观察的学生的行为，目的之一是为了证实特定的学习结果确已发生。例如，"给予中国地形图和有关优势风的信息，通过在地图上画阴影的方法来演示出暴雨降落的范围（运用规则）"。这个陈述中直接描述了教师用来证实在特定情境下期待的学习行为是否已经发生的标准，这就是：给予一个学生或一组学生特定的包含目标能力的任务或问题，然后要求他们完成此任务或解决此问题。对他们行为结果的记录就可以作为是否习得了某一规则的评估材料。此外，当学生在进行个别学习或自学时，也可把这样的目标作为自测测验。

同样，学校领导或同行在听课以后进行评课，也必须首先考虑课的目标。例如，有些经过精心准备的公开课，看上去学生思维很活跃，参与程度很高，对教师提出的问题学生都能顺利地回答，怎么评价这样的课呢？如果发现学生在课上并未习得新的知识或技能，那么此类课充其量只能算是学生的练习课。

教学目标除了上述三个主要功能外还具有交流的功能。教学目标的陈述不仅可以帮助教师明了教学的目的，同时它们还清楚地告诉学生：在课堂结束时我怎样才能观察到将要完成的任务。因此，学生对教学目标的注意，是想知道什么时候他们的成绩达到教师或教科书所希望的要求。作为教师如果接受了这一教学目标，他就希望知道如何去说明这个目标以及什么时候可以确定目标已经实现。对于这一点，学生家长也是感兴趣的。尽管他们并不确切地知道"交换律"是什么，但他们希望子女在做算术运算时能运用这一规则，从而知道子女在学校中学有所得。从目标交流的角度讲，对于教学目标的理解，教师、学生和父母应具有一致性。这也是明确教学目标的另一个原因。

三、教学目标的来源

教学目标可以有不同的涵盖范围，有针对学科课程层次的教学目标，有针对一节课或一个单元的课堂教学层次的教学目标。

（一）课程层次的教学目标来源

在我国，学科课程层次的教学目标一般是由教育部聘请学科教学研究专家制订的。例如，在2001年的课程改革中，教育部聘请专家分别制订了"全日制义务教育"语文、数学、英语、科学、历史等学科的课程标准。这些课程标准一般都有课程目标和内容标准。其课程目标来源于学科教学研究专家对社会发展、学生发展、学科内容发展三方面的考虑。例如，数学教学研究专家在制定《全日制义务教育数学课程标准（实验稿）》（北京师范大学出版社，2001年）之前，组织了社会发展与数学教学改革、数学学习与学生身心发展、现代数学的进展与数学课程、义务教育阶段学生数学学习现状与反思、国际数学课程改革的特点与启示5个专题的研究。前面三个专题分别从社会发展要求、学生发展要求和学科内容发展要求三个方面的分析确立了期望的数学学科教学的标准。第4个专题分析了数学教学的现状，如，"课程目标单一，过多注重知识与技能的培养，不大关注学生的一般发展；很少关注学生的创新精神和实践能力的培养"等。将理想的标准与现实的情况相对照，从而找到差距。努力消除这些差距，就成了新一轮数学课程教学改革的总目标。在上述总的改革目标的指导下，数学课程标准提出1~9年级数学课程的总体目标和分年级的分段目标。

社会发展、学生发展和教学内容发展三方面的需求决定学科课程的目标，但这三者对不同学科的目标和内容选择的影响是不同的。就语文学科而言，因为它既有人文性，又有工具性，其人文性服务于思想品德方面的目标，工具性服务于语文能力方面的目标。不同历史时期由于政府的教育方针政策变化，语文学科在工具性目标和人文性目标的强调方面经常发生变化。所以，语文学科教学目标更易受社会影响。社会学科也会有相似的情况。

（二）课堂教学层次的教学目标的来源

课堂层次的教学目标是教师所制订的用于日常教学和评价工作的具体教学目标，包括单元教学目标和课时教学目标。教师制订用于自己课堂教学行为的具体教学目标应该依据以下几点：①学科教学研究专家制订的课程总的目标以及分段目标；②学科教材内容与相应教学目标的提示，据课程标准编写的教材，一般有单元教学目标或相应的提示；③各级教科院（或学校）教研员编写的教学参考书，其中包括单元的和课时的教学目标；④所教授的班级的学生特点。学校教师在备课时必须仔细学习和研究上述文献资料，结合自己所任教的班级学生特点制订具体的单元教学目标和课时教学目标。知道教学目标的来源有助于教师制订合理的教学目标。

第二节　教学目标的分类

一、布卢姆的教学目标分类

布卢姆等人于 20 世纪五六十年代提出了教育目标分类学。他们将总的教学目标分为三个领域，即认知领域、情感领域和动作技能领域。

（一）认知领域目标分类

布卢姆在 1956 年正式出版《教育目标分类学：认知领域》时，按照从简单到复杂和从具体到抽象的序列，将认知目标由低级到高级分为知识、领会、运用、分析、综合和评价六种水平。

1. 知识

知识是指对先前学习过的知识材料的记忆，包括具体事实、方法、过程、理论等的回忆。这是最低水平的认知学习结果。

2. 领会

领会是指把握知识材料意义的能力。可以通过三种形式来表明对知识材料的领会：一是转换，即用自己的话或用与原先不同的方式来表达所学的内容；二是解释，即对一项信息加以说明或概述；三是推断，即预测发展的趋势。领会超越了单纯的记忆，代表最低水平的理解。

3. 运用

运用是指把学到的知识应用于新的具体情境。它包括概念、原理、方法和理论的应用。运用的能力以知道和领会为基础，是较高水平的理解。

4. 分析

分析是指把复杂的知识整体分解为组成部分并理解各部分之间联系的能力。它包括部分的鉴别，部分之间关系的分析和认识其中的组织结构。例如，能区分因果关系，能识别史料中作者的观点或倾向等。分析代表了比运用更高的智力水平，因为它既要理解知识材料的内容，又要理解其结构。

5. 综合

综合是指将所学知识的各部分重新组合，形成一个新的知识整体。它包括发表一篇内容独特的演说或文章，拟订一项操作计划或概括出一套抽象关系。它所强调的是创造能力，即形成新的模式或结构的能力。

6. 评价

评价是指对材料（如论文、观点、研究报告等）作价值判断的能力。它包括对材料的内在标准（如组织结构）或外在的标准（如某种学术观点）进行价值判断。这是最高水平的认知学习结果，因为它要求超越原先的学习内容，综合多方面的知识并要基于明确的标准才能作出评价。

在上述布卢姆的分类系统中，第一层次是"知识"，位于其之后的五个层次都是智力技能。"知识"只要求对信息作简单的记忆，不需要对原输入的信息作多大改组或加工。而后面的五种智力技能与"知识"的不同之处在于：它们是加工知识的方式，需要学习者在心理上对知识进行组织或重新组织。这个分类系统为确定教学目标提供了一个很好的思考框架，阐明学习目标应反映这一分类系统中所涉及的各种能力水平，不能仅停留在"知识"这一起码的目标上，必须重视培养学习者的智力技能。一般说来，凡是重要概念或基本原理的教学都可以按这六级设定教学目标和评价教学质量，但是具体应用时，应考虑学科特点、学习者特征等，不能简单照搬。

（二）情感领域目标分类

情感领域的目标分类于1964年发表，其分类依据价值内化的程度由低到高共分五级。

1. 接受（注意）

接受是指学习者愿意注意某特定的现象或刺激。例如，静听讲解，参加班级活动，意识到某问题的重要性等。学习结果包括从意识到某事物存在的简单注意到选择性注意，是低级的价值内化水平。

2. 反应

反应是指学习者主动参与，积极反应，表示出较高的兴趣。例如，完成教师布置的作业，提出意见和建议，参加小组讨论，遵守校纪校规等。学习的结果包括默认，愿意反应和满意的反应。这类目标与教师通常所说的"兴趣"类似，强调对特定活动的选择与满足。

3. 评价

评价是指学习者用一定的价值标准对特定的现象，行为或事物进行评判。它包括接受或偏爱某种价值标准和为某种价值标准作出奉献。例如，欣赏文学作品，在讨论问题中提出自己的观点，刻苦学习外语等。这一阶段的学习结果所涉及的行为表现出一致性和稳定性，与通常所说的"态度"和"欣赏"类似。

4. 组织

组织是指学习者在遇到多种价值观念呈现的复杂情境时，将价值观组织成一个体系，对各种价值观加以比较，确定它们的相互关系及它们的相对重要性，接受自己认为重要的价值观，形成个人的价值观体系。例如，先处理集体的事，然后考虑个人的事；或是形成一种与自身能力、兴趣、信仰等协调的生活方式等。值得重视的是，个人已建立的价值观体系可以因为新观念的介入而改变。

5. 价值与价值体系的性格化

性格化是指个人具有长期控制自己的行为以致发展了性格化"生活方式"的价值体系，其行为是普遍的、一致的和可以预期的。这一水平的学习结果包括范围广泛的活动，但强调学习者行为的典型性和性格化。这阶段的教学目标着重学习者的一般适应模式（包括个人的、社会的和情绪的）。

情感领域目标分类启示人们，情感或态度的教学是一个价值标准不断内化的过程。教师或教科书上所介绍的价值标准，对学生来说是外在的，学生必须经历接受、反应、评价、组织等连续内化的过程，才能将它们转化为自己信奉的内在价值。其次，情感或态度的教学不只是政治课或思想品德课的任务，各门学科也都包含这方面的任务，因为任何知识、技能、行为或习惯都不能离开一定的价值标准。

（三）动作技能领域目标分类

动作技能领域的目标分类比认知和情感领域的教育目标分类公布的晚，而且出现了好几种分类法，目前尚无公认的最好分类。这里介绍辛普森等人于1972年提出的分类系统。该分类将动作技能目标分成七级。

（1）知觉。知觉是指运动感官获得信息以指导动作。主要了解某动作技能的有关知识、性质、功用等。

（2）准备。准备是指对固定动作的准备。包括心理定向（心理准备）、生理定向（生理准备）和情绪准备（愿意活动）。知觉是其先决条件。

（3）有指导的反应。有指导的反应是指复杂动作技能学习的早期阶段，包括模仿和尝试错误。通过教师评价或一套适当的标准可判断操作的适当性。

（4）机械动作。机械动作是指学习者的反应已成习惯，能以某种熟练和自信水平完成动作。这一阶段的学习结果涉及各种形式的操作技能，但动作模式并不复杂。

（5）复杂的外显反应。复杂的外显反应是指包含复杂动作模式的熟练操作。操作的熟练性以精确、迅速、连贯协调和轻松稳定为指标。

（6）适应。适应是指技能的高度发展水平。学习者能修正自己的动作模式以适应特殊的设施或满足具体情境的需要。

（7）创新。创新是指创造新的动作模式以适合具体情境。强调以高度发展的技能为基础的创造能力。

动作技能涉及骨骼和肌肉的运用，发展和协调。在实验课、体育课、职业培训、军事训练等科目中，这常是主要的教学目标。

二、修订的布卢姆认知目标分类

虽然布卢姆的教育目标分类很有影响力，但随着教育改革，特别是标准取向的课程改革以及近50多年来的学习理论的发展和教学研究的深入，原有的分类已不能完全适应社会的变化，尤其是人才培养的要求。为了使布卢姆认知目标分类学能够更好地指导教育实践，同时也能够随着教育理论的发展与时俱进，美国当代著名的课程理论与教育研究专家安德森和曾与布卢姆合作研究教育目标分类学（情感领域）的克拉斯沃尔共同主持，由包括著名教育心理学家梅耶和测评专家阿来萨等10位专家组成的研究团队，历时十年对布卢姆认知目标分类学进行了修订。这次修订吸收了40多年来认知心理学的研究成果，较好地从心理机制上解决了知识与能力的关系问题。该分类采用了"知识"和"认知过程"两个维度对认知领域的教学目标进行分类。

（一）知识维度的目标分类

知识维度有四种水平，依次是事实性知识、概念性知识、程序性知识和元认知知识。

（1）事实性知识，指学习者在掌握某一学科或解决问题时必须知道的基本要素。包括术语知识、具体细节和要素的知识。

（2）概念性知识，指某个整体结构中发挥共同作用的各个要素之间的关系的知识，表明某一学科领域的知识是如何加以组织的，如何发生内在联系的，如何体现出系统一致的方式等。包括类别与分类的知识、原理与概括的知识及理论、模式与结构的知识。

（3）程序性知识，指知晓如何做事，探究方法，运用技能、算法、技巧和方法的标准。包括具体学科的技能和算法的知识，具体学科的技术和方法的知识，确定何时运用适当程序的标准的知识。

（4）元认知知识，指关于一般的认知知识和自我认知的知识。包括策略知识、认知任务知识和自我知识。

（二）认知过程维度的目标分类

（1）记忆，指从长时记忆库中提取的相关知识。包括识别与回忆。

（2）理解，指能够确定口头的、书面的或图表图形的信息中表达的意义。包括解释、举例、分类、总结、推断、比较和说明等。

（3）应用，指在特定情境中运用某个程序。包括执行与实施。

（4）分析，指将材料分解为其组成部分，及其相互关联和与总体之间的联系。包括区分、组织和归属。

（5）评价，指依据准则和标准来作出判断。包括核查与评判。

（6）创造，指将要素整合为一个内在一致或功能统一的整体。这个整体往往是新的"产品"。这里所谓的新产品，强调的是综合成一个整体，而不完全是指原创性和独特性。"理解"、"运用"和"分析"虽然也有整体与部分的关系，但它们主要是在整体中关注部分；"创造"则不同，它必须从多种来源中汲取不同的要素，然后将其置于一个新颖的结构或范例中。创造包括生成、计划和贯彻。

安德森和克拉斯沃尔所构建的知识维度和认知过程维度的两维矩阵为教师在实施教学前确定教学目标提供了很好的思考框架（见表3-1），即教师在教学之前，可对所教内容按知识类型和掌握的水平两个维度制定教学目标，用以指导学习、教学和测评。

表 3-1　二维认知目标分类

知识维度	认知过程维度					
	记忆	理解	应用	分析	评价	创造
事实性知识						
概念性知识						
程序性知识						
元认知知识						

（三）修订的布卢姆认知目标分类学的特点

安德森等人的认知目标分类学，是对使用了近半个世纪的布卢姆等人原有的认知目标分类学作出的全面修订，主要面向教师，面向教学实践，将学习、教学和评价紧密联系起来，突出其一致性。相信这个新的分类体系，对课程编制、教育测评、教师培训、教育技术开发等方面都会产生积极影响。特别是对教学设计的实践应用而言，新的认知目标分类体现了以下重要特点。

1. 更加合理地表述教学的结果

在教学实践中，将预期的学习目标作为教学的结果加以说明时，通常采用"涉及什么学科内容"和"要做什么"两个方面的内容组成。也就是说，教学目标通常是由名词（或名词短语）——涉及学科内容和动词（或动词短语）——涉及认知过程这两个方面构成的。例如，"学生能理解供求关系原理"，其中，"学生（能）"是指学习行为的主体（有时候在表述时也会予以省略），名词短语"供求关系原理"是指学科的内容，而动词"理解"则指向认知过程。

在原来的分类学中，由于只采用了一个维度："知识"既作为名词，又作为动词，所以，引起歧义就是情理之中的事了。所以在新分类中，"知识"单独组成了一个维度，统一用名词表示。更重要的是，新分类吸收了当前认知心理学对"知识"分类的新认识，例如，其中的"元认知知识"包括了"策略的知识"、"认知任务的知识"（包括适当的情境性和条件性知识）和"自我的知识"。

2. 重在认知过程的理解与创造

认知过程维度的数目仍然同原来的分类一样都是六个，但是其中三个被重新命名，两个位序进行了调换。每个认知过程的名称从原来的用名词表示一律改为用动（名）词表示。原来的"知识"改为"记忆"，"领会"改为"理解"，"应用"、"分析"和"评价"保留了原来的说法，但是改用了动（名）词形式，"综合"被改名为"创造"。另外，相对而言，原分类学中对各个子类的划分不够重视，在这次修订时予以充分改进，并且同样用动词的方式加以命名。所以，修订后的分类涉及六类十九种认知过程具体要素，从广度和深度上都界定了对认知过程的总体要求。

新分类学在"记忆"和"评价"这两个类别上变动不大，但是，将"领会"改为"理解"，并将其三个子类扩充为七个。需注意的是：现有的"解释"实际上是原来的"转换"，而现有的"说明"则相当于原来的"解释"。因此，在"理解"中，新增添了"举例"、"分类"、"总结"和"比较"。就"应用"而言，原来的含义基本上等于现在的"执行"，强调尽量用熟悉的方式解决问题，但是，现在则突出了"实施"，包含了问题解决的不确定性，需要同"理解"和"创造"结合起来。"分析"原来强调从要素到关系最后到原理层层深入，但现在更看重横向的拓展，所以除了"区分"之外，还有"组织"和"归属"。最后再看"创造"，它不仅包含了原有的"综合"，更重要的是，它关注的是能否提出多种解决方案，能否论证一种解决方案的优劣并制订行动计划和贯彻落实。创造，不仅在于学习者能够在自己擅长的领域内解决新问题，更重要的是学习者也能够在自己不熟悉、不擅长的领域内思考与解决新问题。确实，新修订的分类学为突出认知过程的理解与创造，培养问题解决能力奠定了基础。

新修订的分类学仍然带有一定的层级性，例如，"记忆"比"理解"简单，"应用"比"理解"复杂等。但是，同原来的分类学相比，修订版对层级性的要求已经有所灵活松动，各类之间允许有一定的交叉重叠，尤其体现在"理解"和"应用"中。例如，修订版中的"理解"，比原来的"领会"含义大大拓展了，所以，其中的子类"说明"可能要比"应用"中的子类"执行"更为复杂。

3. 为意义建构学习设计教学

由于当代著名教育心理学家梅耶作为一个最主要的研究人员加盟修订工作，并且是《面向学习、教学和评价的分类学——布卢姆教育目标分类学的修订》一书第五章"认知过程维"的主要执笔者，也是第三章"分类学表式"和第四章"知识维"的合作撰写者，所以，实际上布卢姆认知目标修订工作吸纳了梅耶等一批当代认知心理学家对认知过程的新见解。

新的分类学强调要区分三种学习结果：①既不能记住什么，也不能理解或应用什么，这就是"无效学习"；②虽然能记住什么，但没有理解也不会应用，这就是"机械学习"；③不仅能记住，更善于应用和迁移，这就是意义学习。意义学习与目前倡导的建构学习是一致的，都重在学生自身经验的领悟。学生在主动进行认知加工时，需要"选择"相关的输入信息，在心理上将输入信息"组织"形成一个一致的表征，同时，还要"整合"已经输入的信息至现有的知识结构中，这就是意义学习过程的 SOI 模型。与此相反，机械学习则是将学习看成是获取而不是知识建构。所以，建构学习要求教学超越单一的事实性知识表征以及只评估要求回忆事实性知识的学习任务。

意义学习发生于学习者能够掌握为成功地解决问题所必需的知识和认知过程时。这样的认知过程具有一些什么样的特点，有哪些基本的成分呢？新的分类学认为：问题解决同学习者能够设计一条达标之路有关，也就是创设情境从现有状态到达目标状态。问题解决有两个基本成分：①问题表征——这是指学习者建构一个问题的心理表征方式；②问题解决办法——这是指学习者设计及执行解决问题的计划。新的分类学实际上就是围绕着如何更好地表征问题（这同"理解"有关）和提出解决问题的办法（这同应用、分析、评价和创造等有关）来加以完善的。同样重要的是：新的分类学实际上也指明了认知、元认知、情感态度与自我信念等因素的关系（即元认知知识）。

三、加涅的教学目标分类

美国当代著名教育心理学家加涅是继布卢姆之后，又一位对目标理论有重大影响的心理学家。西方教育心理学界认为，布卢姆的教育目标分类系统和加涅的学习结果分类系统都是指导学习目标设计的很有实用价值的学说。加涅在《学习的条件》一书中，提出了五种学习结果：言语信息、智慧技能、认知策略、动作技能和态度。

1. 言语信息

言语信息是指学习者通过学习以后，能记忆诸如事物的名称、符号、地点、时间、定义、对事物的描述等具体的事实，能够在需要时将这些事实陈述出来。他们所陈述的信息是基于一种或多种形式的句子（或命题），是被言语化了的，所以称"言语信息"。虽然言语信息的学习主要涉及的心理过程是记忆，但并不能就此轻视这类学习结果，它同样是一种重要的能力。

2. 智慧技能

智慧技能是指学习者通过学习获得了使用符号与环境相互作用的能力。智慧技能与言语信息不同，言语信息与知道"是什么"有关，而智慧技能则与知道"怎样做"有关，例如：通过计算将分数化为小数，在英语的造句中，能够使单数动词与单数主语保持一致等都是相关智慧技能习得的实例。言语信息的学习是从不知到知，由知之甚少到知之甚多的过程，智慧技能的发展则是从简单到复杂、从低级到高级的过程。

智慧技能可以细分为若干小类，较简单的是辨别技能，进一步是形成概念。在形成概念的基础上学会使用规则。智慧技能的最高形式是高级规则的获得，这与解决问题的能力有关。下面分别说明这些习得技能的性质。

辨别是将刺激物的一个特征和另一个特征或者将一个符号与另一个符号加以区别的一种习得能力，包括视觉、听觉、嗅觉、触觉、味觉等方面的辨别。如：儿童能辨别三角形和正方形等几何图形，学习地质学生能区别不同性质的岩石标本。学习辨别技能的重要性在于它是学习其他技能的必要前提。

概念是对同类事物的共同的本质特征的反映。概念的习得有两种形式，一种是在一系列事物中找出共同属性并给同类事物赋予同一名称，这类概念一般被称为具体概念。因为只有区别事物的不同特征，才能发现事物的共同属性，所以辨别技能是形成概念的基础。另一种是以定义的方式习得，相应地这类概念叫做定义性概念，有时也把它叫做抽象概念，以便与具体概念相区别，例如"对角线是连接四边形对角顶点的线"即为定义性概念。在学校里学习的概念大多是定义性概念。

规则是揭示两个或两个以上概念之间关系的一种言语表述，它可以是一个定律、一条原理或一套已确定的程序，例如，"句子的第一个词的词首字母必须大写"是英语语法的一条规则；"长方形的面积等于长乘宽"是一条数学定律。规则使学习者能对某一类事物做出同一类的反应。运用规则与陈述规则是不同的，后者仅是言语信息的学习结果。然而，能运用该规则并非一定能说出规则，例如儿童早在学习语法规则之前就会口头造句；同样会说"欧姆定律"，也并不一定能运用该规则解决具体问题。规则的学习以概念的学习为基础，在多数教学情境中，规则的学习往往不是逐条地、孤立地进行的。一门课程中，许多有关规则或原理有机地结合在一起，构成一个体系，形成高级规则。因此，有时学习者所学的是"一套有组织的智慧技能"，其中某些简单规则的学习构成另一较复杂的、高级规则学习的先决条件。

通过简单规则的重新组合而获得的高级规则具有更为广泛的应用性。高级规则作为一种学习结果，是学习者在解决问题过程中思维的产物，但它并不是先前习得的规则的简单的运用，而是一个产生新的学习的过程。学习者在试图解决一个特定的问题时，可能把属于不同内容范围的两条或两条以上的规则结合在一起，组成一条能解决该问题的高级规则。高级规则虽然在复杂性上与作为其组成部分的较简单规则有所不同，但本质上仍是规则。

3. 认知策略

随着学习者不断地学习和发展智慧技能及其他性能，他们也发展了用以自我调控其内部学习过程的方式，这便是认知策略的习得。所谓认知策略是学习者借以调节他们自己的注意、感知、记忆和思维等内部心理过程的技能。在信息加工心理学中，也将认知策略称做执行控制过程。上面所述的智慧技能是运用符号处理问题的能力，即处理外部世界的能力，而认知策略是自我控制与调节的能力，即处理内部世界的能力。学习者通过认知策略指挥他自己对环境中刺激物的一定特点予以注意，对学习的事物进行选择和编码，对学习所得进行检索。学习者的认知策略还影响他对已掌握的言语信息和智力技能的综合思考，以提出解决问题的高级规则。认知策略不指向具体的外部内容，如言语或数字，而是普遍地适合于各种各样的知识内容。例如：如果学习者的注意策略得到改善，那么这种策略将会被应用于任何学科的学习，而不管其内容如何。认知策略的习得使学习者学会了如何进行导致更多学习的反省思维和分析思维，学会了如何学习。

4. 动作技能

虽然在有些课程的学习中，动作技能常常没有被放在中心位置，但学校的学习中总是包含各种各样的动作技能，从入学儿童学习使用铅笔和纸写字到学习绘画、唱歌、舞蹈、打球、竞走、跨栏，从学习实验操作到学习语言的发音等。对人毕生有用的各种基本的动作技能，在个体的早期的生活中就被学会，成为个人全部技能中的一个"极少需要意识控制的部分"，然而它们却是个体日常生活和生存必不可少的。个体获得某种动作技能时，不仅仅指他完成某种规定的动作，而且指这些动作组织起来，构成连贯的、准确的、合规则的整体行为。动作技能操作的流畅与时间的精确性能够反映行为表现的内部组织程度。

动作技能的学习往往与认知学习交织在一起，因为动作技能通常由一套序列步骤或动作构成，学生在学习某个动作技能时，必须知道或掌握动作技能组成的程序及相应的规则，以便随着练习的继续，动作的水平有所提高。

5. 态度

除了动作技能之外，学习还会导致影响个体行为选择的内部状态的建立。这便是加涅所谓的学习的第三大类结果——态度。态度是习得的、影响个人对特定对象做出行为选择的有组织的内部准备状态。影响个体行为选择的内部状态既有认知成分，又有情感成分。同智慧技能、动作技能相比，态度与个人行为的关系不那么直接，态度并不决定特定的行为，它以行为的倾向或准备状态对行为产生间接影响。态度的习得有多种形式，有些可能是源于个别的事件，也可能源于个体对某种事物的成功与欢乐的体验，有些则可能是常常模仿或观察他人的行为而获得对事物的态度。虽然个体的很多态度是在家庭、社会中获得的，但学校在个体的态度培养上仍有非常重要的作用。

上述五种学习结果第一到第四种学习结果属于能力范畴，而前三种属于认知领域，动作技能属于心因动作领域；第五种学习结果属于情感领域。由前所述可知教学目标是预期的学生学习结果，因此，加涅关于学习结果的分类便可视为关于教学目标的分类。

四、新课程的"三维目标"分类

2001 年 6 月教育部颁布《基础教育课程改革纲要（试行）》后，国内相继出版了全日制义务教育阶段语文、数学、英语、科学、历史、历史与社会等学科的课程标准，提出了"知识与技能"、"过程与方法"、"情感态度与价值观"的三维课程目标。这"三维目标"被作为新课程目标的分类框架。以下就我国课程专家所提的"三维目标"作出提炼。

（一）知识与技能

知识与技能强调基础知识和基本技能的获得。基础知识主要包括人类生存所不可或缺的核心知识和学科基本知识；基本能力——获取、收集、处理、运用信息的能力、创新精神和实践能力、终身学习的能力。

知识的学习水平分为三级。①了解水平，包括：再认和回忆知识，识别、辨认事实或证据，举出例子，描述对象的基本特征等。②理解水平，包括：把握内在逻辑联系，与已有知识建立联系，进行解释、推断、区分、扩展，提供证据，收集、整理信息等。③应用水平，包括：在新的情境中使用抽象的概念、原则，进行总结、推广，建立不同情境下的合理联系等。

技能的掌握也分为三种水平：①模仿水平，包括原型示范和具体指导下完成操作，对所提供的对象进行模拟、修改等；②独立操作水平，包括独立完成操作，进行调整与改进，尝试与已有技能建立联系等；③迁移水平，包括在新的情境中运用已有的技能，理解同一技能在不同情境中的适用性等。

（二）过程与方法

过程与方法突出的是让学生"学会学习"，使学生获得知识的过程同时成为获得学习方法和能力发展的过程。主要包括人类生存所不可或缺的过程与方法。过程指应答性学习环境和交往、体验。方法包括基本的学习方式（自主学习、合作学习、探究学习）和具体的学习方式（发现式学习、小组式学习、交往式学习等）。

（三）情感态度与价值观

情感态度与价值观不仅专注于人的理性发展，更致力于教育的终极目的即人格完善。情感不仅指学习兴趣、学习责任，更重要的是乐观的生活态度、求实的科学态度、宽容的人生态度。价值观不仅强调个人的价值，更强调个人价值和社会价值的统一；不仅强调科学的价值，更强调科学的价值和人文价值的统一；不仅强调人类价值，更强调人类价值和自然价值的统一，从而使学生内心确立起对真善美的价值追求以及人与自然和谐和可持续发展的理念。

人民教育出版社出版的《新课程设计的变革》（张廷凯著）将三维课程目标的结构归纳成表 3-2 的几类。

表 3-2　各科课程标准中的目标分类

		了解	说出、背诵、辨认、列举、复述等
结果性目标	认知性目标	理解	解释、说明、归纳、概述、推断、整理等
		应用	设计、辩护、撰写、检验、计划、推广等
	技能性目标	模仿	模拟、再现、例证、临摹、扩（缩）写等
		独立操作	完成、制订、解决、绘制、尝试等
		迁移	联系、转换、灵活运用、举一反三等
体验性目标		经历（感受）	参与、寻找、交流、分享、访问、考察等
		反映（认同）	遵守、接受、欣赏、关注、拒绝、摒弃等
		领悟（内化）	形成、具有、树立、热爱、追求等

五、"三维目标"、布卢姆以及加涅的三种教学目标分类系统比较

（一）"三维目标"与布卢姆的教育目标分类以及加涅的学习结果分类比较

新课程"三维目标"的提出依据及课堂实施依据应是教育目标分类理论。它所包含的知识与技能、过程与方法、情感态度与价值观三类目标与布卢姆的教育目标分类、加涅的学习结果分类一致，都包含了认知领域、动作技能领域与情感领域的学习结果。具体对应关系见表 3-3。

由表 3-3 可见，"三维目标"中的知识、技能和方法与布卢姆认知领域的目标和加涅的认知领域学习结果大致相对应。区别之处在于："三维目标"的知识概念较宽泛，未区分记忆性知识和作为智慧能力或技能的知识；其技能概念未区分是动作抑或是智慧技能（表 3-3 中的技能 1 和技能 2）；其方法大致相当于加涅的认知策略。

表 3-3　"三维目标"的学习结果成分、布卢姆的教育目标分类、加涅的学习结果分类比较[1]

"三维目标"中的学习结果	布卢姆的教育目标分类（1956 年）	加涅的学习结果分类
认知领域：	认知领域：	认知领域：
知识	知识	言语信息
①了解	智慧能力与技能	智慧技能：
②理解	①领会	①辨别
③运用	②运用	②概念
技能 1	③分析	③规则
①模仿	④综合	④高级规则
②独立操作	⑤评价	
③迁移		
方法		认知策略
技能 2（动作技能）	心因动作技能	动作技能
情感态度与价值观	情感领域	态度

表 3-4　"三维目标"中的教学目标两维分类[2]

学习领域	心理过程	目标分类
知识	①了解；②理解；③运用	
技能 1（认知领域）	①模仿；②独立操作；③迁移	结果性目标
技能 2（动作领域）	①模仿；②独立操作；③迁移	
方法与过程	①经历（感受）；②反映（认同）；③领悟	
情感态度与价值观	①经历（感受）；②反映（认同）；③领悟（内化）	体验性目标

❶ 皮连生．智育心理学 [M]．北京：人民教育出版社，2008，94．

❷ 皮连生．智育心理学 [M]．北京：人民教育出版社，2008，95．

由表 3-4 可知，"三维目标"实际上按两个维度将教学目标分类：一个维度是学习领域，包括知识、技能 1、技能 2、方法、情感态度与价值观，其掌握水平都分为三种；另一个维度是掌握水平（也叫心理过程），是表示知识、技能、方法的掌握水平和价值内化水平的心理过程。因此，"三维目标"中的"过程"不能作为教学目标。第一，理论上无法理解将"过程"作为目标。1956 年布卢姆在他的著作中就明确地指出，在教学目标的设定中，常常出现的问题是，"有些教育人士有将结果和手段相混淆的倾向"，"如果不能把教学活动（过程）从教育目标中区分出来，这将会对学生的学习造成负面影响"[1]。所以，无论布卢姆还是加涅的目标分类理论皆把教学结果或学习结果当做目标，反对把"过程"作为教学目标。把"过程"作为教学目标有违公认的目标分类学理论。第二，实践上将"过程"作为教学目标无法操作。学习的结果与学习的过程在逻辑上是对立的，过程是无法单独作为目标进行传授的。布卢姆指出，过程从来不会作为结果而教授。要成为结果，它们必须与某种类型的知识相结合，以形成一个目标。将过程作为目标在教学实践中引起的矛盾最为明显。因为学生学习的过程如何作为目标来设定、如何生成、如何评价，应该说，目前还没有答案。

学习过程固然很重要，但不应在目标中考虑。正确的做法是先确定教学目标，然后用目标指导学与教学过程方法的设计。修订后的认知目标分类学不同于原分类学，强调用目标指导学习、教学和评价。也就是说，修订的目标分类不仅指导教学结果的测评，而且指导学习与教学过程中的每个活动。

（二）布卢姆教育目标分类与加涅的学习结果分类比较

由表 3-3 可知，这两个分类系统在三个大领域的划分上完全相同，所不同的只是用词上的差异。布卢姆的认知领域与加涅的认知领域在用词上和所涉及的范围上完全一致，布卢姆讲的情感即加涅讲的态度。布卢姆的心因动作也就是加涅讲的动作技能。布卢姆在动作前加"心因"两字，意指此处所说的动作是学习的结果，非天生的反应形式，其中含有许多习得的认知成分。加涅在动作之后加"技能"两字也是意指此处的技能是后天的学习结果。它们所不同的是认知领域内容各亚类的划分标准和目的不同。

在 20 世纪 50 年代，人们并不知道知识和智慧技能的本质是什么，更不知道习得的能力是由不同类型的知识构成的。所以，布卢姆所用的标准是测量学的。从测量和操作上看，凡是以简单回忆，不需要对原输入的信息作较大的加工或改组的测验所测出来的结果是知识。智慧技能不同于知识之处在于：它们是加工知识的方式，需要在思想上对知识进行组织与重建。所以，当测验情境与原先的学习情境有程度不同的变化时，所测量出来的结果才是水平不同的智慧技能。布卢姆区分认知领域六级目标是为了指导教学结果的测量和评价。因为测量和评价必须参照教育目标，有了可以操作的水平不同的具体目标，测量和评价就有了可靠的标准。但从目标导向教学的观点看，因为布卢姆的分类系统中并未阐明知识和智慧技能是怎样习得的，所以用它来导学和导教存在一定的困难。

加涅的学习结果分类的形成与提出的年代较晚，吸取了现代认知心理学的最新成果。加涅学习结果分类对教育的最大贡献是用知识阐明了学生习得的能力的本质。按加涅的观点，学生习得的认知能力除了言语信息之外，就是智慧技能和认知策略。智慧技能的知识本质是习得的概念和原理（包括公式、定理、定律、法则等）的运用。认知策略的本质也是指导人们如何学习、思维和记忆的规则的运用，对于儿童自发形成的认知策略可以用内隐知识来解

---

[1] 吴红耘，皮连生. 修订的布鲁姆认知教育目标分类学的理论意义与实践意义 [J]. 课程·教材·教法，2009，(2).

释。这样人们就不必在广义的知识之外去寻求不可捉摸的能力发展了。加涅阐明了每类学习结果得以出现的过程和条件及其测量的行为指标。因此，加涅的分类系统不仅有助于学习结果的测量和评价，而且有助于导学和导教。

布卢姆的目标分类适用于较大的教学单元的目标设置。根据布卢姆认知领域的目标分类设置教学目标，规定哪些事实性知识需要记忆，哪些概念和原理需要运用。运用中又分单一概念和原理的简单运用和若干概念和原理的综合运用。如果将布卢姆的目标分类用于小范围的单元或单节课的课堂教学目标，可能会造成同一内容的重复陈述，因为按布卢姆的目标分类，同一个知识点可从记忆、领会、运用到分析、综合和评价6次重复陈述目标。

经过安德森和克拉斯沃尔等人修订的认知目标分类，首先由原来的一个维度分类改变为两个维度分类，避免了"知识"既做名词，又做动词的缺陷。其次，认知过程维度的数量没有改变，但原来的"知识"改变为"记忆"，"领会"改为"理解"，"综合"改为"创造"。最后，认知过程维度的几个类别仍然带有一定层次性，但对层次性的要求有所松动，允许类别之间有一定的重叠。而且原来的"评价"由第六层改为第五层，原来的"综合"改为"创造"后变成第六层。

由此可见，修订版的教学目标分类已经基本上改变了原来的缺点，使其既能服务于学习的测量与评价，也能用来指导教学设计与教学。

第三节　设置与陈述教学目标

一、我国中小学教师设置与陈述教学目标的现状分析[1]

（一）采用的目标分类框架

通过分析教师的教案，发现部分教师明确采用如下四种目标分类框架来设定教学目标。

（1）"知识与技能、过程与方法、情感态度与价值观"分类框架。

（2）"知识、能力和情感态度（或德育）"三个方面的目标分类框架。

（3）仅适合数学的"知识技能、数学思考、解决问题"的目标分类框架。

（4）仅适合英语的"语言知识、言语技能、学习策略、情感态度和文化意识"的目标分类框架。

不同学科教师采用不同的目标分类框架的人数分布见表3-5。

由表3-5可见，在103份教案中，13份采用三维目标分类框架，12份采用知识、能力和情感态度（或德育）分类框架，1份采用仅适合数学的特殊分类框架，3份采用仅适合英语的特殊分类框架。

其余74份教案中的目标陈述情况如下。

（1）语文教案25份，其中小学语文教案8份，除1份之外，都按"理解课文内容、掌握字词、正确流利朗读课文"三个方面设置与陈述目标；中学语文教案17份，目标设置与陈述比较随意，没有明显的理论框架，但比较强调情感领域的教学目标。

（2）数学教案12份，没有明显的目标设置的理论框架。

（3）英语教案14份，目标设置基本上围绕词语、句法、听、说、读、写，但无明显理论框架。

（4）物理、化学、历史、地理的教案（23份），也无明显理论框架。

---

❶ 皮连生．教学设计（第二版）[M]．北京：高等教育出版社，2009，82～84．

表 3-5　不同学科教师采用不同分类框架的人数

学科	三维目标	知识、能力与情感	数学特殊分类	英语特殊分类	其余	总数
语文	2	2			25	29
数学	4		1		12	17
英语		1		3	14	18
物理	4				7	11
生物、化学	1	2			8	11
历史、地理	2	4			3	9
政治		3			5	8
合计	13	12	1	3	74	103

（二）目标陈述中所采用的动词

不同学科所采用的动词既有相同点，也有适合不同学科的特点，例如，在 21 份中学语文教案中，使用最多的动词是：了解（7 次）、理解（7 次）、体味（7 次）、品味（6 次）、培养（5 次）、学习（5 次）。其他动词很分散，包括领悟、领略、记住、背诵（2 次）、朗读、归纳、积累（2 次）、自觉养成、整体感知、感受、概述、整体理解与识记。

17 份中学数学教案使用最多的动词是理解（7 次）、掌握（5 次）、培养（4 次）、了解（4 次）、认识（4 次）；用或会用、会求、运用共 7 次。其他动词如"通过……探索"、"提高……"、"经历抽象"、"让……列出"、"通过……激发"、"渗透……教育思想"、巩固等。

在英语教案中基本上不是用动词陈述目标，目标的陈述只是列出词汇、句型结构等内容要点。

物理、化学、生物共 24 份教案，使用较多的动词是：了解（16 次），理解（15 次），培养（12 次），知道（10 次）。其他动词有"使……学会"、"对……进行教育"、"使……明确"、"经历"等。

地理、历史教案 9 份，使用较多的动词是：理解（4 次），说出与说明（5 次），培养（3 次），学会（3 次），掌握（3 次）。其他如"通过……使"、"树立"、"关注"等。

二、克服教学目标陈述含糊性的几种理论与方法

为了克服教学目标的含糊性，国外教育心理学提出了多种目标陈述的理论与方法。下面介绍四种克服教学目标含糊性的理论与陈述技术。

（一）马杰的行为目标陈述法

1962 年，马杰在其《准备教学目标》一书中，系统地提出了用行为目标的理论与技术。行为目标有时也称作业目标，指用可观察和可测量的行为陈述的目标。马杰提出，陈述得好的行为目标具有三个要素：一是说明通过教学后，学生能做什么（或说什么），即有可观察的行为；二是规定学生行为产生的条件；三是规定符合要求的作业标准。为此，在目标陈述时要做到以下三点：①要避免使用描述内部心理过程的动词，如"知道"、"理解"、"欣赏"、"记住"等，而应该使用行为动词，如"背诵"、"解释"、"选择"、"写出"等。使用行为动词，可以很容易观察到目标行为是否实现以及何时实现。②要有在评价学习者的学习结果时的条件要素，如"在不使用计算器的情况下，学生能计算……"、"在 30 分钟内，学生能默写……"等。③要有衡量学习结果的最低要求，即评判标准。标准的表述一般与"好到什么程度"、"精确度如何"、"完整性怎样"、"要多少时间"、"质量要求如何"等问题有关。行为目标强调学习之后的行为变化和变化的条件。只要将刺激和反应规定得具体，则陈述的目标

也就具体了。马杰的行为目标及其要素举例（见表3-6）。

表 3-6　马杰的行为目标及其要素举例

教 学 目 标	条 件	行 为	标 准
1. 给出 10 个句子, 学生能找出每个句子中的介词	给出 10 个句子	找出	每一个
2. 给出 10 道除法计算题, 学生能正确计算 8 道题	给出 10 个问题	计算	8 个正确
3. 给出直尺和圆规, 学生能画出一个角的等分角, 误差在 1°之内	给出直尺和圆规	画出	误差在 1°之内

行为目标虽然避免了用传统方法陈述目标的含糊性，但它本身也有缺点。它只强调行为结果而未注意内在的心理过程，教师可能因此只注意学生外在的行为变化，而忽视其内在的能力和情感的变化。例如，假定目标是培养学生的爱国主义情感，按行为目标的要求，是希望学生完成几项表明他的爱国主义情感的行动（如参加爱国卫生大扫除，写歌颂祖国的诗文等）。如果教师只着眼于学生的行为，而忽视了支持这些行为的内在情感过程的变化，则教学可能停留于表面形式。

ABCD 目标陈述法

ABCD 目标陈述法是由阿姆斯特朗和塞维吉 1983 年提出来的一种教学目标陈述技术。　ABCD 法包括在以下四个因素。

A—主体（audience）：指目标所指向的对象。

B—行为（behavior）：指表明学习的具体行为。

C—条件（conditions）：指行为出现的条件。

D—水平（degree）：指可接受的行为水平。

例如，陈述的一个目标是"每一个学生都将能够对在单元测验的阅读材料中给出的 10 个项目中的 8 个下定义。"在这个目标中，A（主体）指"每一个学生"，B（行为）指"能够下定义"，C（条件）指"在单元测验的阅读材料中"，D（水平）指"10 个项目中的 8 个或 80%"。

用 ABCD 法陈述教学目标时，这四个因素的前后顺序并不重要，重要的是在一个教学目标中这四个因素要同时具备。

ABCD 法的后三个因素与马杰的行为目标三要素是一致的，不过它增加并强调了行为主体这一因素，从而使得教学目标的陈述更加完整。

（采自 S. N. Elliott 等，1996）

（二）内部过程与外显行为相结合的目标陈述法

坚持学习的认知观的心理学家认为，学习的实质是内在心理的变化。因此，教育的真正目标不是具体的行为变化，而是内在的能力或情感的变化。为弥补行为目标之不足，格伦兰 1978 年在《课堂教学目标的表述》中提出了用内部过程与外显行为相结合的目标陈述方法。教师在陈述教学目标时首先要明确陈述如记忆、知觉、理解、创造、欣赏、热爱、尊重等内在的心理变化，但这些内在的变化不能直接进行客观观察和测量。为了使这些内在变化可以观察和测量，还需要列举反映这些内在变化的行为样例，使目标具体化。例如，语文的一个教学目标可以这样陈述。

理解议论文写作中的类比法（内部心理过程）：

（1）用自己的话解释运用类比法的条件（行为样例）；

（2）在课文中找出运用类比法阐明论点的句子（行为样例）；

（3）对提供含有类比法和喻证法的课文，指出包含类比法的句子（行为样例）。

这样陈述的教学目标首先强调教学的总目标是"理解"，而不是表明"理解"的具体行为实例。这些实例只是表明理解的许多行为中的样例。这样就避免了严格的行为目标只顾及具体行为而忽视内在心理过程变化的缺点，也克服了传统方法陈述教学目标的含糊性和不可操作性的弊端。因此，该方法受到普遍的认可和采纳。格伦兰的目标陈述举例（见表3-7）。

表 3-7　格伦兰的目标陈述举例

内部过程（一般目标）	外显行为（具体的学习结果）
1. 理解概念	1.1. 写出概念的定义 1.2. 辨认概念的正反例证 1.3. 举出概念的例子 1.4. 找出对等的概念
2. 解决问题	2.1. 确认与问题有关的信息 2.2. 对问题进行定性描述 2.3. 将定性描述转换成数学符号 2.4. 评价答案 2.5. 得出解决问题的办法

资料卡

格伦兰教学目标陈述法应用举例

在熊梅等人（1999）的启发式教学实验研究中，采用内部心理过程与外部行为变化相结合的目标陈述法进行教学目标的设计。下面结合小学语文和小学数学教学中的一些具体内容分别举例说明。

例一　小学语文《坐井观天》一课的教学目标设计。

1. 课文理解

1.1　能用自己的话正确解释"大话"、"无边无际"、"坐井观天"等词语的意思；

1.2　能正确回答如下问题："青蛙和小鸟为什么争起来了？"，"为什么青蛙和小鸟会有不同的看法"。

2. 课文朗读

2.1　能正确、流利地朗读全文；

2.2　能按不同的角色有感情地诵读青蛙与小鸟的三次对话。

3. 主动性

3.1　能主动举手争取回答老师提出的问题；

3.2　在自由阅读课文时，能主动地、认真地出声朗读；

3.3　能主动争取并积极参加分角色朗读和表演活动。

4. 创造性

4.1　能从多角度回答从《坐井观天》这个故事学到了什么？

4.2 能用个性化的语言回答青蛙跳出井口会看到什么，想到什么，会对小鸟说些什么，小鸟又会怎样想和说。

例二 小学数学《圆的周长》一课的教学目标设计。

1. 直观认识圆的周长

1.1 能够正确用手指划出老师画在黑板上的一个圆的周长；

1.2 能用自己的话说出什么是圆的周长。

2. 计算圆的周长

2.1 能够用教师提供的圆纸片、圆纸板、绳和直尺近似地测量圆的周长；

2.2 能够正确说出用绳测法和滚动法如何测量圆的周长；

2.3 能够找出圆的周长与直径之间近似的数量关系；

2.4 能够运用公式正确、熟练地计算出圆的周长。

3. 创造性

3.1 能够利用教师提供的学习材料探究出测量圆的周长的各种方法；

3.2 能够从多角度回答自己的所知、所获、所想、所求；

3.3 通过对测量得出的不同大小的圆的周长与直径的比值的计算，学生能够创造性地发现圆的周长与直径之间的关系。

（采自熊梅，路海东，1999）

（三）描述行为表现的目标陈述法

当人的内在能力与倾向要经过很长时间才能形成，或者对要形成的内在能力或倾向很难预期时，上述两种目标陈述方法就都不适用。对此，艾斯纳提出了表现性目标陈述技术，用于解决这类情境中的目标陈述问题。表现性目标要求明确规定学生应参加的活动，但不精确规定每位学生应从这些活动中习得什么。例如：考察与欣赏《老人与海》的重要意义；通过使用铁丝与木头发展三维形式；参观世博园并讨论那儿有趣的事情。心理学家认为，这种目标只能作为教学目标具体化的一种可能的补充，教师不能完全依赖这种目标，否则，他们又会用传统的方法陈述教学目标。

（四）加涅的五成分目标陈述法

在马杰和格伦兰之后，加涅提出了一种更精确的认知与行为相结合的目标陈述技术。他认为，精确的行为目标包括如下五个成分：①行为产生的情境；②习得的性能动词；③行为动词；④学习的对象；⑤工具和限制条件。加涅的陈述技术中，关键是区分了两类动词：一类表示内部的能力或倾向，称为性能动词；另一类表示外部的可观察的行为，称为行为动词。行为动词描述的行为就是内部性能的外在指标。这样，通过将行为与具体的性能联系在一起，就对学习结果进行了行为描述。例如，对"三角形"这一概念，其目标陈述的方式是：给予10个平面几何图形（情境），通过比较（行为动词）、区分（性能动词）、哪些属于三角形（学习的对象）、哪些不属于三角形，在无帮助的条件下达到90%的正确率（工具和限制性条件）。为方便陈述，加涅还列举了不同学习结果的性能动词（见表3-8）。

加涅的这种陈述技术虽然精确，但比较繁琐，而且其中的行为动词只要是表示可以观察测量的行为即可，而性能动词却只限于他划分出的学习结果类型及其亚类。对不同于加涅学习结分类体系的目标体系来说，这些性能动词不一定全部有用。不过，可以根据较宽泛的观点来看待加涅的性能动词，可以将性能动词看做是描述内部状态的动词，在陈述目标时，可以用内部状态的词语来陈述，同时再陈述一下最能体现这一内部状态的外显行为。

表 3-8　描述人类性能的标准动词和含有行为动词的短语

习得的性能	性能动词	例子（画线的词为行为动词）
智慧技能		
辨别	区分	通过比较来区分前鼻音与后鼻音
具体概念	识别	通过说出代表性植物各部分的名称来识别根、茎和叶
定义性概念	分类	运用定义将概念族系分类
规则	演示	通过解答口头陈述的例子来演示正负数加法
高级规则（问题解决）	生成	通过综合运用规则，生成一段描述恐惧情境中的行为
认知策略	采用	采用想象美国地图的策略，用列表的形式回忆各州州名
言语信息	陈述	口头陈述第二次世界大战爆发的原因
动作技能	执行	通过将一辆小轿车倒入车行道来执行一项任务
态度	选择	选择打高尔夫球作为一项休闲的活动

三、目标陈述的基本原则与应注意的事项

（一）教学目标陈述的基本原则

第一条原则　目标应陈述预期的学生学习的结果。也就是说，目标要描述通过教学后学生在知识、技能、学习方法和情感态度方面的变化。根据学习的定义，如果学生的行为或心理都有变化，就不能作出学习发生了的结论。根据这一原则，教学目标不应该描述教师做什么，如"帮助学生学习……"，"通过……使"，"培养……能力"等。这类陈述说的是教师做什么，不是学生学习的结果。目标也不应该陈述学生学习什么，如"学习雷锋的为人民服务的精神"。这样的陈述不表示学生学习结果，也不符合目标陈述的要求。既然学习过程不能作目标，那么，如"让学生经历……过程"之类的说法不能称作目标。由于我国的教学论主要是哲学和经验取向的，很少有人认真研究如何通过目标的科学陈述，促使教学科学化和教师的教学行为规范化。用这一原则相对照，我国当前作为范例供人模仿的教学案例中的目标陈述大多数是不合格的，包括特级教师的目标陈述也是这样。

第二条原则　目标的陈述应有助于导学、导教、导测评。所谓"导学"就是目标能够明确告诉学生，通过学习，他应该学会做什么；所谓"导教"，就是目标中应暗含要教会学生的知识、技能、认知策略是什么？所谓"导测评"，就是目标应暗含观察学生学习结果的条件。例如，政治课教师为"犯罪的概念与特征"陈述的两个目标：

（1）能用自己的话陈述"犯罪"的三个特征；

（2）对给予的"犯罪"和"违法"的案例，学生能识别"违法"和"犯罪"行为，并能陈述理由。

这个目标可以起导学、导教和导测评作用。从导学来说，学生一看到这个目标，就知道他们通过这节政治课学习，最低限度应说得出"犯罪"概念的三个特征（记忆水平的要求），其次，他们应能区分"犯罪"与"违法"的实际例子。从导教来看，教师一看到这个目标，就知道目标中暗含的是概念教学。从导测评来看，教师和学生一看到这两个目标，就知道测验题应如何编写。第一个目标的测验题很容易编写，填空题、简答题都可以测出学生回忆知识的能力。第二个目标涉及概念，其测验题原本是较难以编写的，但目标陈述具体化以后，变得容易了。因为目标中已经暗示：给予若干"犯罪"概念的正、反例，让学生进行识别（选择题）。如果目标的陈述具有三个导向的功能，那么它们自然也能实现交流的功能。

第三条原则　目标中应暗含适当的分类框架。当前我国教师采用的一些目标分类框架在

理论上是不能成立的。如"三维目标"把"学习与教学过程"作为教学目标，不仅混淆学习结果与学习过程的区别，而且混淆了学习过程与学习方法（或学习策略）的区别。

（1）初中一年级语文"第一次真好"，教学的过程与方法目标是：

培养独立质疑与合作研究的习惯。

（2）初中三年级语文"孤独之旅"教学的过程与方法目标是：

① 以自由快速的阅读方法，整体感知内容，运用小说三要素梳理情节；

② 在读中品味语言，在读中质疑、探究。

（3）初中二年级数学"反比例函数的意义"教学的过程与方法目标是：

① 经过两个变量之间相依存关系的讨论，培养学生的辩证唯物主义的观点；

② 经历抽象反比例函数概念的过程，发展学生抽象思维能力，提高数学化意识。

（4）初中二年级历史"宋代社会风貌"教学的过程与方法目标是：

通过教师展示图片、动画等，引发学生的兴趣与思考。

（5）初中三年级化学"氧气"教学的过程与方法目标是：

① 通过探究性实验培养学生观察能力，描述实验现象的能力及分析实验现象的能力；

② 通过探究性实验培养学生逻辑思维能力，科学探究和自主学习的能力；

③ 学习从具体到抽象，从个别到一般的归纳方法。

（6）初中二年级物理"透镜"过程与方法目标是：

① 让学生以丰富生动的感性认识为基础；

② 让学生带着问题，体验科学探究的过程。

评析：上述第一个语文过程与方法目标可以并入情感态度之中；第二个语文过程与方法目标涉及教学过程，未涉及学习结果；数学过程与方法目标涉及讨论法，从具体到抽象的概念形成过程，这些不是教学目标。最后目标落实在辩证唯物主义观、数学化意识。这些是学习结果，但不是方法。历史的过程与目标涉及教师的教学方法，不能成为目标。化学"氧气"的过程与方法目标强调实验方法，从观察实验现象到分析归纳得出结论的过程。这是所有自然科学教学应遵循的教学方法和步骤，不是"氧气"这一课的具体目标。初中二年级物理"透镜"的过程与方法目标强调从感性到理性、带着问题学是可取的，但这些不是目标。

从对上述目标的分析可见，由于把过程与方法并列作为教学目标，教师的目标陈述会出现把教师的教学过程作为目标和把一门学科总的学习与教学方法步骤作为目标的弊病。这样陈述的目标，学习结果并未落实在学生的学习策略（或认知策略）上，而往往是旁落在情感态度、思想意识或其他所谓的能力上。

从理论与实践两方面来看，"三维目标"框架都不适合指导教师陈述良好的教学目标。许多教案采用"知识、能力和情感态度（或德育）"三方面框架陈述目标。然而，教师的实际运用情况怎样呢？下面来看用"知识、能力和情感态度"分类框架陈述的目标。

（1）初二语文"与朱元思书"能力目标：

① 理解本文景物描写的特点；

② 体会作者观赏自然景物而引发的内心感触；

③ 通过训练进一步培养学生的语感。

（2）初三化学"水的组成"能力目标：

① 培养学生科学实验研究能力；

② 培养严谨的科学态度。

（3）初三化学"酶工程简介"的能力目标：

通过收集有关酶制剂在社会生活中的应用资料、信息，培养学生获取信息的能力。

（4）初中二年级地理"中国的自然环境"第一节"地形与地势"的能力目标是：

培养学生分析地理事物与人类生产生活关系的能力。

（5）中学历史"两汉经营西域和秦对外关系"的能力目标是：

在教师指导下，思考张骞对我国历史有哪些贡献？以提高学生分析综合能力。

评析：上述语文的目标①可以作为"景物描写"概念性知识学习的理解水平来处理，目标②和目标③来反映知识内容，无从实施讲练与教学。化学"水的组成"能力目标①太泛，目标②是情感态度方面目标。化学"酶工程简介"的能力目标是"培养学生获取信息的能力"，但在一节课的简介中如何实现培养获取信息的能力并落实呢？如果要落实这一能力目标，教师必须先进行任务分析，确定要教授哪些知识和技能。这样能力目标就转化为知识、技能目标了。地理课中的《地形、地势》的能力目标是一个空泛的目标，其实现过程必然要通过知识技能教学。历史教案中的能力目标实际上能实现的是一个有组织的言语信息目标。从理论上看，离开了知识，不能单独教能力，所以这样的框架在理论上也不能成立。

（二）注意事项

在这三个基本原则指导下，教师在教学目标陈述时应注意如下事项：

（1）教学目标的行为主体是学生，不是教师。例如，"学完本教材后，学生能运用 $S=ab$ 的面积公式计算给的长方形面积"。这一目标中的行为主体是学生。这一目标陈述符合上述第一条目标陈述原则。它陈述的是预期学生学习的结果，即能应用规则做事。但在一定的上下文中，"学完本教材后"这一修饰语和主语学生可以省略，有时"能"这个字也可省略。因为读者从上下文中可以推出目标中的主语和限制条件。目标不能陈述"帮助学生学习长方形面积计算公式"或"通过……使……"，因为后者的主语是教师，在逻辑上违背了目标陈述的第一条原则。

（2）用经过心理学界定的动词和名词陈述教学目标。合格的目标陈述必须有：一个动词和一个名词（或名词词组）。但动词可以区分行为动词和非行为动词。所谓行为动词指动词所描写的行为是可以观察的、外显的，如背诵、指认、默写、口算等是行为动词。但许多动词描述的动作是看不见的，如思考、体验、热爱等是非行为动词。现在看来，完全用行为动词陈述目标有困难。但可以借助心理学界定的动词来描述目标。例如，加涅提出了9个描述全部习得的性能动词。在认知领域的7个动词是：区分、识别、分类、演示、生成、采用和陈述。它们分别代表如下7种能力；辨别、具体概念、定义性概念、规则、高级规则、认知策略和言语信息（见表3-8）。布卢姆修订的目标分类中提出了表示6级认知水平的6个动词，即记忆、理解、运用、分析、评价和创造。此外，在每一认知水平内还有更具体的代表能力的动词。如反映记忆水平的动词有回忆和再认；反映理解水平的动词有释义、举例、分类、概要、推论、比较、说明等。为此，应尽量避免未经心理学界定的动词陈述目标。例如，一本普通高校教材用了9个动词陈述全书的目标，其中"了解"和"掌握"出现的次数最多；分别为20次和18次，"领会"3次，"理解"2次，其余"明确"、"明晰"、"懂得"、"深入理解"、"学会"各出现一次。这些动词的含义未经教学心理学严格界定，只能传达常识性意义，不能进行任务分析，也难以起到目标的三个导向作用。

（3）教学目标的陈述应力求明确、具体，可以观察和测量。尽量避免用含糊的和不切实际的语言陈述目标。如"通过训练进一步培养学生的语感"，这是一个十分含糊的和不切实际的目标，这里的学习结果无法观察和测量。

四、良好陈述的目标的实例分析❶

例一　教学课题：神态与动作描写训练（初中一年级下学期语文课）

教学目标

（1）能从学过的课文中找出对人物神态与动作描写的词语；

（2）能大体上分析所提供的材料中对人物神态、动作描写的作用；

（3）能正确修改学生习作中一些人物神态、动作描写上的不妥之处；

（4）能根据所给的材料较形象地续写一段描写神态、动作的文字。

评析　此处是语文单项能力目标。目标反映语文读、写结合的原则。前两个目标是阅读教学目标，反映学生结合课文理解了什么是人物神态和动作描写（找出有关词语中看出）和神态与动作描写的作用（从学生的分析中看出）；后两个目标是写作教学目标，把从课文中习得的神态与动作描写方法运用于修改作文和续写一段文章。目标定位适当，具体，可以观察和测量。

例二　教学课题：长方形的面积（小学四年级下学期数学课）

教学目标

（1）能借助透明方格胶片或带有方格的面积图，说明长方形面积等于它的长乘宽的理由；

（2）对给予的长方形图形和实物，能正确计算它们的面积。

评析　对于小学四年级学生来说，套用长方形面积计算公式求长方形面积并不难，因为 $ab=?$ 的计算技能已经是学生的现有能力。本课题的难点是学生理解长方形面积计算公式。目标（1）是本课题教学的重点和难点，所以要求借用透明方格说明长方形面积公式是怎样来的。两个目标一个反映理解，另一个反映应用。两个目标暗含行为目标的两个成分：一个成分是行为，另一个成分是行为产生的条件。

例三　教学课题：力的图示（初中二年级物理课）

教学目标

（1）能说出力的三要素；

（2）对提供的实例，能用力的三要素来分析力的作用效果；

（3）对提供的实例，能用力的图示法正确作出力的图示。

评析　在物理学中"力"是一个原始概念，难下定义。在本课题教学中要求学生理解力的三要素和它们的图示法。此处三个目标中目标（1）是知识目标，目标（2）和目标（3）是力的性质概念的运用目标。通过"说出"、"分析"和"作图"三个行为动词，目标变得可以观察和测量。

例四　教学课题：Which Book is more interesting（初中一年级下学期英语课）

教学目标

（1）语音：

① 给予 lit/i/-let/e/，pick/i/-peak/i:/等词的读音，学生能正确区分 [i] 与 [e]，[i] 与 [i:] 的读音；

② 给予 diferen（t）kinds of books，have you，it is，dete（c）tive 等词或词组，学生能用失去爆破和连读方法正确朗读；

③ 给予/'fiu:tʃə/，/'stɔ:ri/等10个词的音标，学生能根据音标写出单词。

❶ 皮连生. 智育心理学 ［M］. 人民教育出版社，2008，298～301.

（2）生词和词组：能正确读、听、默写生词表中 13 个生词和词组。

（3）词法：对教师或课文中所提供的多音节和双音节形容词，学生能正确写出或说出它们的比较级和最高级。

（4）句型：会用英文说类似如下含有多音节和双音节形容词的比较级和最高级的句子。

① Detective stories are more interesting than children's stories.

② Detective stories are the most interesting stories of all.

③ 会说出含有 some…，others…，prefer…to，这样的词语搭配的句子。

（5）课文：能正确、流利地朗读课文，并能将它们译成汉语。

评析：英语单篇课文教学目标与语文单篇课文教学目标类似，可以仿照语文两维目标陈述法陈述目标。一维是教学内容，即语音、词语、词法、句型和篇；另一维是听、说、读、写。此处的目标都是具体的、可以观察和测量的。本课目标的重点是"会说"含有比较级和最高级的句子，反映了把外语作为一种交际工具来学的观点。

例五 教学课题：犯罪的概念与特征（初中二年级政治课）

教学目标

（1）学生能用自己的话陈述犯罪及其三个基本特征；

（2）对给予的违法和犯罪案例，学生能识别违法和犯罪行为并能陈述其理由。

评析 "违法"和"犯罪"是两个易混淆的法律概念。学生在学习"违法"概念之后学习"犯罪"概念。这里的目标（1）表明学生理解了"犯罪"行为的本质特征，目标（2）表明学生运用学习过的"违法"和"犯罪"概念来分析违法和犯罪行为并能将这两类行为加以区分。这两个目标都是可以观察和测量的。目标陈述本身暗示了测量方法。测量目标（1）的方法是让学生口头或用笔陈述；测量目标（2）的方法是学生辨别正反例子。

研究性课题

1. 分析知识与技能、过程与方法、情感态度与价值观的"三维目标"和知识、能力与情感态度三方面的目标分类框架在理论上不能成立的理由。

2. 针对一个具体教学内容单元，尝试按修订的布卢姆两维目标分类的框架和加涅学习结果分类框架对教学目标加以分类。

3. 评析目前中小学教师教案中所陈述的教学目标。

拓展性阅读

[1] 皮连生. 教学设计（第二版）[M]. 北京：高等教育出版社，2009.

[2] 皮连生. 智育心理学 [M]. 北京：人民教育出版社，2008.

[3] 王小明. 教学论——心理学取向 [M]. 上海：上海教育出版社，2005.

[4] 杨心德. 教学设计中的任务分析 [M]. 杭州：浙江大学出版社，2008.

[5] R. M. 加涅等著. 王小明，庞卫国等译. 教学设计原理 [M]. 上海：华东师范大学出版社，2007.

[6] W. 迪克等著. 庞卫国译. 系统化教学设计 [M]. 上海：华东师范大学出版社，2007.

[7] 安德森等编著. 皮连生译. 学习、教学和评估的分类学——布卢姆教育目标分类学修订版 [M]. 上海：华东师范大学出版社，2008.

[8] 盛群力等编著. 21 世纪教育目标新分类 [M]. 杭州：浙江教育出版社，2008.

第四章　教学任务分析

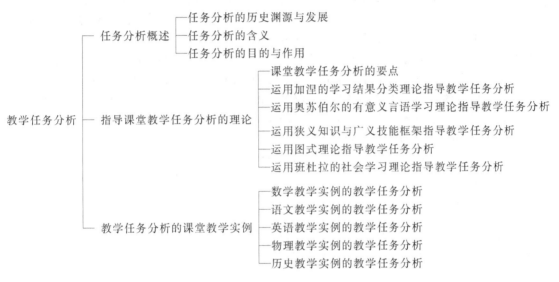

教学任务分析
├─ 任务分析概述
│　├─ 任务分析的历史渊源与发展
│　├─ 任务分析的含义
│　└─ 任务分析的目的与作用
├─ 指导课堂教学任务分析的理论
│　├─ 课堂教学任务分析的要点
│　├─ 运用加涅的学习结果分类理论指导教学任务分析
│　├─ 运用奥苏伯尔的有意义言语学习理论指导教学任务分析
│　├─ 运用狭义知识与广义技能框架指导教学任务分析
│　├─ 运用图式理论指导教学任务分析
│　└─ 运用班杜拉的社会学习理论指导教学任务分析
└─ 教学任务分析的课堂教学实例
　　├─ 数学教学实例的教学任务分析
　　├─ 语文教学实例的教学任务分析
　　├─ 英语教学实例的教学任务分析
　　├─ 物理教学实例的教学任务分析
　　└─ 历史教学实例的教学任务分析

【学习目标】

◉ 能陈述任务分析的起源、发展；能解释任务分析、使能目标、起点能力、先决条件、支持性条件、图式等概念；

◉ 举例说明任务分析的作用；

◉ 能针对教学目标，选择适当的学习理论进行学习类型和有效学习的条件分析；

◉ 能用任务分析思想对现有课堂教学设计案例作出评价。

任务分析是介于"确定教学目标"和"确定学习者达成其教学目标的原有水平"这两个环节之间的一个重要教学设计环节。教学目标陈述了学习者的终点行为，即通过教学后他们会做什么或会说什么。任务分析则要进一步揭示：学习者需要掌握哪些知识、技能、态度或行为方式才有可能达成目标。

第一节　任务分析概述

一、任务分析的历史渊源与发展

任务分析的思想最早可以追溯到桑代克和斯金纳。桑代克和斯金纳虽然没有使用过我们当今使用的"任务分析"这个术语，但许多心理学家认为在他们的教育实践研究中体现了任务分析的思想。如桑代克通过常用词的统计确定小学语文教材词语出现的频率和顺序。在他编的小学数学教材中，加减法的计算技能学习被分成许多小步子，尽量避免遗漏必要的步骤。他说："心理上不同的过程需要不同的教育处理方法。"斯金纳的学习论主张用小步子，通过强化"塑造"机体的行为，他的程序教学正是充分体现了这一学习论思想。

任务分析产生于西方军事人员和企业人员选拔。培训由于主要是针对职业中的技能性任务，所以最初的名称是工作分析（job analysis，又被译为工作岗位分析）或操作分析（performance analysis）。早期的分析缺乏系统学习理论指导，是经验性的。其确定培训内容的主要方法是通过观察和访谈，把有经验的员工的操作流程记录下来并整理成章，作为新手培训的内容。

任务分析这个术语虽然是心理学家米勒（R. B. Miller）最早提出[❶]，但任务分析作为系统教学设计中的一个重要环节或技术，其理论主要来自加涅的学习论和教学论。加涅自 20世纪 60 年代起便对学习作分类研究。最初他按高低层次将人类和动物的学习分成八类，他试图找出每类学习的不同条件及其外显行为表现的差异。后来，他进一步按学习的结果将学习分为五类，即语言信息、智慧技能、认知策略、动作技能和态度。因为他认为，教学只不过是为学习的发生创造外部条件。不同类型学习的内部条件一旦被阐明了，那么教学方法的设计便有了可靠的基础。依据不同类型学习结果的不同内部和外部条件，相应进行不同的教学设计，便成了加涅的教学论的灵魂。所以加涅称他的教学论为任务分析教学论。

20 世纪后期，任务分析思想有很大发展，如乔纳森等三人系统总结了任务分析方法，出版了《教学设计中的任务分析方法》。该著作介绍了 21 种已得到认可的任务分析方法，其中四种适用于工业和动作技能培训，三种适合于课堂教学和有指导的学习，五种适合于认知任务分析以及人工智能开发，五种适合于教材开发。另外四种分析方法是在前苏联心理学家的活动理论和现代建构主义学习论的基础上发展起来的，适合于开放性的或建构主义的环境设计。由此可见，任务分析是一门复杂的教学设计技术，任务分析目的不同、用于分析的理论或基本假定不同，就导致不同的任务分析方法，而不同的任务分析方法，其分析的最终结果也往往不尽相同。

二、任务分析的含义

正如乔纳森所说："任务分析有许多定义，这要看任务分析的目的，任务分析的情境以及由谁来进行分析。"他转引哈里斯的话说："从把作业由整体到细节分解为许多层次"一直到"前后分析、掌握作业和标准的描述，将工作任务分解为许多小步子和考虑解决操作问题的潜在价值"都可以列入任务分析的定义之中[❷]。所以，到目前为止，任务分析还没有一个统一的定义，不同领域的学者对任务分析有着不同的看法。

奥姆罗德认为任务分析是将复杂的目标分解成一些更简单、更易于控制的成分的过程[❸]。伊根和考查克认为，任务分析是将内容分解成构成它的组成部分的过程，其基本步骤是确定终点行为——识别出先决子技能——对子技能进行排序——诊断学生[❹]。斯拉文认为，任务分析是将任务或目标分解成更简单成分的过程，一般包括三步：识别学生已经知道的先决技能，识别出成分技能，对成分技能如何组合成最终的技能进行计划安排[❺]。罗兰德和雷格卢斯认为，任务分析是一种用来理解在完成某一任务或学习完成某一任务时需要什么的过程，包括在完成任务时依赖的知识与技能，进行的思维过程以及采取的行动，在大多数情况下，其目的主要是通过帮助教学设计者确定教什么（内容）和如何最好地教（方法）来

---

❶ 邵瑞珍，皮连生，吴庆麟编. 教育心理学参考资料选［M］. 上海：上海教育出版社，1990，490.

❷ D. H. Jonassen, M. Tessmer & W. H. Hannam. Task Analysis Methods for Instructional Design. New Jersey：Lawrence Erlbaum Associates, 1999，P6.

❸ Ormrod. J. E. Educational Psychology：Principles and Applications. New Jersey：Merril, 1995，P429.

❹ Eggen, P. & Kauchak, D. Educational Psychology：Windows on Classrooms（5ᵗʰed.），NewJersey：Merrill Prentice Hall，2001. P526.

❺ Slavin, R. E. 教育心理学：理论与实践（影印本）［M］. 北京：北京大学出版社，2004，461～462.

帮助确定改进任务完成状况的适当的方法。[1]皮连生认为，任务分析是指在开始教学活动之前，预先对教学目标中规定的、需要学生习得的能力或倾向的构成成分及其层次关系详加分析，为学习顺序的安排和教学条件的创设提供心理学依据。[2]

从上述几个界定中可以看出，不同学者从不同角度对任务分析的界定是不尽相同的，但在这些表述不一的界定中，仍可以发现界定者都认同的成分。首先，任务分析是对教学目标或学习任务（教学任务）进行分解的过程。这里的分解是将复杂的整体分解为简单的组成部分。这一特点集中体现了上文提及的认知心理学家面临的问题。其次，任务分析还是一个分类的过程。任务分析的产生服从教学的需要，换言之，任务分析要能促进教学的进行。早期的心理学家在培训和教学上所犯的错误，就是没有将教学任务进行分类。这里的分类是将复杂的学习任务分门别类归入学习规律已经阐明的心理学类别中，如知识、技能、态度等。找到合适的类别以及该类别学习的规律，就可顺藤摸瓜找到促进学习的教学措施。再次，任务分析还是一个对分解出的子成分进行排序的过程。分解出的子成分不可能同时教学，需要根据它们之间的关系以及与终点目标的关系确定教学顺序。这三个方面是任务分析最突出的特点，由此导致任务分析可以决定与实现教学目标相关的三个重要问题：教什么、按什么顺序教、用什么方法教。它们一旦被确定，也就基本确定了实现目标的教学活动的大致框架。

任务分析有广义与狭义之分。广义的教学任务分析不但应包括作业分析（包括教学目标的鉴别与陈述、学习条件、学习层次分析和学习条件分析及学生起点能力分析等），还应包括需要分析和学生的心理特征、学习特征和学习环境等的分析。而狭义的任务分析，仅从课堂教学的层面来进行任务分析，只进行课堂设计所需的任务分析，包括目标陈述、学习结果分类、学习层次分析和学习条件分析以及学生起点能力分析。可见，狭义的教学任务分析应该是：①确定教学目标；②对教学目标中所蕴含的学习结果加以分类；③分析学生的起点能力；④揭示达到终点目标所要先行学习的使能目标和它们的层次关系；⑤分析支持性条件。本章主要围绕狭义的任务分析进行阐释。

三、任务分析的目的与作用

（一）任务分析的目的

教学任务分析的目的是什么？Polson 认为，任何教学设计的第一步都是任务分析，借以确定要教的是什么，教学任务分析是分析和清晰地陈述预期学习者要达到的学习目标和学习结果类型的过程。实际上，教学任务分析的目的不仅仅是分析和陈述教学目标以及对学习结果类型的分类，而是对影响教学和学习的因素进行更深层次的分析，找出学习者学习的起点能力与学习目标之间的差距，分析学习者要达到这个目标所应具备的内外条件，并根据分析的结果合理设计教学，为对学习结果进行客观、有针对性的评价提供强有力的支持。所以，教学任务分析的目的就是为了确定以下几点。

（1）学习的总体目标和各级子目标。根据信息加工心理学的观点，任何一个总体目标的达到都是以各级子目标的完成为前提。所以在进行任务分析时，需要认真分析、分解各总体目标为子目标的阶梯式集合。

（2）工作、技能、学习总目标或具体目标的操作成分。也就是要描述操作者要完成什么任务，如何完成任务或运用技能以及在学习前、学习中和学习后他们如何思考。

（3）一项工作或任务以什么知识状态（陈述性知识、程序性知识还是策略性知识）出

---

❶ Rowland，G. & Reigeluth，C. M. task analysis. In E. De Corte & F. E. Weinert（ed.），International Eecyclopedia of Developmental and Instructional Psychology. Pergamon，1996，P479～480.

❷ 皮连生. 智育心理学［M］. 北京：人民教育出版社，1996，252.

现。知识类型的不同关系到学习阶段的不一样，储存方式不一样，自然也应采取不同的教学方法。加涅就认为，教学任务分析其实就是知识类型的分析。可见，教学任务分析的一个最重要的目的之一，就是分析清楚所要教学的任务内容（或者说学习内容）是什么类型的知识，为采用合适的教学方法与策略提供理论依据。

（4）要教的任务、技能和目标是什么？也就是如何选择适合教学开发的学习结果，这是教学设计的前提。只有将教学目标陈述清楚，有科学性、操作性，在教学中学生学到什么程度，掌握些什么知识，才会有更客观的评价依据。教师也能及时把握这些信息，适时地调整教学，并进一步确定哪些任务是教学的重点，哪些任务是教学的难点，也就是哪些任务有优先或重点投入教学资源的权利。分清主要目标和次要目标，将有利于教学资源的合理分配和教学顺序的安排。

（5）完成任务以及学与教应遵循的顺序。

（6）如何选择或设计支持学习的教学活动、策略和技术。

（7）如何选择适当媒体和学习环境。

（8）如何建构学习成绩的评估和评价方法。更客观、准确地评价是检验学习效果的重要指标，同时更是下一次教学任务开始。教学任务分析就是要在对教学任务有清晰理解的基础上，设计出能客观、真实反映学生学习情况和教师教学效果的评价方式。

为了设计支持学习的教学，我们有必要理解将要完成的任务的性质和如何使学习者能得到更合适的教学，提高教学和学习效果。不论你是设计传统的直接教学，抑或是以问题为基础的建构主义学习环境，我们都需要作出清晰、合理的教学任务分析。

（二）任务分析的作用

1. 任务分析有助于明确教学目标

教学心理学产生以后，受认知心理学的影响，自 20 世纪 70 年代开始，研究者将大量精力用于对复杂表现的分析。他们十分关注习得的是什么，如知识的组织、理解的特点、问题解决对知识与信息加工的要求以及人类胜任能力的性质。这一研究其实就是任务分析工作，即通过对复杂任务的分解，并用认知心理学的思想来加以分析，更好地认识人类复杂的行为表现的实质。不过，此时的任务分析因为主要运用认知心理学的观点和方法，因而被称为"认知任务分析"。对这类分析的作用，格拉泽和巴索克指出，细致的认知任务分析指导着教学目标的确定。❶

2. 任务分析有助于教师分析教学内容的重点与难点

教师对教学内容处理时，一项重要的工作就是要确定教学重点和难点。目前我国中小学教育实践中，几乎所有的教学设计都涉及教学重点和难点的分析。但教师在教学过程中，究竟如何分清主次，区别轻重，突出重点，解决难点，我们认为可以依据任务分析技术来加以确定。也就是说，通过任务分析所确定的教学目标、学生的原有知识基础以及认知策略水平等就是处理教学内容重点和难点的依据。教学重点是指学生在每一个教学课例内必须习得的学习结果，即教学目标。教学难点是指学生在实现目标的过程中存在的认知障碍。

例如，初中物理"力"的教学，其内容主要包括力的概念、力的作用效果、力的三要素、力的图示、力的测量五个要点。首先，教师利用任务分析技术可以确定该节内容的主要认知教学目标是：①能阐释力的概念，记住力的单位，牛（N）；②能说出力的作用效果；③能说出力的三要素；④能结合实例画出力的图示；⑤会用弹簧测力计测力。其次，教师利

---

❶ Glaser，R. & Bassok，M. Learning Theory and the Study of Instruction. Annual Review of Psychology，Vol. 40. P632.

用任务分析技术在分析使能目标及学生学习的起点能力时发现，学生在掌握"力"的概念时可能存在认知障碍。因为，"力"是客观实在，但它看不见摸不着，是一个抽象的概念，学生自身很难将其与原有的知识基础建立联系。这就势必要求教师在教学设计时，充分利用关于力的生活感性素材，如在生活中对推、拉、压、踢、吸的感觉，物体在受力后所发生的现象，弹簧、小球等物体在受到不同大小的力、不同方向的力、不同位置的力作用后所发生的不同现象以及测量体重、测量臂力经验等，激活学生的原有经验，引导学生观察生活和实验现象中关于力的现象的共性，指导学生对"力"的现象进行概括性的描述。通过以上分析可以看到，教学的重点就是该教学内容的终点目标，即"能用控制变量法研究力的作用效果与力的大小、方向、作用点的关系；会进行力的测量"，教学的难点就是掌握"力"的概念。因此，任务分析技术有助于教师确定和突破教学内容的重点和难点，保证教与学的质量。

3. 任务分析有助于将学习理论与教师的教学行为联系起来

理论总是具有一定的抽象概括性，而实践总是具体的、活生生的。在教师培训中，往往出现理论与实践脱节的现象。究其原因，是教师缺乏将抽象的理论与具体的教学实践联系起来的中间环节。任务分析正好起到了这种桥梁作用。通过任务分析，可以大致确定教学的内容、方法和顺序，这三方面确定下来以后，教师的课堂行为基本上就定下来了。而在导出教学的内容、方法和顺序时，主要是以学习理论为基础的，于是，通过任务分析这一环节，教师运用学习理论导出了教学行为的框架，理论和实践也因此而联系起来。

4. 任务分析有助于诊断学生的学习困难

任务分析不仅可以导出教师教学行为的大致框架，而且在教学后，如果学生没有达到目标，利用任务分析的结果，还有助于对学生的诊断。这是因为，任务分析描绘的是预期的学生的能力蓝图，对于学生完成一定的任务表现需要的成分以及这些成分的性质与相互关系都作了清晰刻画。当学生没有表现出预期的行为时，可以对照这张"蓝图"逐一检查，找出学生能力上的缺陷，并及时补救。可以说，任务分析这一环节的影响贯穿在整个教学过程中。乔纳森等人称其为"唯一最重要的成分"并不为过。

5. 任务分析有助于教师领会和贯彻新课程标准的精神

为了克服传统教学中学生记住了大量知识而不能转化为分析与解决问题的能力的弊端，新课程标准十分强调学生自主建构知识的过程，并专门将"过程和方法"作为教育目标分类的一个方面。从知识分类学习论的观点看，不同类型的学习结果（教学目标）有不同的过程和内外条件。采用任务分析方法进行课堂教学设计就是要依据学的规律进行教学。也就是说，依据不同类型的学习结果的学习过程和条件来进行教学。如果在教学设计中引进了任务分析思想，而且能用任务分析的思想指导教学过程设计，那么，不论教学目标中是否列出过程目标，教师都会根据学习的规律进行教学。反之如果教师不具备任务分析思想，很可能只会照搬别人的教学设计或教案，而不会自主进行创造性教学设计。而且任何教材或教学参考书不可能把一切教学内容的学习过程作为目标都列出来，况且，将过程作为目标本身就值得商榷。所以，教师必须学会运用任务分析方法进行课堂教学设计。

第二节 指导课堂教学任务分析的理论

一、课堂教学任务分析的要点

狭义的教学任务分析过程是指从明确学生的终点能力（即教学目标）开始，到找到终点能力得以实现的所有先决条件而终止的过程，主要包括目标陈述、学习结果的类型分析、确定学生的起点能力、使能目标及其支持性条件分析等。由于目标陈述上一章已有专门讨论，在此就不再赘述。

（一）学习结果类型分析

教学任务分析的工作之一就是要对已经陈述的教学目标中蕴含的学习结果进行分类。分类可以按布卢姆的 3 个领域，即认知领域、情感领域和动作领域将教学目标分类；或者也可以按加涅的 5 种学习结果，即言语信息、智慧技能、认知策略（含反省认知）、动作技能和态度将教学目标分类；在认知领域可以依据安德森的陈述性知识和程序性知识划分标准将广义的知识分类；也可以按狭义的知识和广义的技能（包括智慧技能、认知策略和动作技能）将认知教学目标分类。此外，也可以用布卢姆修订的知识与认知过程两维目标分类框架将教学目标分类。如果在目标陈述中，目标已按一定分类框架陈述，那么就可以进行下面的分析。

（二）学生起点能力分析

教学目标是学习所要达到的终点，而学生的起点能力则是学习的开始，也是教学设计的开始。认知心理学家认为，学习就是一个旧知识同化新知识的过程，是一个认知结构重组的过程。也就是说，在学生学习新知识的时候，必须有一个能同化它的且与它相关联的知识，可以是上位的、下位的或平行的知识结构。这就是学生学习的起点。因此，在教学设计确定终点目标后必须分析学生的起点能力。例如中学化学课程中，"能运用表达式 $c_B = n_B/v$ 计算物质的量浓度"，这一教学目标所规定的是一定的教学活动完成之后学生应习得的终点能力。这一终点能力的达成，需要以下先决知识技能：①知道溶液的概念和性质；②知道溶质质量分数的数学表达式并能运用表达式进行溶质质量分数的计算；③知道物质的量的概念，能正确计算有关物质的量。这三种知识技能构成了学生习得新能力之前的起点能力。起点能力是学生习得新能力的必要条件，它在很大程度上决定教学的成效。许多研究表明，起点能力与智力相比对新的学习起更大的作用。确定学生起点状态的方法很多，在一般的情况下，教师可以利用学生的作业、小测验，或课堂提问并观察学生的反应等方法，了解学生的原有基础。在一个教学单元结束以后，也可以对照单元教学目标进行单元测验。按照布卢姆掌握学习的理论，学生必须掌握每个教学单元的 85％的教学目标后，才能转入下一个单元的学习。同时要注意到，在很多情况下，达到一个教学单元的终点目标的同时也就构成了下一个教学单元的起点。

（三）使能目标分析

加涅在 1992 年提出了使能目标的概念。他在《教学设计原理》一书中做了清晰的阐述：教学设计至少包括两类目标。第一类目标是学生在课程学习结束时应该达到的目标，即学习任务的终点目标，这是在教学设计开始时就应当首先明确的。第二类目标是课程学习进行过程中必须达到的目标，因为它们是前一类目标（终点目标）得以实现的前提条件，故被称为"使能目标"，即学生从其起点行为开始，为了实现终点目标而必须先期达到的子目标系列。所以，使能目标可以定义为介于起点能力与终点能力之间的学生尚未掌握的知识技能。

从最一般的意义上说，这些使能目标就是终点目标学习的先决条件，是先于终点目标的学习而习得的，并使这样的学习成为可能（或能促进这样的学习）的一系列子任务。加涅把使能目标分为两类：必要性先决条件和支持性先决条件，其中既有智慧技能也有非技能性知识，最重要的是智慧技能。进行教学设计时，在确定了教学目标之后，就是分析如何使学生从起始行为达到终点目标——填补其差距，也就是分析这一单元的使能目标系列。就智慧技能的学习而言，最为关键的就是一系列次级水平的子技能，即学习层级的分析。加涅用学习的层级来描述一组智慧技能之间在掌握上的相依关系。他认为，对于任何高层级的智慧技能，都存在一系列的先决性低层级技能，对先决技能的掌握会促进高层级技能的学习。对一个人技能掌握程度的最好预测是他对先决技能的掌握程度，如果学习者掌握了所有的先决技能，那么他们很有可能掌握终点目标中更高层级的技能。

使能目标分析是从确定最高水平（最复杂）的学习（即教学目标或者说终点行为）开始的，教学设计者通过鉴别出每一高层级水平技能所必须掌握的内容来把握学习层级序列，分析得出的智慧技能之间的层级关系可以用一个图来表示。较低层级水平的（先决条件）技能位于更高水平技能的下面，连接线指明低层级水平到高层级水平技能的先决条件关系。所以，使能目标分析又被称为学习层次分析，或学习先决条件分析。下面给出了一个学习层级的一个简单例子，问题解决的层级分析，如图4-1所示。在学习者能掌握复杂的问题解决技能之前，他必须已经掌握某些特定的规则。同样，在他能掌握某一特定规则之前，必须掌握某些特定的定义性概念，而定义性概念的掌握又取决于言语信息的把握。因此，该图描述了导向完成学习结果的各个智慧技能之间的层级顺序关系。

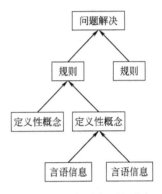

图4-1　问题解决的层级分析

智慧技能领域的学习结果都取决于对更简单的先决技能的掌握，先决技能是学习新技能的前提条件，这意味着教授智慧技能应遵循自下而上的顺序。为此，对使能目标和学习层级的分析，能引导教学者明确学习者所要学习的具体内容，确定学生在掌握某一知识之前必须先掌握的知识内容，为新知识的掌握和每一步教学步骤提供先期的条件性技能，即创造教学的先决条件；它也有助于教师确定教学顺序的有效性，使教师了解决定教学先后顺序的心理学依据，从而有效地安排教学事件的顺序。

但是，对使能目标的分析也有不足之处。首先，不少知识的使能目标和学习的先决条件目前还无法十分清晰地确定。比如，心理模型或元认知技能的使能目标究竟如何确定，还是一个很大的问题。因此，有些理论家怀疑使能目标的分析结果，根本不可能按照从下到上的使能目标顺序来教导学生。其次，使能目标分析对教学设计人员的要求相当高。他们必须能够熟练地确定所有的学习结果，并且能寻求优先教授使能目标的教学策略。最后，也有人指出，学习层级并没有指明处于相同水平技能（同等技能）之间的学习关系，不能单纯地根据学习层级的分析来确定终点目标对不同使能目标的依存性，这一方法也没有能考虑其他学习变量如环境、学习者特征。在许多具体的学习过程中，层级分析的理念虽然简单和易于理解，但操作起来通常是困难的。所以，还是要根据具体的教学任务，结合其他的方法，综合运用，才能设计出有效的教学方案。从目前对使能目标的研究和运用情况来看，任务分析的主要优点是同时能帮助教师去除不必要的教学内容，使教学结构更为有效。

如何进行学习的层级分析，虽然在理论上看似简单，但通常在实际进行时并不容易。它从最终教学目标（学习者的最终学习结果）开始，采用逆向设问的方法，不断向学习者原有的知识基础递进分析，一直找到学习者的起点能力为止。比如，"要学会这个技能，学习者必须拥有的更简单的技能是什么？"……下面结合数学学科"圆锥体体积教学"的使能目标分析，进一步阐述使能目标分析的过程（见图4-2）。

（四）分析支持性条件

学习条件包括必要条件和支持性条件：必要条件是学习发生必须具备的条件，不满足这些条件学习就不可能发生，比如使能目标、起点能力都是学生学习的必要条件；而为了能让学习更顺利、更高效地进行，还需要分析学习的支持性条件，尽管不满足这些支持性条件，

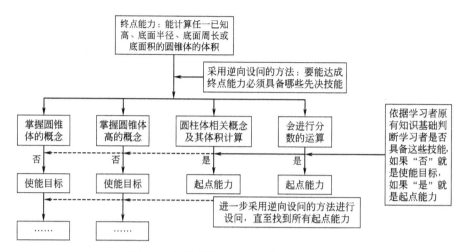

图 4-2 圆锥体体积教学的使能目标分析

学习还是可以发生，但会影响学习质量的提升。

学习支持性条件是保证学生学习的一种准备措施，决定教师采取什么样的教学方法来激励学生的求知欲。学习支持性条件的确定需要根据不同的学习结果类型进行分析。例如，在教学《圆锥体的体积》这个内容时，其教学目标是会利用圆锥体的体积公式求圆锥体的体积，属于规则学习。这个内容的学习支持性条件就包含：①能从三角形面积学习中得到启示，衍推到圆锥体与圆柱体体积之间的转化，这是学习策略方面的支持性条件；②须有学习的欲望和积极探索的精神，这是态度方面的条件。任何学习都必须要满足一定的条件才会发生，所以在教学设计中，学生的学习条件分析是必不可少的。加涅建立在学习分类基础之上的学习条件分析理论能很好地指导进行有效的学习条件分析。

二、运用加涅的学习结果分类理论指导教学任务分析

（一）运用加涅的学习结果分类分析学习类型

本书第三章概要介绍了加涅的学习结果分类。教师只需将教学目标中明确陈述的学生的行为样例归入上述类别，便能完成学习任务类型的分类。例如，若教学目标是"陈述记叙文一般应包括的五个要素"，则学习类型是言语信息。表 4-1 列举了学习任务的典型例子及其所代表的学习类型。

表 4-1　教学目标中的学习任务举例及其所代表的学习类型[1]

学 习 任 务	学 习 类 型
1. 理解性阅读刊登在日报上的关于一些事件的报道	智慧技能：应用规则将单词解码并理解语言
2. 从观看各种体育比赛和戏剧表演中寻求乐趣	态度：对特殊类型的娱乐作出个人行动过程的选择
3. 传达在安装玻璃纤维天花板绝缘板时必须注意的事项	言语信息：陈述信息，以便使其命题意义得以保持
4. 用手把唱针放入电视机唱片上的第一个纹道里	动作技能：平稳地执行一个有时间限制的动作
5. 想出一个"生态学"游戏，以便全家外出时在汽车中玩	认知策略：通过发明来解决一个新问题

（二）运用加涅的学习理论分析学习的条件

加涅把学习条件分为必要条件和支持性条件。前者是学习中不可缺少的条件。缺少必要条件，相应的学习便不能出现。后者是对学习产生加速或减速作用的条件。缺少支持性条

---

[1] 加涅著. 学习的条件和教学论. 皮连生等译. 上海：华东师范大学出版社，1999，268.

件，学习不一定不能发生，但其效率不高。不同类型的学习的必要条件和支持性条件既有相同点，也有不同点。

1. 智慧技能学习的条件

在加涅的五类学习结果中，尤以各种智慧技能的学习明显存在一种层次发展关系，即低一级智慧技能是高一级智慧技能学习的先决条件。假定教学目标是高级规则，其学习的前提条件是简单规则。教师在进行任务分析时必须鉴别相关简单规则。而规则学习的前提条件是概念，教师在进行任务分析时必须鉴别构成该规则的有关概念。如果学生未掌握构成规则的有关概念，则应先教有关概念，即先完成使能目标的教学，然后才能完成终点目标的教学。

除了分析智慧技能学习的这些必要条件之外，还应分析它们的支持性条件。例如学习高级规则，除了必要条件——掌握简单规则之外，还应有认知策略和言语信息等支持性条件。

2. 其他各类学习的学习条件分析

言语信息、认知策略、动作技能和态度学习的条件与智慧技能学习的条件不同。如认知策略的必要条件是某些基本心理能力，例如记忆策略需要有心理表象的能力，在解决问题时需要有把问题分解为组成部分的能力。其支持性条件是有关的言语信息和力求用新方法解决问题的态度。学习言语信息的必要条件是有关的背景知识和有意义学习的态度。表 4-2 概括了五种学习的必要条件和支持性条件，可供进行学习条件分析时参考。

表 4-2　五种学习结果的必要条件和支持性条件

学习结果分类	必　要　条　件	支持性条件
智慧技能	较简单的智慧技能的构成成分（规则、概念、辨别）	态度、认知策略、言语信息
认知策略	某些基本心理能力和认知发展水平	言语技能、态度、认知策略
言语信息	有意义组织的信息	智慧技能、态度、言语信息
态度	某些智慧技能和言语信息	其他态度、言语信息
动作技能	部分动作技能、某些操作规则	态度

注：加涅著．教学设计原理．王小明等译．华东师范大学出版社，2007，144.

三、运用奥苏伯尔的有意义言语学习理论指导教学任务分析

奥苏伯尔的有意义言语学习的学习理论又称认知结构同化论。该理论只涉及认知方面的学习，但它阐明了认知领域内各种类型学习的性质、过程和条件，也是进行教学任务分析的良好工具。

（一）运用奥苏伯尔学习类型划分的理论分析学习类型

奥苏伯尔所说的有意义言语学习的目标与前面所说的"智育"目标是完全对应的。他的理论既依据学习结果也依据学习过程和条件对学习进行分类。从学习结果看，他将学习结果由低级向高级分成如下 5 类。

（1）纯机械学习——如艾宾浩斯的无意义音节的记忆。

（2）符号表征学习——其中既有机械学习成分，也有意义学习成分。机械学习成分指符号本身的记忆；意义学习成分指符号表征什么的学习，其主要形式是词汇学习。

（3）概念学习——学习符号表征一类事物，获得一类事物的共同本质特征。

（4）命题学习——其中又分两个亚类：一是事实的学习，二是概括性的结论的学习。

（5）问题解决——其中涉及问题背景知识，推理规则和解题策略。

我国知名教育心理学专家皮连生教授等曾与有经验的小学教师合作，用奥苏伯尔的有意义言语学习的理论研究过小学六年级数学教材的学习结果分类，结果见表 4-3。

表 4-3 "圆和圆柱体"的学习结果分类❶

教学课题名称	概　念	命题(概括)	符号、事实
1. 圆的认识	圆(半径、直径、圆心)	$r=d/2$ $d=2r$	符号 d、r、O 分别代表半径、直径、圆心
2. 圆的周长	周长	$c=2\pi r$ $\pi=c/d=3.141\cdots$	圆周率符号是 π，我国古代数学家祖冲之最早计算圆周率精确到 3.1415926
3. 圆的面积	圆的面积 环形和环形面积	$S=\pi r^2$ $S=S_{外圈}-S_{内圈}$	
4. 扇形	扇形(底面、侧面、高)、圆心角、弧	$S_{扇}=(\pi r^2/360)\times n$	n 代表圆心角的度数
5. 圆柱体的表面积	圆柱(底面、侧面、高)、圆柱的表面积(包括底面积和侧面积)	$S_{表}=S_{侧}\times 2+S_{侧}$ $S_{侧}=CH$	h 代表平面图形的高 H 代表圆柱体的高
6. 圆柱体的体积	圆柱体的体积	$V=S_{底}H$	

从表 4-3 的分析可见，奥苏伯尔的学习结果分类可以较好地分析如数学这样能精确定义的教材内容的教学目标中的学习结果类型。在认知领域，奥苏伯尔的学习结果分类与加涅的学习结果分类是大致相同的。例如可以将表 4-3 中的概括改为规则，符号、事实改为言语信息，那么两者的分类就基本一致了。但两者还是存在区别：加涅在认知领域单独列出"认知策略"这个类目，而奥苏伯尔没有。

表 4-3 没有列出奥苏伯尔所提出的"问题解决"这个类目。事实上，当"圆与圆柱体"这个内容学完之后，紧接着就学习圆锥体体积的计算。因此，如果这里的计算公式是学生发现的，那么，此处的学习就是问题解决。

奥苏贝尔的学习结果中不仅有上述具体的类目，而且有知识的组织和结构。这是加涅的学习分类中所缺乏的。在"圆和圆柱"的教学中，学生获得上述独立的知识成分之外，还应获得如图 4-3 所示的组织结构。❷ 按学习过程和条件分类，该研究表明，除了"圆"这个概念和 $\pi=c/d=3.14\cdots$ 这个公式适用于上位同化模式学习之外，表 4-3 中的全部概念和概括(此处为公式)都可以按下位同化模式学习。

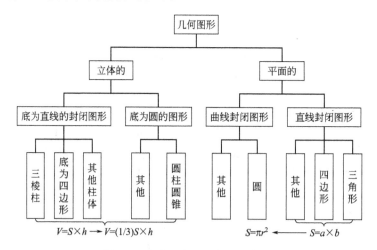

图 4-3　小学六年级几何知识结构

❶ 皮连生. 智育心理学（第二版）［M］. 北京：人民教育出版社，2008，317.
❷ 皮连生. 智育心理学（第二版）［M］. 北京：人民教育出版社，2008，318.

（二）运用奥苏伯尔的同化论分析有意义学习的条件

奥苏伯尔区分了有意义学习的条件：①学习材料本身有逻辑意义，学生学习的教材知识一般符合这一条件；②学习者认知结构中具有同化新材料的适当的知识基础，也就是具有必要的起点能力；③学习者还必须具有有意义学习的心向，即积极地将新旧知识关联并区分其异同的倾向。上述三个条件对有意义学习而言缺一不可，任何一个条件的缺失都会导致有意义学习机械化的倾向。其外，三个条件中最核心的因素是新旧知识的相互作用。奥苏伯尔根据新旧知识的相互联系，又提出了三种新旧知识相互作用的同化模式，该模式可以帮助教师分析有意义学习的条件。例如，如果用上位学习模式教授概念和命题，那么，最重要的外部条件是教师提供概念和命题的若干正例和反例。在利用下位学习模式教概念和命题时，最重要的内部条件是学生认知结构中具有同化新概念或命题的上位概念或概括性命题。

根据同化模式，教师可以确定要教的新概念或命题的类型及其条件，提出如下的建议。

（1）如果学生认知结构中原有的概念或命题的概括性与包容范围高于要学习的新概念或命题，则新概念或命题的学习属于下位学习，教师可以根据下位学习同化模式安排学习的内外条件。

（2）如果新学的概念或命题的包容程度高于原有的观念，则新的学习属于上位学习，教师应根据上位学习的同化模式安排学习的内外条件。

（3）如果新的概念或命题与原有知识既不存在上位也没有下位关系，则可考虑它们是否与原有知识存在某种并列的相互吻合的关系。如果存在这种关系，则可以按并列结合学习模式安排学习的内外条件。

四、运用狭义知识与广义技能框架指导教学任务分析

由于语文和外语学习的特殊性，上述加涅的学习结果分类框架和奥苏伯尔的分类框架很难适合这两门学科的学习分类。例如，语文和外语的字词学习，记住字词符号是机械记忆，发出声音是知觉——动作学习，书写也是知觉——动作学习，理解字词的含义是概念学习。把这种学习归入加涅的言语信息学习和奥苏伯尔的符号表征学习都不适合，因为其中既有机械学习成分，也有意义学习成分，既有认知成分，也有肌肉协调成分。人们用基本技能来概括字词学习，因为说到底，学生学习字词的最终目的是用字词造句，表达自己的思想（包括口头和书面表达）。

涉及篇章结构的内容，如文章分段、作文构思、归纳文章中心等，按照加涅的分类应区分对外办事的高级规则和对内调控的认知策略。但在具体情境中，对内与对外很难区分，把它们统称高级技能学习，使问题简化。

所谓狭义知识，指陈述性知识，在小学低年级主要指课文所涉及的内容知识。如小学低年级学生学习课文《小壁虎借尾巴》后，知道壁虎尾巴断了还能长出来，能回答"小壁虎向谁借尾巴？怎么借尾巴？结果怎么样？"这样的问题，这里涉及的知识是课文内容知识。到了小学高年级和中学，学生还应习得语言和文学方面的陈述性知识（如语法知识、文章构思知识、文言文知识等）。

可以按照加涅的智慧技能学习层级理论分析语文单篇课文的学习条件（见图 4-4）。由图 4-4 可见，篇章结构（高级规则学习）以词法、句法规则（规则学习）为先决条件，词

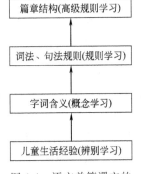

图 4-4 语文单篇课文的学习条件分析

法、句法规则（规则学习）以字词含义（概念学习）为先决条件，字词含义（概念学习）以儿童生活经验（辨别学习）为先决条件。

五、运用图式理论指导教学任务分析

根据图式理论，新的信息必须纳入个人的原有认知图式中，它才会变得有意义。为了促进学生的学习，教学中应注意学生习得的知识的图式化组织。例如，王小明提出用图式理论来解释小学生句子结构学习。他认为："学习句子结构，其实质就是在头脑中形成句子结构图式，并以此来理解和生成句子。""句子图式由 4 种成分构成：①它由哪几部分（常量与变量）组成；②这几部分的组成顺序；③各部分之间的关系（变量之间的约束）；④每部分可以填充的内容（变量本身的约束）。"在此基础上，他开发了句子图式各成分的教学方法（见表 4-4）。❶

表 4-4　句子图式各成分教学

句子图式的构成	教学方法	备　注
组成部分	表格、画线	
各部分的顺序	归纳	举三反一
变量之间的约束	归纳、对照	
变量本身的约束	小结—拓展—再小结—再拓展	举一反三

研究表明，采用句子结构图式训练方法，既避免了在小学低年级出现语法术语。如主语、谓语、宾语等，又能有效培养学生的语感，教学效果十分明显。又如在阅读教学中，教师可以帮助学生建立各种文体的结构图式，一旦学生形成了某种文体的结构图式，当看到相同文体的新问题时，其阅读过程主要是自上而下的加工，不但阅读速度快，而且理解程度深。数学、自然科学和社会科学组织中的图式组织也受到研究。例如，在数学教学中，有关数量比较的知识可以按图 4-5 的方式组成概念图式。❷

研究表明，题型图式训练可以提高学生解数学应用题的能力，因为解应用题的难点是题意的理解和解题策略的选择。学生一旦将某一文字题的题意纳入其已有题型图式，该图式不仅有助于题意的深层理解，而且其中也暗含了解题策略。

在自然学科和社会学科的教学中，教师也应重视学生知识的图式化组织，如中学生学习中国历史，涉及秦、汉、唐、宋、元、明、清七个重要封建朝代更替，每个朝代交替的原因都是封建统治阶级的腐败、农民被迫起来反抗、爆发农民起义，农民起义的结果推动子朝代更替，新王朝建立初期，统治阶级向农民让步，实行一些开明政策，促进经济科学和文化发展。教师在教学中抓住两个较典型的朝代更替比较，归纳出朝代更替一般图式，该图式就能有效同化其他具体朝代更替例子。

六、运用班杜拉的生活学习理论指导教学任务分析

上述几种理论适合指导认知领域能力的教学设计。班杜拉的理论适合指导态度和行为习惯的教学设计。当分析教学涉及形成学生情感、态度或价值观时，可以根据班杜拉的社会学习理论设计学习的过程和条件。学习过程是观察榜样的行为，保持观察到的行为，生成观察中习得的行为，在新情境中重复习得的行为。学习条件是榜样示范、替代强化和亲历强化等。

---

❶ 皮连生. 教学设计（第二版）［M］. 北京：高等教育出版社，2009，141.
❷ 皮连生. 教学设计（第二版）［M］. 北京：高等教育出版社，2009，142.

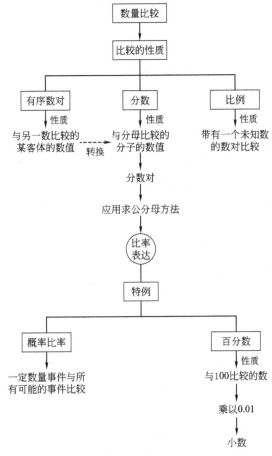

图 4-5　数量比较的概念图式

第三节　教学任务分析的课堂教学实例

一、数学教学实例的教学任务分析

实例一　小学高年级圆锥体的体积计算公式的教学❶

（一）教学目标

对给予的大小不同的圆锥体实物或图形，学生能正确计算它们的面积。

（二）学习结果类型

据加涅的学习结果分类，该目标涉及的学习类型是智慧技能中的规则学习，即习得运用 $V_{锥}＝(1/3)S_{柱}\ H_{柱}$ 公式办事的能力。

（三）学习条件

1. 必要条件（使能目标和起点能力）

使能目标：按加涅的智慧技能层次论，规则学习的必要先决条件是概念，此处是构成要学习的规则的两个概念，即"圆锥体"和"圆锥体高"。"圆锥体"是具体概念，不易下定义；圆锥体高是定义性概念，易下定义。这两个概念目前学生还没有掌握，但它是达成教学目标的先决条件。

---

❶ 皮连生. 教学设计（第 2 版）[M]. 北京：高等教育出版社，2009，143-144.

起点能力：①学生已掌握圆柱体的相关概念及其体积的计算方法；②学生会用分数乘法代替除法进行计算。

2. 支持性条件

推理策略。由于圆锥体的体积无法直接计算，必须借助已知的等底、等高的圆柱体间接推算。所以圆锥体体积的计算公式的推导必须借助推理策略，即"将要学习的新知识转化为已知的旧知识"才能得出。按加涅的理论，该策略是新的智慧技能学习的支持性条件。

必要条件和支持性条件的区分是：必要条件是构成新的学习结果中的必要成分。如"圆锥体"和"圆锥体高"这两个概念是 $V_锥 = (1/3)S_柱 H_柱$ 这个公式中的必要条件，它们是新的公式中的必要成分；而推理策略即"将新知识转化为已知的旧知识"虽然有助于新的学习，但它不是新的学习结果中的必要构成成分。这一策略在先前的学习中曾多次使用，在今后的学习中仍将反复使用。所以，认知策略对于智慧技能学习类似于化学反应中的催化剂，起催化作用，但不是必要条件。

上述分析可以整理成如图 4-6 所示形式。

图 4-6　圆锥体体积的教学任务分析

二、语文教学实例的教学任务分析

实例二　著名语文特级教师张富在教《理想的阶梯》（初中语文第四册第 12 课）这篇课文时，其教学设计完全符合任务分析思想，可以作如下分析。[❶]

（一）教学目标

重点有两条：一是用实例作论据；二是用段首排比的方式提出分论点。

这一目标可以从第三课时的练习看出。

"这节课练习说和写，重点进行论点论据训练"（挂出小黑板，逐一揭示训练内容，如表 4-5 所示。）

表 4-5　论点论据训练

理想的阶梯	中心论点 奋斗，是实现理想的阶梯	分论点一 理想的阶梯，属于勤奋的人	分论点二 理想的阶梯，属于珍惜时间的人	分论点三 理想的阶梯，属于迎难而上的人
青春的价值	要让青春为社会放光华	要实现青春的价值，就要迅速提高自身	要实现青春的价值，就要及时树立远大理想	要实现青春的价值，就要积极投身实践多奉献
第一轮	从一个故事引出中心论点	用实例作论据	用实例作论据	用实例作论据
第二轮	根据几种现象引出中心论点	用名言作论据	用名言作论据	用名言作论据
	为《自改作业好》一文拟中心论点和分论点			

《青春的价值》是先前学过的课文，放在此处与《理想的阶梯》一起进行写作训练。

（二）学习结果类型

根据加涅的智慧技能层级论，其学习结果是智慧技能的最高形式——高级规则学习。

❶ 皮连生. 教学设计（第二版）[M]. 北京：高等教育出版社，2009，145～146.

（三）学习条件

1. 必要条件（使能目标与起点能力）

使能目标：高级规则学习的前提条件是构成高级规则的简单规则已习得。简单规则是：①从一个故事或几种现象引出中心论点；②用段首排比的方式提出分论点；③用实例或名言作论据。简单规则学习的前提条件是构成规则的有关概念已习得。此处包括：论点、中心论点、分论点、论据、论证。

起点能力：从课堂教学实录中推测，学生已学过说明文，已经掌握论点、论据、论证、排比等概念。

2. 支持性条件

文章所讲的内容是学生所熟悉的；学生具有基本的阅读能力等。

上述分析可以整理成如图 4-7 所示的形式。

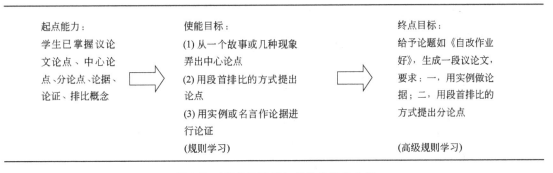

图 4-7　《理想的阶梯》的教学任务分析

三、英语教学实例的教学任务分析

实例三　教学课题："Which Book is more interesting"（初中一年级下学期）❶

（一）教学目标

内容同第三章第三节例四的教学目标。

（二）学习结果类型

目标 1：①知觉——动作（技能学习）；②既有动作技能学习也有智慧技能学习；③判断哪些字母之间失去爆破和连读是智慧技能学习；④其正确发音走动作技能学习。

目标 2：机械记忆和动作技能学习。

目标 3：智慧技能中的规则的运用。

目标 4：智慧技能，即句法、词法规则的运用。

目标 5：背诵和朗读是动作技能学习；英译汉是语法、词法规则的综合运用。

（三）学习条件

可参照语文单篇课文的学习条件分析。

起点能力：同语文单篇课文学习一样，无单一和严格的起点能力。

四、物理教学实例的教学任务分析

实例四　高中一年级物理"牛顿第二定律"的教学。❷

（一）教学目标

（1）通过对实验的归纳，建立物体的加速度与外力的关系。

---

❶ 皮连生. 教学设计（第 2 版）[M]. 北京：高等教育出版社，2009，149～150.

❷ 皮连生. 教学设计（第 2 版）[M]. 北京：高等教育出版社，2009，150～151.

（2）通过对实验的归纳，建立物体的加速度与质量的关系。

（3）叙述力的国际单位"牛顿"的定义。

（4）通过分析归纳，建立加速度、力、质量三者的关系——牛顿第二定律。

（5）会用牛顿第二定律解决简单的动力学问题。

（二）学习结果类型

智慧技能中规则的学习。

（三）学习条件

使能目标：如图 4-8 所示。

起点能力：

① 知道 a 与 F、m 均有关；

② 知道用控制变量法研究 I 与 U、R 的关系；

③ 会进行受力分析；

④ 掌握初速度为零的匀变速直线运动的位移公式；

⑤ 知道国际单位制单位中力学物理量的基本单位。

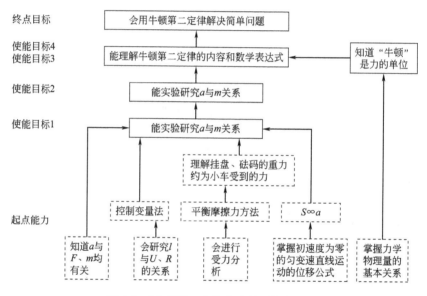

图 4-8 "牛顿第二定律"的教学任务分析

五、历史教学实例的教学任务分析

实例五 "国民党正面战场的抗战"

（一）教学目标

（1）能按事件发生的时间、起因、经过、结果组织并能陈述国民党正面战场抗战的主要历史事实。

（2）能陈述"台儿庄战役"和"南京大屠杀"这两个重大历史事件中的主要任务和事实。

（3）能举例说明国民党正面战场失败的原因。

（二）学习结果类型

按布卢姆修订的两维分类框架分析，目标（1）是事实性知识的记忆与历史事件图式的运用组织；目标（2）是事实性知识的记忆；目标（3）是战争规律性知识的理解水平。

（三）学习条件

按加涅的理论，学习的条件是：

（1）有基本言语技能，包括听和阅读能力；

（2）具有事件发生起因、经过、结果的一般背景图式的知识；

（3）认知策略，如通过看地图帮助对战争经过的记忆。

起点能力：具备了基本的言语技能，包括听和阅读能力。

研究性课题

1. 探究基于任务分析技术的中学学科教学设计。

2. 运用指导任务分析的理论对目前中学学科的教学设计加以评析。

3. 结合具体教学案例，探讨任务分析技术在教学改革中的作用。

拓展性阅读

［1］ 皮连生. 教学设计（第二版）［M］. 北京：高等教育出版社，2009.

［2］ 皮连生. 智育心理学［M］. 北京：人民教育出版社，2008.

［3］ 王小明. 教学论——心理学取向［M］. 上海：上海教育出版社，2005.

［4］ 杨心德. 教学设计中的任务分析［M］. 杭州：浙江大学出版社，2008.

［5］ R. M. 加涅等著. 王小明，庞卫国等译. 教学设计原理［M］. 上海：华东师范大学出版社，2007.

［6］ W. 迪克等著. 庞卫国译. 系统化教学设计［M］. 上海：华东师范大学出版社，2007.

［7］ 皮连生. 学与教的心理学（第五版）［M］. 上海：华东师范大学出版社，2009.

［8］ 王小明. 图式理论与句子教学［J］. 上海：华东师范大学学报（教育科学版），1999（2）.

［9］ 王小明. 句子图式训练方法的实验研究［J］. 上海：华东师范大学学报（教育科学版），2001（3）.

［10］ 盛群力，褚献华编译. 现代教学设计应用模式［M］. 杭州：浙江教育出版社，2002.

第五章　教 学 方 法

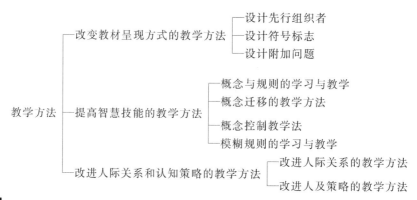

教学方法　{
改变教材呈现方式的教学方法　{
设计先行组织者
设计符号标志
设计附加问题
}

提高智慧技能的教学方法　{
概念与规则的学习与教学
概念迁移的教学方法
概念控制教学法
模糊规则的学习与教学
}

改进人际关系和认知策略的教学方法　{
改进人际关系的教学方法
改进人及策略的教学方法
}
}

【学习目标】

◉ 能够用自己的话陈述先行组织者、符号标志技术、设计附加问题技术、合作学习、脑激励法、互惠式教学、概念控制法。

◉ 能够理解并说明三种提高智慧技能方法的理论依据。

◉ 能够运用问题解决法为一段材料设计一个问题解决的方法。

◉ 能够理解精加工策略的教学方法。

教学方法观念的改变主要来自两方面的原因，其一是价值观的变化，其二是心理学的发展，特别是认知心理学的发展。在过去的几个世纪里，由于价值观的转变带来教学观的转变，最终导致了教学方法观的发展。文艺复兴运动以后，以神为本转到了以人为本，在以人为本的观念中，杜威的儿童中心论又完成了从成人为中心转到了以儿童为中心。另一方面，上个世纪的认知心理学对人的学习及知识分类所作的研究，为教学方法的改变提供了重要的依据。

在教学方法观上，教学是"传授知识经验"的观念不再是教学唯一信奉的宝典，"教学是一种引导过程"的观念开始流行并确立，教学旨在引导学生的智慧技能的发展以及学生在建构他们自己的知识结构时，教师能提供更为有效的引导。"教学"更多地被人们拆分为"学"与"教"，教师已有意识地对"教"与"学"进行了限定；随之而来在方法上强调教学中教与学的统一，强调教学中的引导特性。这样的转变，不仅仅是理论的，而且是实践的。

一个完整的教学设计，包括了教学目标，任务分析以及教学方法的选择，教学方法是根据教学目标和任务分析的结果而选定的。它旨在促进学生的学习，有效地帮助每一个学生理解、吸收以及运用新的知识和技能，使之按自己的方向得到尽可能充分的发展。

第一节　改变教材呈现方式的教学方法

一、设计先行组织者

（一）关于先行组织者方法的理论

奥苏伯尔确立了先行组织者的教学方法，根据他的解释，组织者是在呈现材料之前先呈现一个引导性材料，它为新信息提供了一个框架，与此同时它将新信息与学生已有的信息联系起来。在奥苏伯尔的一个研究中，教师要求大学生去研究一篇佛教的文章。阅读前给部分学生提供一个设计的先行组织者——佛教和基督教比较的一篇文章，而给另一部分学生提供与佛教知识无关的文章。结果表明，接受先行组织者的学生记住了更多的内容。研究者认为，产生这种结果的原因是：先行组织者激活了学生有关基督教的知识，使他们能够应用激活的知识去整合不太熟悉的宗教方面的信息。

梅耶改进了奥苏伯尔的思想，他为材料设计了具体形象化的模型作为先行组织者，他的研究表明了各种类型的先行组织者，都是从外部影响学生的认知结构，使之易于同化新材料。依据组织者制作技术，为一篇小学五年级教材制作了一个先行组织者，这个先行组织者验证了梅耶的设想。

［例］课文：鲸

不少人看过象，都说象是很大的动物。其实还有比象大得多的动物，那就是鲸。最大的鲸有 16 万公斤，最小的也有 2000 公斤。我国捕获过 4 万公斤的鲸，有 17 米长，一条舌头就有十几头大肥猪那么重。它要是张开嘴，人站在它嘴里，举起手来还摸不到它得上颚；四个人围着桌子坐在它的嘴里看书，还显得很宽敞。

鲸生活在海洋里，因为体型像鱼，许多人管它叫鲸鱼。其实它不属于鱼类，是哺乳动物。在很远的古代，鲸的祖先跟牛羊的祖先一样，生活在陆地上。后来环境发生了变化，鲸的祖先生活在靠近陆地的浅海里；又经过很长很长的时间，它们的前肢和尾巴渐渐变成了鳍，后肢完全退化了，整个身子成了鱼的样子，适应了海洋的生活。

鲸的种类很多，总的来说可以分为两大类：一类是须鲸，没有牙齿；一类是齿鲸，有锋利的牙齿。

鲸的身子这么大，它们吃什么呢？须鲸主要吃虾和小鱼。它们在海洋里游的时候，张着大嘴，把许多小鱼小虾连同海水一起吸进嘴里，然后闭上嘴，把海水从须板中间滤出来，把小鱼小虾吞进肚子里，一顿可以吃 2000 多公斤。齿鲸主要吃大鱼和海兽。它们遇到大鱼和海兽，就凶猛地扑上去，用锋利的牙齿咬住，很快就吃掉。有一种号称"海中之虎"的虎鲸，常常好几十头结成一群，围住了一头 30 多吨重的长须鲸，几个小时就把它吃光了。

鲸跟牛羊一样用肺呼吸，也说明它不属于鱼类。鲸的鼻孔长在脑袋顶上，呼气的时候浮到海面，从鼻孔喷出来的气形成一股水柱，就像花园里的喷泉一样；等肺里吸足了气，再潜入水中。鲸隔一定的时间必须呼吸一次。不同种类的鲸，喷出的气形成的水柱也不一样：须鲸的水柱是垂直的，又细又高；齿鲸的水柱是倾斜的，又粗又矮。有经验的渔民根据水柱的形状，就可以判断鲸的种类和大小。

鲸每天都要睡觉。睡觉的时候，总是几头聚在一起，找一个比较安全的地方，头朝里，尾巴朝外，围成一圈，静静地浮在海面上。如果听到什么声响，它们立即四散游开。

鲸是胎生的，幼鲸靠吃母鲸的奶长大。这些特征也说明鲸是哺乳动物。长须鲸刚生下来就有十多米长，7000 公斤重，一天能长 30 公斤到 50 公斤，两三年就可以长成大鲸。鲸的寿命很长，一般可以活几十年到一百年。

（课文资料来自新人教版小学语文五年级上册）

教师为这段教材设计的组织者如下：

《鲸》

1. 生活在水里的一种大动物

2. 有两类：有牙齿、没牙齿

3. 吃饭-大口吞食

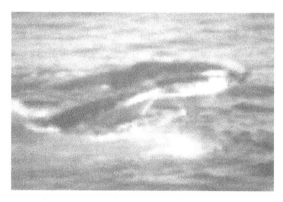

4. 吸气-冒出水面

5. 睡觉-浮在水面

6. 生宝宝-在水里，鱼宝宝吃奶

（二）先行组织者的设计策略

（1）在新材料学习前，向学生呈现一个由教师制作的引导性材料。这个引导性材料应于学习者认知结构中已有的观念具有比较广泛的联系，是两者整合的简要说明。就《鲸》课文的这个组织者而言，他所涉及的知识学生是拥有的，教师只是将学生的知识进行提取和整合，再组织者化。

（2）概括与包容水平高于要学习的新材料。引导性材料应包含着新的学习材料的重要组成部分，它以简明、通俗和高度概括且具有逻辑的语言表达所要学习的材料的主要内容。《鲸》的组织者是课文的提要，教师对提要进行逻辑处理，使它呈现较高的组织性。

（3）语言陈述通俗易懂，用简单的陈述句或疑问句或提问句式。

（三）先行组织者的类别

1. 陈述性组织者

学生原认知结构中如果缺乏适当的上位概念同化新知识，教师就要分析学生的知识结构，寻找相应的概念或命题，设计一个包容水平，概括水平较高的组织者，利用这个组织者的桥梁作用，使学生理解新材料。这个上位概念可以是学科学习中以前的相关知识，也可以是儿童日常生活中的某个概念或命题。

例：小学数学四年级简易方程的教学

方程这个概念是表示两个数学式（如两个数、函数、量、运算）之间相等关系的一种等式，通常在两者之间有等号"="。等于"="这个概念对于一个小学生来说只是一个计算和结果之间的区分符号，而"="这个符号在方程里具有两侧相等或平衡的意思，在以前学习过的数学中"="均不含有两侧相等的意思，但儿童对于两边一样而平衡是理解的，他们的生活中具有这样的经验，它似乎具有上位包摄的功能。"平衡"这个概念具有上位观念特征，做一个平衡实验，并引入"等于"，将两个观念合在一起，制作一个组织者。

第一，一个平衡器、20颗糖、10个小盒子，每个盒子里放2颗糖。

第二，两端同时进行加减乘除四则运算，每一次计算都显示两侧平衡，并由加法引出乘法，乘法引出除法。

第三，引入未知数。

（实验的演示是在平衡器的两端放盒子，盒子是一种集合的形象表征；盒子的作用是演示到后面可以盖起来变成未知数）

两端平衡	$2=2$	平衡
两端同时四则运算	$2+2+2+2+2=2+2+2+2+2$	平衡
两端同减一个数	$2+2+2+2+2-2=2+2+2+2+2-2$	平衡
	$2+2+2+2=2+2+2+2$	平衡
用乘法取代加法	$4\times2=4\times2$	平衡
两端同除4	$2=2$	平衡
引入未知数	$4\times X=4\times2=8$	平衡
两端同除4	$X=2$	平衡

在这个实验中，平衡是一个上位观念，平衡器是该上位概念的一个具体形象化先行组织者。平衡器两端进行的加减运算，有助于使学生理解方程中关于移项的实质；乘除运算有助于使学生理解系数的实质，盒子是演化成未知数的一个重要道具。

2. 比较性组织者

认知结构中原同化点不清晰，不稳定。设计一个修补性的组织者以恢复清晰度并提高同化点的活动水平。以下是为《鲸》课文设计的比较性组织者——《猫》。

《猫》	《鲸》
1　你在哪里看见猫的	
2　猫有几种（分类）：家猫、野猫	
3　猫是怎样生活的呢？	
猫吃什么？	
猫是怎样睡觉的？	
猫是怎样吸气的？	
老猫会给小猫喂奶么？	
猫是一种哺乳动物么？	

猫是儿童熟悉的一种动物，将猫这个具体概念作为一个比较性组织者，儿童易于从自己的原认知结构中提取与猫相关的概念，进而激活猫以及与猫相关的命题。教师以较强的逻辑梳理并整合学生原有的知识，使之组织化，该组织化的线索应该和即将教学的知识具有一致性。这个组织者在授课时可以先呈现给学生，并以提问的形式展开，当学生阅读完课文以后，可以让学生自己去推导《鲸》的课文结构。

比较性组织者通常是一种解释性类比，它可以激活学生原有的知识，并通过该组织者使学生原有的知识获得有意义的结构。如：介绍人类抵抗疾病的机制，可以让学生想象一场战争，用战争这个组织者去恢复"抵抗疾病的机制"这个概念的清晰度。同样，教师讲授狼的社会时，可以让学生想象君主制集权王国的民众等级的划分，并将狼的社会和人类集权王国社会作一个类比。这样的类比可以将新信息与学生已知的知识经验联系起来，提高了"狼的社会"这个概念的清晰度。

一项有趣的研究表明，比较性组织者与被解释的事物反差比较大时，比较的效果最好。例如，范蠡偕西施泛舟的石湖边上有一个苏州名胜上方山，数百年来上方山盛行烧香借阴债的民间传说，据说到上方山烧香是向冥界借阴债，然后在阳界就可以兑现借的阴债，从而在阳间就发财了。你可以让学生想象银行的贷款部，上方山那里可能是所谓的冥界银行贷款部，将一种传说和现实并提，这样的类比其效果可能比直接解释借阴债的传说要好，因为这两件事有一个共同的抽象意义。可见用学习者完全熟悉的事物做比较，其效果要好于用有直接联系的事物做比较。

（四）先行组织者的教学含义

许多研究表明，先行组织者提高了学生对某类材料的理解。当教授那些结构良好的内容，但这一内容又一时不太容易被学生把握时，先行组织者的作用似乎更明显。但是，当要学习的内容涉及大量的分散主题，且无法形成一个清晰的组织结构时，先行组织者的作用并不明显。此外，如果先前的知识记忆的不牢固或者缺乏相关的知识，则先行组织者不紧无法发挥作用，甚至会起相反的作用。

梅耶的研究表明运用具体模型作为先行组织者更有助于学习，他为一段科技材料设计了一个组织者，他的组织者是从材料中提取相关的结构内容，学生阅读了这个结构材料，再去阅读原来的科技材料，就比较容易理解。研究表明具体模型不仅激活了学生原有的相关知识，而且还激活了学生原有的结构性知识。

许多研究表明先行组织者有助于促进学习的迁移，就奥苏伯尔有意义学习理论而言，组织者技术促进了学生对文本的理解，但组织者本身有着明显的结构，在教师讲解组织者时，也可能有一种明显的建构过程，建构过程中所显示的建构技术及明显的逻辑程序，对学生解决其他问题产生了迁移性的帮助；这可以用维果茨基的支架观点来解释，他认为，在课程的开始阶段教师要给学生演示一些结构框架，然后逐渐将责任转移给学生，学生可以自己模仿着做，这个演示就是教师给学生的支架；学生自己做的依据是见过教师的结构演示，学生可能获得了建构的技术，迁移也就应运而生。

二、设计符号标志

（一）关于符号标志技术

符号标志的应用形式很多，如列出小标题，使用不同字体，突出关键词语，借用其他符号系统标定内容的要点。该技术只是在学习材料中加入标志或词语，但并未增加实际内容，旨在强调材料的概念结构和组织。这一方法有效地改变了学习材料的呈现方式，使原材料的结构更加清晰，一目了然。下面是用符号标志技术呈现的《鲸》的课文。

《鲸》

（1）一种大动物。

（2）生活在水里。

（3）分成两类。

（4）它在水里的生活：

① 怎么吃；

② 怎么呼吸；

③ 怎么睡觉；

④ 怎么繁殖。

将课文分成四段，用数字符号标志；第四段的内容也用数字符号标志，这可以让学生对课文的内容一目了然。

（二）符号标志技术的设计策略

（1）分析材料内容，提取材料的结构纲领要点，要点应具有意义上的前后联系。

（2）假借其他序列符号体系的符号，标定在要点前面。

（三）符号标志技术的教学含义

研究表明，符号标志技术对不熟练的学习者更为有效，因为它加强了教材的概念结构和组织。不熟练的学习者往往在把握材料的意义联系、逻辑性方面存在缺陷，该技术弥补和帮助了这样的学生。

同先行组织者技术相似，符号标志技术对机械记忆没有帮助，但它能促进概念性材料的保持，就该技术假借的符号而言，符号本身的逻辑顺序，昭示了文本的顺序，这不仅强化了学生的选择性保持，而且也引导学生对材料的内在结构融会贯通。

符号标志技术最典型的特征就是假借其他有意义的符号体系，这种符号体系有着明显的外在逻辑性，被标志的材料即使没有意义联系也不会影响符号体系的逻辑性，而符号体系的逻辑性既可以应征一个有意义的材料也可以用于覆盖一个杂乱无章的材料，糟糕的是它给人的视觉还是有意义的、有逻辑的。所以，该技术的不当使用是被标定的材料内容本身既没有逻辑也没有意义上的联系。在现行的大中小学校课堂教学中，符号标志技术是被广泛运用的教学手段，许多教师在板书中使用大量的符号标志，但被标定的内容可能并没有意义上的联系和逻辑上的关联。这在我国的许多学校教科书里也有着相似的现象。

三、设计附加问题

(一) 关于附加问题

设计附加问题，意义在于从外部去控制学习者的注意。如果问题在阅读前提出，它们就影响学生的选择性注意，学生带着问题去阅读，从阅读材料中搜索需要注意的问题信息，对材料中的其他信息学生则可能采用衰减的策略，这是对知觉的顺向影响。问题在阅读后提出，使学生发生对问题信息的回忆并使学生对回忆的问题信息再重新加工，也可以回到材料重新阅读相关信息，这是一种逆向影响。如果问题涉及材料的结构，学生则回到材料去重新注意材料的内在结构；问题涉及材料的某些概念或是某些概念的关系，学生也将重新注意并加工相关的信息。

《鲸》课文的附加问题的设计

问题前置：请阅读下列问题，并在你阅读《鲸》课文以后回答。

(1) 鲸鱼是一种什么动物？

(2) 有几种鲸鱼？

(3) 鲸鱼吃什么的？

(4) 鲸鱼为什么要喷水柱？

(5) 鲸鱼在海里是如何睡觉的？

(6) 鲸鱼是生蛋的吗？

如果学生在阅读前先读这些问题，那么学生就会在阅读时高度注意与问题信息相关的内容在材料中的出现，并可能会努力在材料中搜捕问题信息，寻找答案。

问题后置：在阅读课文《鲸》以后，请学生回答下列问题。

(1) 鲸鱼的鳍是从哪里来的？　　　　　　　　　　（用"退化"的概念解决该问题）

(2) 鲸鱼都有牙齿么？　　　　　　　　　　　　（辨别不同类的鲸鱼牙齿的作用）

(3) 鲸鱼脑袋上有个洞洞，如果把它堵起来，鲸鱼会怎么样？　（该问题涉及认知策略）

(4) 一条鲸鱼睡觉时，就在海底找个石洞，可以么？　　　　　（运用换气的知识）

(5) 一群鲸鱼睡觉时，有时它们排成一列队，有时横着排成一列，这样可以及时发现敌人的进攻，你说可能么？　　　　（该问题涉及认知策略，促使学生探究圆形阵列的特征）

(6) 鲸鱼是从蛋里孵出来的么？　　　　　　　　　　　　　　（辨别胎生和卵生）

如果学生在阅读后读这些问题，那么学生就不是简单地回到课文去搜寻现成答案，而是需要学生分析与问题有关的信息，推敲、搜捕问题信息，运算出答案。

(二) 附加问题设计的策略

阅读前教师所提的问题，应尽量简单，问题所涉及的知识尽可能是陈述性知识，即回答是什么的问题。在学生尚未阅读之前，学生可能对材料还不是很熟悉，在一个陌生的材料里获取"是什么"的知识可能是比较容易的。

阅读后教师所提的问题，是建立在学生已经阅读的基础之上，学生已经对材料有了理解，所涉及的问题可以是程序性知识，即回答"怎么办"的问题。在学生尚未阅读之前，学生可能对材料不是很熟悉，但学生一旦阅读，即对材料的相关内容及意义有所了解，在了解意义的基础之上，可以要求学生运用刚获得的知识进行智慧操作从而解决问题。阅读以后提出的问题，它可以促进学生的批判性思维、问题解决和智慧技能的发展。所以教师在设计问题时，应该设计成"怎么办"一类的问题。

(三) 设计附加问题的教学含义

问题在前提出，将影响学生的选择性知觉，这种顺向影响使学生加大了对相关信息的注意量。有研究表明，问题在前提出，使学生的注意局限在与问题有关的内容，而忽略了材料中其他的信息。如测试未提问过的问题，学生回答的成绩不好。这一研究表明，教师运用该项技术时，要知道你的目的，因为可能会影响其他信息的获取。当教学目标是多重目标组合时，应谨慎使用该技术。在语文教学中，教学目标经常是多重目标，既有语文知识教学的智慧技能目标，也有情境体验的情感目标，如果是这类课文的教学，问题前置，可能将导致学生注意语文知识的信息，而忽略情境的体验，美学韵味的欣赏。相对于科学材料的学习，问题前置可能导致学生更加注意教师要求的信息，从而更好地解决问题，达成教学目标。

问题在后提出，将影响学生对已阅读过的材料的注意量，更多地重复阅读以捕捉相关信息，是一种逆向影响。如果后置问题的设问属于"是什么"的问题，那么学生只是回到课文材料，寻找答案，这将有助于材料内容的记忆；因此后置问题的设问，可更多考虑促进学生的智慧技能的发展。这将使学生不再是简单地回到课文材料，而是必须利用课文的相关信息进行有效的加工，从而促进知识的同化，改变学生的知识结构。

第二节　提高智慧技能的教学方法

陈述性知识和程序性知识的基本构成是概念和规则，学生能够陈述或指出相关概念和规则之间的联系和区别那么他掌握的概念和规则属于陈述性知识，如果能利用概念和规则对事物分类，利用规则解决问题，表明概念和规则已转化为程序性知识。所以两类知识都涉及概念和规则的教学，以下介绍三种概念和规则的教学方法并提供相应的理论依据。

一、概念与规则的学习和教学

有些概念是学习者在与环境的相互作用中习得的，称为具体性概念；而有些概念必须通过语言学习才能获得，它是一种对客体和事件分类的规则，称为定义性概念。大部分具体性概念是学生在校外通过观察获得的。例如，一个孩子通过别人指称餐桌上的用具为"碗"，进而获得碗的概念，有趣的是，儿童可能把餐桌上的碟子也包含在碗的概念里；随着时间的推移，直到儿童能分清"碗"和"碟"，概念才得以精确化。一些较为复杂的概念，如"好玩""生气""发呆"，儿童将通过观察和体验获得。另外一些概念则是通过下定义的方式而获得的，例如，只是通过观察来学习"姑姑"和"叔叔"是非常困难的。一个儿童观察数百个"姑姑""叔叔"也未必能形成一个清晰的"姑姑"概念。这个概念最好的方法是通过下定义的方式："姑姑"必须是女性，她是父亲的姐姐或妹妹。有了这个定义儿童就很容易将姑姑和其他女性区分开来。

（一）教学案例

概念和规则的教学犹如它的获得，也可以通过两种方法来获得，一种是教师给学生某一个概念的正例和反例，然后让学生推导出定义来。这一方法被称为例子-定义法。另一种是教师给学生一个定义，然后让学生识别概念的正例和反例，称为定义-例子法。

1. 例子-定义法（小学三年级数学正方形教学）

对于一个三年级学生而言，正方形是一个他知道的概念，但他知道的是具体概念，因此要通过正例和反例来进行教学；这个案例是先进行反例教学，从反例推导出定义，每一个反例都印证正例概念的一个属性，然后再进行正例教学，以证实正方形的几何特性。

老师：正方形有几条边？

学生：四条边。

老师：出示一个不规则四边形——问：这是正方形么？

学生：不是的，四条边要一样长的。

（此时四边形的一个特征，四边相等出现了，而且是学生推导出来的）

老师：你们说要四边一样长，老师拿一个四边一样长的，出示一个菱形。

学生：不是的，那是菱形，正方形要四个角是方的。

（此时出现正方形的第二个几何特征即四角相等即四个直角，此特征也是学生推导的）

老师：给每个学生发一张长方形的纸，要求学生用折纸的方法折出一个正方形；一组同学从右向左折，另一组同学从左向右折，比一比对角线是否一样？

学生：折纸的对角线是一样的。

（此时正方形的第三个几何特征出现了）

老师：请同学们举几个正方形的例子或者拿几个正方形的东西出来。

学生：方巾、方盒子。

老师：请同学观察正方形的三个几何特征。

在这个教案中，关于正方形以及正方形的几何特征，学生原认知结构中都是具有的，只是没有形成相关的意义联系。教师从反例入手，让学生自己说出特征，教师进一步用正例验证三个几何特征。从而通过这个案例促进学生的智慧技能——辨别的发展。与此同时学生的认知结构将获得重组。

2. 定义-例子法（"学习"概念的教学）

"学习"可被定义为"由经验引起的个体的变化"。在这个定义陈述里，包含三个重要的子概念"经验""引起""变化"，"经验"就是人与环境交互作用时获得的应付环境的知识与能力的集合，这个知识和能力的集合，在人与环境交互作用的过程中将不断获得改。教师解释的正例可能包括技能的学习、知识的学习、行为的学习和情绪的学习等。反例可能包括自然成熟而导致的变化，青春期发育引发的行为和情绪的变化。然后通过正例和反例来讨论阐述定义。

（二）运用策略

例子-定义法比较适合学生已有了具体概念，将具体概念演变成科学定义的教学。这一方法的教学要求教师对概念的属性非常熟悉，正例往往包含该概念的所有属性，反例则往往是该概念某一属性，利用反例去凸显正例的某一属性，这就是例子-定义教学方法的核心技术。在以上"四边形"教学案例中清晰地表明了这一点。

定义-例子法比较适合复杂的概念教学。复杂的概念一般包括若干子概念，教师要能够解读这些子概念，将子概念的意义进行整合、组织就是新概念的意义。了解学生是否真正理解概念，那就必须测试学生能否用自己的话复述这个概念，或者要求学生演示这个概念。该方法的核心是教师是否能够用自己的话语，从不同的角度，用不同的句式表征该概念；另一方面，教学以后学生是否能够用自己的话复述或自己演示概念。

（三）注意要点

1. 提示提示学生回忆原有知识——概念的例子

不管是作为知识还是作为技能，概念教学首先要解决的是让学生理解概念的关键特征，而理解又总是利用头脑中的原有知识来理解的，那么，具体概念学习时学生要具备的相关原有知识是什么呢？这里的原有知识主要就是学生所接触过的该概念的例子。这些例子和所要学习的概念的关键特征相比，是比较具体的，而关键特征则比较概括，涵盖范围比较广，用奥苏伯尔的话讲，这些例子是相对于关键特征的下位例子。在教学时，教师首先要激活学生头脑中贮存的这些例子。在案例中，所教的具体概念是正方形。学生在日常生活中接触过许多正方形的具体概念的例子。为此，上课之初，教师就把学生常见的方盒子呈现给学生，激活学生对这些例子的回忆。提示学生回忆概念的例子，可以通过提问的方式进行，也可以直接把学生熟悉的例子呈现出来，这种方法当然是在提问效果不佳的情况下才使用的。

2. 同时呈现概念的正例与反例

定义性概念属性特征的获得，通常要通过概念正反例证的同时比较与对照。为此，要让学生能同时意识或接触到概念的正例与反例。如果正反例证呈现的时间间隔过长，呈现了反例就忘了正例，这就不利于正反例证的对照。因此，这一步需要教师同时将正反例证呈现出来。如果正反例证之间存在顺序关系，不能同时呈现，则要尽量减少二者呈现的时间间隔。需要指出，这里的正例与反例不能理解成一个正例和一个反例。可能的情况是正例作为一个标杆，通过反例凸显正例中的属性。

3. 引导学生观察比较，发现正例的共同本质特征

在呈现正反例证后，要及时引导学生对正例进行概括。教师可以提问学生"这些例子（指正例）都有什么共同地方"，以便让学生把握具体概念的关键特征。这里的概括是学生在用多种感觉器官去接触和感知概念属性基础上进行的。

4. 为概念的练习提供情境和反馈

概念的教学完成了前边几步，只表明学生以知识的形式习得了概念，要想使得概念的学习进入到技能层次，就必须让学生在多种情境中练习用概念的关键特征对概念的正反例证进行辨别，并从教师那里获得判断是否正确的反馈。教师在这一步需要做的，一是为学生提供练习的情境，二是为学生的练习提供反馈。在提供练习时，教师还要注意，练习所用的例子尽量不要与概念习得时用的例子重复，以防止学生凭记忆而不是根据概念的关键特征进行判断。

（四）教学含义

概念与规则教学包括广泛而熟练地运用例子。坦尼森和帕克指出，教师在呈现概念的例子时应遵循三个原则：①由易到难顺序呈现例子；②选择彼此各不相同的例子；③比较正例和反例。

例　哺乳动物，简单的正例是狗、猫和老虎、狮子，反例是昆虫、鱼类和爬行动物。海豚、袋鼠和蝙蝠则是较难判断的，因为它含有其他动物的典型特征。并且它与人的经验相矛盾，人们通常认为，能生育的陆地动物是哺乳动物，这也就是说人们的日常经验概念包含了错误的概念要素。只有比较复杂的事例即包含了其他事例典型特征的那样的事例才是检验概念是否真正形成的标尺。学生在处理这些特殊例子之前，应对概念的定义有清晰的理解。

大部分教师习惯于定义—例子的教学，通常情况下，教师只是将概念解释一遍，然后找一些正例应征，并要求学生诵读概念，课后要求学生背诵或默写这个概念。如果教师并不要求学生复述或演示，那么就无法验证学生学的结果。这个方法也就是一般的讲解法教学，是一种最流行的教学方法，目前尚未有一种方法可以取而代之，毕竟是一种比较经济的教学方法，一个老师可以教许多学生。该方法目前的主要问题是改善它的有效性，即提高教师讲解概念的水平和能力；提高它的教学效果，即教师应关注学生的复述和演示。

二、概念迁移的教学方法

学校教育的根本目的是：教给学生一些长大成人后所必须具备的有效的技能和知识。假如一个学生能在语文测试中正确地填空，但不能给家人和朋友写一封语句通顺的信；一个学生在数学测试中成绩很好，但不会计算店家找给他的零钱，那么对学生的教育就是南辕北辙、本末倒置了。然而司空见惯的是他们不能将他们的知识或技能迁移到生活中去。

从一个情境到另一个情境的学习迁移依赖于在最初学习的情境中知识或技能学习的程

度。不能想当然地认为，学生能够将他们在学校中习得的内容迁移到情境相似的情境中，迁移的发生必须接受具体的指导，在各种问题情境中学习问题的解决。

（一）早期的学习与理解

影响所学的技能或概念从一个情境迁移到另一个情境的最重要的因素之一就是：在最初的学习中，技能或概念的学习程度。然而，最为重要的是学生对材料的理解程度，以及教学方式的有意义程度。简言之，死记硬背的知识是不可能发生迁移的，不管记得有多清楚。

（二）在情境中学习

假如学习的迁移在很大程度上依赖于最初的学习情境和后来运用情境之间的相似程度，那么在学校情境中，应尽可能地提供各种情境中的事例，尼尤奇的实验阐明了这个原则。给学生呈现词的定义，然后再用例子来阐明概念。给予某些同学同一情境中的例子，而给予另一些同学不同情境中的例子。那些只接受相同情境中例子的学生能识别出该情境中其他例子，但很难将概念运用到新的情境中。相反，那些学习不同情境中的事例的学生，在开始学习概念时有一些困难，可是一旦掌握了概念，他们就能将概念运用到新情境中。最好的方法是综合运用这两种方法，即开始时给予学生相同情境的例子，然后给予不同情境的例子。

教师能运用许多其他方法来提高在一种情境中学习的知识或技能迁移到其他情境中的可能性，尤其是迁移到真实生活中。例如，应用模拟的方法。让学生扮演应聘者，去和扮演招聘者的教师模拟交谈，从而为以后的求职面试做准备。

（三）迁移与最初的学习

一些提高迁移最为有效的方法往往与最初学习有效的方法相对立。尼尤奇的研究发现，最初就利用各种不同情境来教授某一概念，这很容易让学生产生困惑。但是，假如学生在一种情境中理解了有关概念，再利用各种不同情境的事例则可以促进概念的迁移。对教学而言，新概念的教学应先运用相似的例子，待学生理解之后，再运用各种不同的事例，阐明概念的本质特征。

为迁移而教时，不仅要提供许多例子，而且要指出每个例子对概念凸现的贡献，它是如何体现概念的本质特征的。

三、概念控制教学法

概念控制掌握教学法源于前苏联心理学家加里培林的智力动作按阶段形成的理论。他认为智力的形成过程是一个从外部的操作动作逐渐向内部的智力动作内化的过程。他的观点大致可以分为四个阶段，见表5-1。

表5-1　概念控制教学法的四个阶段

活动的定向阶段	即知道教师对活动过程于结果的要求
物质化活动阶段	即利用实物或可操作的模型等进行认知活动的阶段
有声言语阶段	即用出声的言语陈述自己的认知活动的阶段
无声的内部言语阶段	智力动作或技能已经形成

例　三角形的高的教学。

（1）跟老师大声念三角形高的定义，并用手在三角形的图案上作相应的手势动作。

（2）大声念三角形高的定义。

（3）然后默念。

1. 教学策略

（1）大声言语动作练习；

（2）出声言语练习；

（3）不出声的练习。

2. 教学含义

该研究的资料仍很缺乏，但我国的一些中小学教师在教学实践中仍采用类似的方法，比如两个学习速度不相等的同学坐在一起，成绩好的同学做题目时，让他大声说出来，另外的同学也就听着，从中获得有关的学习策略，并可能影响他的解题策略与方法。另外，在一些观察研究中发现，儿童独自游戏时，常常会自言自语，自言自语发达的儿童往往是智力发展比较好的。在游戏时，儿童一边自言自语，一边指手画脚，所思与所做似乎是另外一个人。当他们进行这种转换时，可能思维就不再局限于具体的物体上面，而向抽象思维迈进了一步。

四、模糊规则的学习与教学

（一）模糊规则的性质：图式及其习得规律

在中小学各门学科中，都有一些概念和规则与众不同。有些规则看似非常明了，但要用语言来对其描述则很困难，即心里清楚但嘴上说不清楚。如"游戏"和"体育运动"两个概念就难以说清。同一项活动，如踢毽子，若是儿童在家作为娱乐活动，便是游戏，若是在学校体育课上踢，则可视为体育运动。又如语文中的许多句法规则，虽都能用汉语正确地交流，但对于正确规范的句子该怎样描述，往往说不上来。这类规则也是学生能力的组成部分，也要学生习得。但由于这种规则或者难以言表，或者很难用一两句话简洁明确地陈述出来，因而其习得的规律还需要进一步研究。

现代心理学主张用图式来解释此类概念与规则的性质。在心理学中，图式是用来描述许多知识的组织状况的，为了解图式，先用表格作类比，见表5-2。

表5-2　××小学教师情况表

姓名		性别		民族		出生年月	
任教科目		学历		职称		政治面貌	
个人简历							

对于表5-2，要有如下认识。

（1）表中需填写的九方面情况，适合该小学全体教师，换言之，是该校教师都具有的几方面特征，这就是说，这一表格可以描述该校全体教师的情况，因而它也就具有一定程度的概括性。

（2）这一表格有九个空格需要填写，每个教师都要填，但各人填的内容不一样。

（3）表格中的九个空格是按固定顺序编排起来的，先姓名、性别，再民族、出生年月……最后是个人简历。

（4）各个空格所填内容之间要前后一致。如果"姓名"栏内填"文娟"，则以后的出生年月、个人简历必须是"文娟"的，不能填成"张强"的。这就是说，其中一栏所填内容会对其他栏内所填的内容产生一定的限制。

（5）每个空格内所填内容可以在一定范围内变化。如"民族"一栏可以在我国56个民族中选择，"性别"可以在"男女"之间选择。

总之，这种表格描述了一类人（某小学教师）的共同特征。在结构上它由一些空格组成，这些空格又是按一定顺序组织起来的，每个空格内所填的内容可在一定范围内变化，而且所填内容之间存在相互制约的关系。

与表格类似，图式也是用来描述一类人、一类客体乃至一类事件的共同特征的。不同的地方在于，表格是存在于头脑之外的，而图式则是头脑内部的表示共同特征的一种"表格"。

在对某一类别的成员进行描述时，图式也是通过按一定方式组织起来的"空格"来进行的。不过这里的"空格"在图式理论中叫做图式的槽，槽又分两类：一类槽在许多情况下其中所填的内容不变，那么这类槽叫做常量；另一类槽在许多情况下其中所填的内容可以不断变化，这类槽叫做变量。在许多情况下，图式的槽是按一定顺序相互联系起来的，而且，每个变量中可以填充什么内容是有一定限制的，这种限制来自两方面：一方面是变量本身对所填内容的限制，这类似于表格中"性别"一栏所填内容只能限制在"男女"两项，而不能填"汉族"、"大学"等内容。这种限制称之为变量本身的约束。另一方面是其他变量所填的内容对该变量所填内容的限制，类似于表格中各栏所填内容要一致，这类限制称之为变量之间的约束。对表格与图式的关系，列表对照如表 5-3 所示。

表 5-3　表格与图式的关系

表　格	图　式
空格	槽（常量、变量）
空格的排列顺序	槽的排列顺序
每格所填内容的变化	变量本身的约束
空格之间在所填内容上的相互限制	变量之间的约束

总之，可以区分出图式有四种构成成分：①图式由许多槽（包括常量和变量）构成，这是图式的组成部分。②这些槽是按一定顺序连接起来的，这是各部分的组成顺序。③变量本身对填入其中的内容有一定限制，这是变量本身的约束。④其他变量对某一变量中所填内容也有一定的限制，这是变量之间的约束。

现代心理学认为，图式是在不断接触图式例子基础上形成的，图式的例子要求至少两个，这样才有可能抽取出共同的特性。而且，图式的例子要经过精心选择或设计，以免形成不正确的概括。仅仅呈现两个以上精心设计的图式例子，只是图式形成的外因，其内因则是学习者要主动地对图式例子进行分析、比较、对照，形成一定的概括。只有内因与外因相结合，才能保证图式的习得。

例如，要习得建筑工人的图式，就需要至少两个以上建筑工人的例子：老年的男性建筑工人和年轻的女性的建筑工人。这两个例子也是经过精心选择的。年龄、性别是建筑工人的非本质特征，要将其作为变量对待，故而变量中所填的内容要体现出变化来。在此基础上，学生通过分析、比较，最后归纳出建筑工人图式的常量（从事建筑工作）及变量（年龄、性别）等方面而形成图式。

（二）模糊规则教学的案例分析

1. 运用图式理论训练小学生掌握句法规则

从图式的角度看，某一种句型所涉及的句法规则由如下几部分组成：①它由哪几部分（常量与变量）组成；②这几部分的组成顺序；③各部分之间的关系（变量之间的约束）；④每一部分可以填充的内容（变量本身的约束）。

例如，"谁在什么地方干什么"这样一个单句结构，就是一单句图式，如下所示。

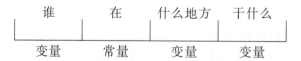

其中"谁、什么地方、干什么"是该句子图式的变量，"在"是常量，其组成顺序是谁-在-什么地方-干什么。"谁"这个变量对于填充其中的内容有一定限制（变量本身的约束），即是能动的人或动物或客体。"什么地方"这个变量中填入"草地上"时，会对后一变量"干什么"的填充内容施加限制（变量之间的约束），即可以填"跑步、打球"等，不能填"划船、游泳"等内容。这里，变量之间的约束，主要是一种逻辑与事理上的要求。

2. 找出原文中能正确体现该词作用的语境作例子

如用"至于"造句，学生往往会造出这样一些句子："下雪了，至于孩子们可还在堆雪人、打雪仗，根本不怕冷。""至于山水都美的地方要数桂林。"有经验的教师在教学时是按如下步骤进行的。

看课文第四节，提问学生，"至于"之前与之后作者谈的是什么，是不是同一件事？在这中间，"至于"表示什么意思，起什么作用？（"至于"前鲁迅谈的是自己在屋前的四尺见方的泥地上看到了桃花，"至于"后，讲的是看桃花的名所是龙华，但作者由于有几个青年朋友死在那里，所以是不去的。"至于"在这里就表示话题由谈屋前看桃花转到谈看桃花的名所。）而后再揭示"至于"一词的抽象意义："至于"表示话题的转换，由一件事或一种情况说到另一件事或另一种情况。

3. 教师举例，巩固学生对该词作用的理解，同时扩展学生造句思路

（1）文章要写得通顺，使人一看就懂，至于生动感人，那是进一步的要求。（由一般情况转到特殊情况）

（2）这个小组一年来发明了不少新工具，至于零星的小革新，那就更多了。（由主要方面说到次要方面）

（3）去年他们村新盖楼房有九十户，至于全乡，数量就可观了。（由局部情况转到整体情况）

4. 修改与再造

在上述讲解基础上，让学生修改病句："下雪了，（大人们围着火炉取暖，）至于孩子们可还在堆雪人、打雪仗，根本不怕冷。""（我国有许多名山名水，）至于山水都美的地方要数桂林了。"

在上述补救教学中，第一步是让学生习得"至于"句子图式的组成部分、各部分间的关系。第二步则是让学生习得变量本身的约束，开拓造句的思路。第三步则相当于补救教学后对学生的检测。结果表明，经过补救性教学，学生正确习得了"至于"的句子图式，能造出正确的句子来。

第三节　改进人际关系和认知策略的教学方法

一、改进人际关系的教学方法

教师的教与学生的学是在师生之间的沟通中进行的，良好的师生关系是教学产生效能的关键。如果师生之间建立相互信任、尊重、彼此接纳、融洽的关系，那么任何教学活动都可以使学生产生兴趣和接受性。反之，在师生关系方面，如果学生觉得自己不被信任、不被理解，无论他平时多么喜欢的课程，他也可能不会产生学习的热情。最具代表性的改进人际关系的教学方法是由人本主义心理学家罗杰斯所提出的非指导性教学，本书在第六章着重介绍。在此，主要介绍合作学习与戈登的教师有效性训练。

（一）合作学习

合作学习是目前世界上许多国家普遍采用的一种富有创意和具有实效的教学理论与教学

策略体系。由于它在改革课堂气氛，大面积提高学生的学业，促进学生形成良好的非认知心理质量等方面效果显著，被人们誉为"近十多年来最重要和最成功的教学改革"。我国关于合作学习的系统研究始于20世纪80年代末，浙江、山东等省先后开展了较大规模的实验研究，取得了良好的效果，极大地推动了合作学习理论的发展和本土化。进入21世纪后，国家新的课程标准积极倡导合作交流的学习方式。许多教育理论工作者极力评介国外优秀的合作学习原理和策略。合作学习被看成是治疗以教师为中心的传统教育不足的良方而一度风行。愈来愈多的一线教师尝试结合学科特点运用合作学习法，取得了一定的成效。

合作学习以现代社会心理学、教育社会学、认知心理学、现代教育技术学等理论为基础，以研究与利用课堂教学中的人际关系为基点，以目标设计为先导，以师生、生生、师师合作为基本动力，以小组活动为基本教学形式，以团体成绩为评价标准，以标准参照评价为基本手段，以大面积提高学生的学业成绩、改善班级内的社会心理气氛、形成学生良好的心理品质和社会技能为根本目标。

在合作学习的教学方法设计中，学生在小组中一起学习，相互帮助。它的形式有许多不同的方式，常见的是由能力不同的四个成员组成一组，有些则是两两配对，有些则是人数不等。通常情况下，合作的时间长短不一。研究人员提出了许多不同的合作学习的方法以下是几种最受关注的合作学习的方法。

1. 非同质学生小组

四个学生组成一个小组，他们的学习成绩、性别、种族各不相同。教师先呈现课程，学生在小组内学习，保证小组中所有的成员都掌握了课程。最后，所有同学都参加测试，测试时学生彼此不能帮助。将学生的分数和他们过去的成绩相比较，根据学生超出的成绩给予积分。积分汇总构成小组的分数。如果小组的分数达到一定的标准，则可以获得一定的奖励。根据它的组织方式及其评分方式，在各个不同的学科里运用的方式有所变化。

2. 阅读写作合作小组

小学高年级学生阅读与写作的综合性方案。四个人组成，一起参加一系列活动，两两相互阅读，聆听，预测结果，做概要，写读后感等。小组成员还共同合作掌握文章的要点及其阅读理解技能。有研究表明，这个方式提高了学生的语言测试成绩。

3. 锯分法合作小组

六个学生组成一个小组，学习理论材料，材料分成几个部分。每个成员阅读自己负责的一个部分，然后每组中负责相同内容的成员组成专家组，共同讨论所负责的那个部分。之后，大家分别回到各自的小组中，轮流给小组的其他成员讲述自己负责的内容。每个学生对其他部分内容的学习只能通过仔细聆听其他同学的讲解才能完成，这就促使学生对其他学生的工作产生兴趣。锯分法还可以有其他的变形，如安排小组成员阅读全部材料，然后小组的成员负责材料的一章内容的讲解，或者负责某一个专题，并成为该专题的专家。负责同一专题的学生组成专家组共同讨论，然后再回到小组里介绍自己的专题内容。最后小组成员都要参加测验，得到自己的分数以及小组团体的分数。

4. 合作性改编

许多同学发现，课后与同学一起讨论是有意义的。有人设计了一个两两配对的方式，两个学生分别扮演教师和学生，轮流概括所学的材料，扮演老师的向学生讲解内容，学生倾听并订正可能出现的错误或遗漏。然后角色互换。有趣的是，扮演教师角色的时候，获益较大。

5. 教学含义

合作学习的方法也可分为以下两类：一类是分组学习方法，学生在小组里一起学习，互相帮助来掌握界定良好的一些信息或技能，也就是科恩说的"结构良好的问题"。另一类是基于课题的学习，基于课题的学习方法主要是指学生分组活动，自己撰写报告，做实验，写墙报，基于课题的学习方法主要关注结构不良的问题，即通常没有确切的预期结果或明确的教学目标。

对合作学习和传统教学方法的对比研究表明，如果能满足两个关键条件的话，那么合作学习的效果通常优于传统教学。第一，对有成效的小组给予某种认可或小的奖励，这样小组成员可能会意识到帮助组内其他成员的学习是有价值的。第二，实施个体负责制，即小组的成功必须依赖于小组中所有成员的个人学习情况，而不是小组中的某一个结果。比如，必须根据每个成员的平均成绩来评定小组的成绩，或者学生必须独立负责小组任务中的某一独立部分。如果没有这种个人负责制，那么很可能某个学生要承担其他人的工作，或者还有些学生被排斥在小组活动之外。可能他们被小组其他成员认为毫无贡献。

合作学习的研究还表明，对各个年级的各个课程的学习都有积极的影响，从基本技能到问题解决，合作学习都有相似的积极的效果。

合作学习方法除了提高学生的学生成绩外，还对学生的其他方面有积极影响，如改善了小组间的人际关系，增强了学生的自尊，使学生对待学校的态度更加积极。研究还发现，合作学习被广泛使用着，但最常用的合作学习的方法还是那些缺乏小组目标和个体负责制的非正规的方法。

由于学与教传统的不同，有些教师在多种学科的教学中更注重于对知识的直接记忆和公式的直接运用，较少关注对知识的更加深入的理解，运用合作学习，该方式就有目的地收集资料和广泛地和其他成员交换和修改意义理解，就可以有效促进学生智慧技能的成长以及对知识的真正理解。

（二）戈登的教师有效性训练

教师有效性训练（teacher effectiveness training，简称 TET）是戈登根据人本主义心理学原理设计的，目的旨在改进师生人际关系。TET 要求师生双方具有"问题归属意识"，即明确问题是属于教师自身的、学生自身的、还是师生共有的。对于学生自身的问题，教师就要帮助学生树立"这个问题我要自己来解决，我可以通过自己的努力来解决自己的问题"这样的意识，协助学生了解自己的问题，并启发学生自己解决问题。对于教师的问题，教师一方面积极地倾听，一方面尽可能真诚和坦率地说出自己的感情，包括具体说明使自己生气的行为及其确切的后果，以及后来教师有什么感受。教师这样做可以在师生之间建立一种亲切感，而没有强制的味道。如对于上课有学生小声交谈这件事，教师可以说："上课时你们讲话（行为），打乱了我的讲课（后果），我感到痛心（情感）。"师生双方共有的问题，可能会有较复杂的冲突。例如，学生可能有不良的自尊心（学生的问题），因此可能会做出使教师感到不愉快的举动（教师的问题）。在这样的情况下，戈登仍坚持认为，只要积极地倾听并坦诚地陈述自己的看法，这些问题仍可得到解决。

二、改进认知策略的教学方法

（一）脑激励法

脑激励法（又译思潮冲击法）作为一种培养创造能力的教学技术是有奥思本于 1957 年提出的。其基本原理是，在集体解决问题的课上，通过暂缓作出评价，以便于学生踊跃发言，从而提出多种多样的解答方案。为此，发言者要遵守以下规则。

（1）禁止提出批评性意见。　　　　　　　　　　　　　　（保护发言者的自我尊严）

（2）鼓励提出各种改进意见或补充意见。　　　　　　（促使每个人倾听他人的发言）

（3）鼓励各种想法，多多益善。　　　　　　　　　（促进解题路径的多样化）

（4）追求与众不同的、关系不密切的、甚至离题的观念。　（促进迁移和知识的整合）

该方法正式使用时，研究人员应将启发性问题预先排列成表，供讨论使用。

（1）提出其他用途：如教室不仅可用作学习场所，也可用作招待场所。

（2）应变：从不同方面想问题，如管理学校可以同管理工厂或部队一样。

（3）改进：如改变班级的构成，改进教学方法或改进处理纪律问题的方法。

（4）扩大：如班级和教师人数，作业和奖与惩的量都可以增加。

（5）缩小：如班级规模、作业量可以减少。

（6）替代：如一位老师可以被另一位老师替代，整个班级或其中的部分学生可以与其他班交换。

（7）重新安排：如座位可以重排。

（8）逆转：如可以让学生担任教学工作。

（9）合并：如将前面几个人的意见综合成一种解答方案。

研究表明，通过这种思潮冲击法的训练，学生在创造性测验中，其创造性分数有所提高。

在对讨论会的许多观察研究中，人们发现讨论会常伴随激烈的争论，但争论的结果并不一定就能达成一致的意见，也不一定使发言者对自己的观点作出修改，可能的原因是人们不愿意自己的尊严受到伤害。为此，奥思本设计的第一条规则其用意旨在保护发言者的自尊。

人们在研究儿童的游戏时发现，儿童在游戏时的对话是无意义联系的；研究人员对讨论会上的发言所进行的研究，有一项有趣的发现，前后发言者的发言在意义上是没有联系的，可能的原因是他们没有倾听他人的发言，也可能是他们有一种自我表现的欲望。奥思本的第二条规则旨在让每一个参与者能够聆听他人的发言，从而使讨论的发言具有意义的联系。

（二）互惠式教学

互惠式教学由心理学家安·布朗所创建，用于改进阅读成绩低下学生的阅读理解。在典型的互惠式教学情境中，学习以小组讨论方式进行。每组成员大致为 6 人。小组领导者从所读过的一段课文的核心内容提出问题开始，以概括说出本段课文大意告终。提问引起讨论，概述大意有助于小组成员确知他们为阅读下一段新材料所作的准备。有时，领导者请小组成员就下一段课文所要讲的内容作出预测，并说清楚课文中难以理解的地方。所以提问、概括要点、析疑和预测构成四种基本阅读策略。这四种关键活动在小组讨论中重复出现，它们构成小组学习活动的基本结构。

互惠式教学来源于对阅读过程的认知分析。安·布朗比较了优秀阅读者和阅读成绩不良的学生的阅读过程，发现良好的阅读需要六种认知功能，即理解阅读的目的是从阅读材料中获取意义；激活相关的背景知识；安排注意，使之指向要点；使获取的意义与原有知识相比较，评价其内在一致性及其与常识或原有知识的吻合性（外部一致性）；作出推论并予以检验（包括解释、预测、结论）；监控上述一切活动，看是否理解。

上述六种认知功能潜藏于阅读者头脑内，看不见、摸不着，但可以通过外部教学策略引发内在的功能。学生要概述大意，就必须回忆和陈述他所吸取的课文意义。能够概述大意的学生必定已激活了背景知识来整合课文中出现的意义，而且把注意指向了课文要点和评价了大意的内在和外在一致性。提出问题不仅需要作出概述所需的认知功能，而且需要监控获取的大意，以便问题切中要害。"析疑"要求调节注意，使之集中于难点，而且要批判性评价获取的大意。作出预测需要根据课文和背景知识作出推论并予以检验。凡是能自觉应用上述四种策略的读者，必然能体验到阅读的目的是从材料中获取意义。

互惠式教学中还有一个重要思想，就是改善学习的人际环境，提倡学生之间互教互学，小组的领导工作最初由教师示范，然后逐步把领导工作转移到学生身上，小组成员轮流担任领导。

互惠式教学获得很大成功。例如，通过测验发现，某些七年级学生的阅读能力只有三年级水平，通过阅读策略的互惠式补救教学，20 天以后赶上了七年级的水平。这一教学形式先用于研究人员与学生一对一情境，然后教师和学生按小组进行，再推广到正常的课堂小组里。

（三）语文分段教学策略

1. 语文分段能力：一种典型的认知策略

认知策略被认为是解决新颖问题和创造能力的关键成分，国外教学改革中出现了大量以训练策略为目标的课程计划。大量的研究表明，离开具体的学科领域的内容单独教策略性知识很难达到迁移目标。教育心理学家当前比较一致的观点是：结合中小学学科内容进行策略性知识教学。

语文的课文分段能力是典型地受策略性知识支配的能力。为什么这样说呢？这个问题可以从两方面考虑：第一，根据 R. M 加涅的学习结果分类。加涅认为认知策略是一种特殊的智慧技能，是对内调控的技能。第二，E. D 加涅根据现代认知心理学家的看法，认为程序性知识可按"自动与受意识控制"和"特殊与一般"两个维度分类。非策略的程序性知识接近"自动"与"特殊"一端；策略性程序知识接近"受意识控制"和"一般"一端。根据R. M. 加涅的分类，给文章分段这种认知行为是找到文章作者的写作思路，并得出一些启发式规则，用以调节自己的阅读和写作。既然这是对自身内部学习和思维过程的调控，符合认知策略的第一条标准。根据 E. D 加涅的分类，给文章分段这种认知行为因每篇文章内容和形式不同可能完全雷同，因而比较接近"受意识控制"和"一般"这一端。所以分段行为是典型地受策略性知识支配的行为。

2. 教学案例

按时间顺序分段能力的教学，共用了 8 节课的时间。首先给出按时间顺序分段或分层的材料（蕴含有分段规则的例文）供学生学习。这些文章有写人记事的，有写景状物的，有的文章中时间词比较明显，有的则不明显。例如：

有一天，妈妈回家晚了，她抱歉地说："我今天学习，所以回来晚了。"

我微微皱了皱眉，一个问号直在我面前打转：妈妈是"交大"的毕业生，她还要学什么呢？

又有一个晚上，妈妈又回来晚了。我不高兴地拉起了妈妈的衣角，一边摇一边说："天天学习，烦死了。你是大学生，还学什么呀！"妈妈意味深长地说："知识是一辈子也学不完的。学习像逆水行舟，不进则退。妈妈虽是大学生，但还有很多知识不懂呢！不学习怎么行？"说完，她就到厨房去了。

等她一走，我就去翻她放在写字台上的书。我随手拿了一本打开一看，这是什么字呀，像蚯蚓似的，弯弯扭扭，句子像一行一行蚂蚁，密密麻麻，什么也看不懂。我跑去问妈妈才知道她在学俄语。

这是一篇写人的文章，文中的"有一天"、"又有一个晚上"，是两个很明显的时间词。根据这两个关键的时间词，可以帮助学生把文章分成两段。

但下面一篇例文没有明显的时间词，而是用稻子的变化来表示时间：

清晨，阳光洒落下来，水面顿时有了暖意。在青青禾苗的掩映下，田螺探头探脑地伸出螺壳，觉得这天地安全温暖，它便把乳白柔软的身体，赤条条地展露出来，接受大自然的沐浴。直到傍晚，凉风吹来，禾苗瑟瑟地抖动，它才慌忙缩进密不透风的硬壳里打瞌睡。

稻子渐渐黄熟，田螺也已长大，有的像核桃，有的像婴儿的拳头。这时候田螺急着要寻找一个安身的地方过冬，等到来年春天撒下它们的子孙。

稻子开始收割，稻田排水了。田螺背着笨重的硬壳，拼命地往泥里钻，直到地面只留下一个透气的小孔才歇。

接下来，让学生在教师指导下阅读例文，对每篇例文，要求回答下面三个问题。

（1）先读课文，看文章讲了什么？

（2）再读课文，想一想，文中时间变了，所讲事情是否发生相应的变化？

（3）找出反映时间变化的关键词。

在教师指导下，学生仔细阅读三篇例文。阅读后，根据每篇例文，对教师所提的三个问题逐一加以讨论之后，教师引导学生归纳。

（1）找出表示时间（或隐含时间）的关键词，根据表示时间的关键词分段或分层。

（2）再找表示时间的关键词时，看时间变化后所写的事物是否发生相应的变化。

为了检查学生是否领悟上述按时间顺序分段的规则，再让学生在课堂上完成另外两篇例文的分段练习。练习时要求学生根据表示时间的关键词划分例文的段（或层），并划出表示时间的关键词。这一段教学进行了 5 节课。

为了巩固学生在阅读变式例文中习得的分段规则，我们安排了两次按"时间顺序"结构的写作练习（共 3 节课）。在阅读和写作进行中，教师通过课堂提问、批改作业、个别交谈及时地了解学生掌握分段的启发式规则的情况。在阅读指导和写作指导时，教师及时提供反馈和纠正。

3. 结果与结论

对两班在不同结构文章得分上进行测验和统计分析，结果发现，实验班和对照班除在"按时间顺序"分段的文章有极其显著性差异之外，在"按概括—具体"、"按事情发展的先后顺序"的得分也有显著性差异，结果见表 5-4。

表 5-4　实验班与对照班在不同结构的文章上的后测得分比较

篇　序	（文章结构）	实验班	对照班	t 值
第一篇	（时间）	11.09±3.55	8.61±4.20	3.06 * *
第二篇	（总—分）	11.43±3.58	10.96±3.49	0.65
第三篇	（地点）	9.74±3.25	9.15±3.70	0.81
第四篇	（概括—具体）	12.07±3.14	9.63±4.02	3.24 * *
第五篇	（事情发展的先后顺序）	10.11±3.55	8.57±3.49	2.03 *
第六篇	（事物的几个方面）	10.93±3.77	10.43±3.91	0.26

＊＊表示 $P<0.01$，＊表示 $P<0.05$。

研究表明，在小学四年级相对集中一般时间教授某种分段的启发式规则（策略）是可以获得成功的。实验前后约两个月，实验班和对照班后测成绩高于前测，实验班总平均分提高 19.54 分，对照班总平均分提高 9.08 分，实验班平均分高于对照班 10.46 分，说明实验班所进行的教学更有利于促进学生的分段规则的学习。其次，实验班由于集中教"按时间顺序"分段策略，其成绩提高最快。"按时间顺序"部分得分从 4.39 分提高到 11.09 分，提高了 6.7 分。虽然对照班也有提高，但实验班提高更快。从这两方面来看，像分段之类的启发式规则在很大程度上是可以教会的。由于教学时只集中"按时间顺序"分段规则，而测验时需要同时测量六种分段方法，故后测总分不高，而且不及格人数仍有较大比例。

据表 5-4 的结果，可以认为，"按时间顺序"的教学对其他 5 种结构的分段能力有一定的促进作用，这是因为"按时间顺序"分段的几条启发式规则有的适应于其他文章结构的阅读理解。如，第一，先要读懂文章讲了什么；第二，想一想作者按什么思路组织材料，这是适合所有文章结构的启发式规则。

从研究中还发现，在分段规则这种策略性知识的教学中两端的学生的收益少，因为部分聪明的学生，经过三年的阅读训练，他们虽不能明确地陈述分段的规则，但是对于常见的几种文章结构形式，如"总一分"、"概括一具体"已经从阅读实践中感悟到，已具有分段的能力。因此策略专门教学对他们似乎收益不大。聪明程度较低的一端学生，虽然经过连续8节课的系统训练但仍无法完全领悟较复杂的分段规则，也许要等到五六年级甚至初中阶段才能领悟和运用这类分段规则。当然智力在60或70分以下的儿童，可能一辈子也不能领悟这类抽象和灵活的启发式规则。

（四）基于问题解决策略的教学方法设计

如果学生不具有应用信息和技能来解决问题的能力，那么就不能说他们学到了什么有用的内容，通用问题解决策略可以教给学生用于问题解决。布兰斯福德和斯坦确立并验证了一种称为 IDEAL 的问题解决五步策略：

I（identify）　　识别问题与机会；
D（define）　　界定目标，表征问题；
E（explor）　　搜索可能的解决问题策略；
A（antieipate）　预期结果并实施策略；
L（look）　　　检验解决问题过程并进行新的学习。

IDEAL 以及其他类似的问题解决策略的开始环节都是仔细地审题，如要解决地问题是什么，可利用的信息是什么，如何表征问题，（草图、提纲、流程图）；然后再采取一系列的步骤，如首先识别要达到的目标，并确立如何去做，西蒙建议问题解决者反复地问："目前状态与我要达到之间的差距是什么？""我怎样才能减少差距？"对此，教学方法设计可以按以下步骤进行。

1. 手段—目的的分析

确立问题是什么以及需要做什么，这就涉及手段—目的分析。学习去解决问题，这就要求对那些需要思考地各种不同类型地问题进行大量的练习。在许多情况下，数学以及其他科目的教科书尽管给出了许多问题，但未能促使学生思考问题，比如，在学习乘法时，给出一组应用题，需要学生应用两数相乘的原理来解决。但学生很快就会认为只要找到两个数相乘就可以解决问题了。学生可能知道两数相乘的技术，但未必理解需要相乘的问题情境。这个现象可以解释为什么有些学生在单元测验时成绩还可以，但往往在期末测试中许多曾经会做的题型不会做了，可能的原因就是最初学习时，学生学会了计算的技术，但缺乏问题的思考技术。让学生去解决不同类型的问题越多，他们就会思考如何解决问题，当遇到现实问题时他们可能就会将学到的知识迁移到新的情境中去。

2. 抽取相关信息

现实问题很少有简洁而规整的，解决问题的首要任务就是剔除无关信息，凸现重要事实。在目前的中小学课程作业里，特别是小学数学的应用题，夹杂着许多语义障碍，让小学生读得一头雾水，因此，适当运用语法知识精简句式，让学生学会剔除无关信息，学生一旦知道哪些是无关信息，哪些是有关信息，问题就很容易解决了。

3. 表征问题

对许多类型的问题而言，图形表征是发现解决方法的一种有效手段。除了草图外，还可以用其他形式来表征问题，如图表与流程图、写提纲以及摘要和描述问题的关键要素，这些都是表征问题的有效方法。

（五）基于精加工策略的教学方法设计

基于精加工策略的教学方法设计是生成表象策略的教学过程与方法。

1. 知识新授阶段

（1）说明本课教学目标引起学生对新内容的兴趣与注意。

（2）呈现"生成表象"策略的例证。

例1 为了记住"长颈鹿——手表"这一配对词，脑子里想象："一只手表套在长颈鹿的脖子上"。

例2 为了记住"猫头鹰白天睡觉，夜晚捕食"，脑子里想象"一只猫头鹰白天栖息在树枝上闭着眼休息，晚上则瞪着雪亮的眼睛捕捉老鼠"。

例3 为了记住"avarice"的含义是"贪婪"，想象"一双贪婪的眼睛盯着一堆大米（rice）"。

（3）师生归纳出生成表象策略的概念，即在理解学习材料的基础上，给学习材料赋予一定的视觉形象；借助生成的视觉形象，把要记住的项目联系起来。

（4）呈现"生成表象"的反例。

反例1 教师谈到"哥伦布1492年发现美洲"，学生在心里一遍遍重复"哥伦布1492年发现美洲"。

反例2 教师谈到"哥伦布是西班牙人"，学生脑子里想到美国西部牛仔牧牛的场面。

（5）师生通过正反例的分析、比较，得出结论：生成表象策略必须针对所要记忆的内容，在要记忆的项目之间找到一个熟悉的表象，使要记忆的项目形成联系，便于回忆和长期保持。

2. 设计变式练习，使知识转化为对内调控的技能

（1）教师示范策略运用的步骤（见图5-1）：当遇到一份材料时首先判断自己是否要记住该材料，如果回答肯定，则继续判断自己是否理解该材料，如果不理解，就应去查字典或请教他人，达到理解。理解了材料以后，根据材料进行想象或创造一定的视觉形象赋予要记忆的材料，直到达到满意的效果。

（2）提供练习，使学生逐步掌握该策略的应用步骤。

练习1 记忆配对词组表，如：

"大象——足球"、"猴子——草帽"、"狗熊——汽车"等。

练习2 记忆有关描述不同人及其行为的句子，如：

"一个肥胖的人冲进餐厅"

"一个高大的人购买皮鞋"

"一个虚弱的人拿起刀子"等。

练习3 记忆几篇描述不同动物生活习性的短文（略）。

（通过上述练习，学生掌握了使用生成表象策略的步骤，对策略运用的效果也有了更深的认识，增强了策略学习与运用动机。）

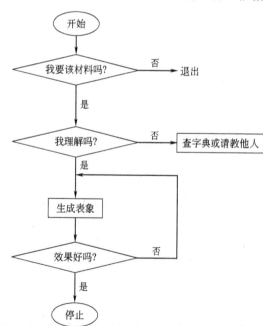

图 5-1　教师示范策略运用的步骤

3. 综合练习，使学生掌握策略运用的条件性知识

此阶段，教师设计各种正、反例让学生练习，使他们能认识到何时需使用生成表象策略、何时不需使用策略。

练习　对下列项目是否要运用生成表象策略作出判断。

目标1：教师问一个数学题，你记住答案，直到举手回答。（否）

目标2：学习中国地图上各省的位置。（是）

目标3：学习一些动物的特征、生活习性等。（是）

目标4：记忆外语单词。（是）

目标5：为了娱乐读小说。（否）

......

在变式练习和综合练习阶段，教师要适时地给予反馈和纠正。

研究性课题

1. 谈谈你对教学方法的理解。

2. 如何改善教材的呈现方式。

3. 分析教学方法对智慧技能的促进作用。

4. 分析合作学习的核心技术。

拓展性阅读

[1] 王策三. 教学论稿. 北京：人民教育出版社，2005.

[2] 中国大百科全书·教育. 北京：中国大百科全书出版社，1993.

[3] 吴也显. 教学论新编. 北京：人民教育出版社，2008.

[4] 叶澜. 新编教育学教程. 北京：华东师范大学出版社，2006.

[5] 皮连生. 学与教的心理学. 华东师范大学出版社，2006.

[6] 罗伯特·斯莱文. 教育心理学——理论与实践（第七版）. 北京：人民邮电出版社，2004.

[7] 王本陆. 现代教学论学程. 北京：教育科学出版社，2003.

[8] 皮连生. 智育心理学. 北京：人民教育出版社，2008.

第六章　教　学　模　式

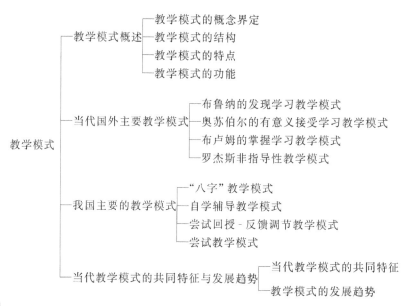

教学模式 ─┬─ 教学模式概述 ─┬─ 教学模式的概念界定
　　　　　│　　　　　　　　├─ 教学模式的结构
　　　　　│　　　　　　　　├─ 教学模式的特点
　　　　　│　　　　　　　　└─ 教学模式的功能
　　　　　│
　　　　　├─ 当代国外主要教学模式 ─┬─ 布鲁纳的发现学习教学模式
　　　　　│　　　　　　　　　　　　├─ 奥苏伯尔的有意义接受学习教学模式
　　　　　│　　　　　　　　　　　　├─ 布卢姆的掌握学习教学模式
　　　　　│　　　　　　　　　　　　└─ 罗杰斯非指导性教学模式
　　　　　│
　　　　　├─ 我国主要的教学模式 ─┬─ "八字"教学模式
　　　　　│　　　　　　　　　　　├─ 自学辅导教学模式
　　　　　│　　　　　　　　　　　├─ 尝试回授 - 反馈调节教学模式
　　　　　│　　　　　　　　　　　└─ 尝试教学模式
　　　　　│
　　　　　└─ 当代教学模式的共同特征与发展趋势 ─┬─ 当代教学模式的共同特征
　　　　　　　　　　　　　　　　　　　　　　　　└─ 教学模式的发展趋势

【学习目标】

◉ 能用自己的话解释教学模式的含义。

◉ 分析布鲁纳的发现学习模式与奥苏伯尔的有意义接受学习模式的不同点。

◉ 综述当代国内外教学模式的发展状况。

◉ 预测教学模式的发展趋势。

◉ 能结合本专业选择适当的教学模式设计相应的教学片段。

如果说赫尔巴特的"四段法"是最早（1806 年）的教学模式，那么教学模式已有两百多年的历史。经过两个世纪的发展，教学模式由单一模式发展为上百种模式。在我国，由于教育理论工作者和教育实践工作者的共同努力，教学模式也有很大的发展。今天的教师不仅需要选择教学方法，还应选择恰当的教学模式。

教师必须掌握多种教学模式，然后根据具体的教学情景，选择最适当的教学模式。因此，教师需要掌握各种教学模式的理论依据，模式所包含的教学策略，模式的基本程序，并要了解不同模式的适应条件及其局限性。只有这样，才可能作出适当的选择。

第一节　教学模式概述

一、教学模式的概念界定

教学模式一词最初是由美国学者乔伊斯和韦尔等人提出的，他们于 1972 年出版了《教学模式》一书，系统地介绍了 22 种教学模式，并用较为规范的形式进行分类研究和阐述，试图系统地探讨教育目的、教学策略、课程设计和教材，以及社会和心理理论之间的相互影响的、以设法考察一系列可以使教师行为模式化的各种可供选择的类型。我国近几年来也对教学模式进行了研究，并在教学实践基础上，产生了各种教学模式。但对什么是教学模式则众说纷纭。有的从教学方法的角度来定义教学模式，说它是教师根据教学目标和教学任务在不同的教学阶段，协调应用各种教学方法过程中形成的动态系统，是特殊的教学方法，适用于某些特定的教学情境；有的则从教学结构范畴来定义，教学模式是人们在一定的教学思想指导下对教学客观结构作出的主观选择，是教学结构在空间程度和时间程度上的稳定形式；有的将教学模式看成是"小型教学论"；有的从设计与组织教学的范畴来定义教学模式，即它是依据教学思想与教学规律、根据不同的教学目标设计相应的操作体系来实现既定的教学目标，是在一定教学思想指导下建立起来的与一定任务相联系的教学程序及其方法的策略体系。以上各种定义虽各有千秋，但第四种看法较切合实际，因为从设计与组织教学的角度来定义教学模式，可以形成教学目标——教学思想——教学模式——教学实践的新的教学流程。

教学模式是依据一定教学思想和教学规律而形成的比较稳固的教学程序及其方法的策略体系，包括教学过程中诸要素的组合方式、教学程序及其相应的策略。

教学模式是教学思想与教学规律的反映，它具体规定了教学过程中师生双方的活动，实施教学的程序，应遵循的原则及运用的注意事项，成为师生双方教与学活动的指南。从教学实践来看，教学模式是将教学方法、教学手段、教学组织形式融为一体的综合体系，它可以使教师明确教学应先做什么，后做什么，先怎样做，后怎样做等一系列具体问题，把比较抽象的理论化为具体的操作性策略，教师可以根据教学的实际需要选择运用。

二、教学模式的结构

教学活动存在于一定的空间和时间之中，在空间上表现为一定的教学理论、教学目标，教师与学生在教学活动中的地位及相互关系，在时间上表现为如何安排教师、学生的教与学活动。这样不同的教学理论、教学目标、对师生活动的不同安排就构成了不同的教学模式。因此，教学模式的结构一般包括以下因素。

（1）教学思想或教学理论。这是教学模式赖以形成的基础，它为教学模式提供理论渊源，使人们能了解该模式的来龙去脉。如罗杰斯的非指导性教学模式是以人本主义心理学（强调个人经验及情感体验学习与认知活动的结合）为依据的。

（2）教学目标。教学模式是为达到特定的教学目标而设计的理论。因此，教学目标可谓是教学模式中的核心因素，它决定着模式的操作程序，师生活动的比例及评价的标准等。

（3）操作程序。各种教学模式都有其操作程序，具体确定教学中各个步骤应完成的任务，师生先做什么，后做什么等。操作程序的实质在于处理好师生针对教学内容在时间序列上的实施。如赫尔巴特教学模式的操作程序为：明了——联想——系统——方法四个步骤，杜威的实用主义教学模式的操作程序为：情境——问题——假设——推理——验证。

（4）师生角色。教学活动犹如表演活动，教师与学生在操作程序中承担着不同的角色，它体现了师生在教学活动中的地位，解决师生先怎样做、后怎样做等问题，使教师主导与学生主体统一起来。

（5）教学策略。即在教学过程中教师和学生所采用的教学方式、方法、措施的总和。

（6）评价。任何一种教学模式都不是万能的，都有其适用的教学情境。由于不同的教学模式所完成的教学目标、使用的操作程序不同，评价的方法和标准也不尽相同。

三、教学模式的特点

教学模式是一种设计和实施教学的理论，尽管由于各种教学模式所依据的教学思想或理论不同，但从一般意义上讲，教学模式均有以下特点。

（1）优效性。这是教学模式所特有的效力。由于教学模式能将比较抽象的理论化为具体的策略，能对教学实践起到良好的指导作用，因此，优效性是教学模式的生命所在。如果一种教学模式不是优效的，就会被淘汰。如注入式的教学模式，由于它使学生在掌握知识时食而不化，就必然要在教学中丧失地位。

（2）参照性。教学模式是一套教学程序及其方法的策略体系，它是处方性的，可为教师作出指示，提供策略。但它不是某一门学科教学的经验汇编。各学科教学可以将教学模式作为教与学活动的指南，结合学科特点参照运用。

（3）可操作性。便于人们理解、把握和运用是教学模式的本质特点。教学模式是教学理论与教学实践相结合的产物，它比起一般的教学理论来更加接近于教学实践。教师可以根据不同的教学目标在实践中加以运用。

（4）开放性。教学模式是一个开放的系统，随着人们对教学实践认识的加强、教学思想和教学观念的更新，人们可以不断对教学模式进行修正，使之得到较完整的发展。像国外几个有影响的教学模式都经过几次比较大的修正，最后才成为一种经典性的模式而得到推广。

四、教学模式的功能

美国社会学家多伊奇曾研究过一般模式的功能。他指出模式一般具有四种功能：构造功能，它能指示各系统、各部分之间的秩序及其关系，能使我们对事物有一个整体的、清晰的认识和把握；解释功能，它能用简洁、明了的方式说明我们所观察到的复杂现象；启发功能，它能启发人们探索新的未知的事实与方法；推断功能，它能使人们根据规律推断出预期的结果。

第二节　当代国外主要教学模式

一、布鲁纳的发现学习教学模式

美国著名的教育家布鲁纳针对传统教学中的"仓库理论"，提出了学科基本结构的理论。他指出："不论我们教什么学科，务必使学生理解学科的基本结构。"学科的基本结构指的是该学科的基本概念、基本原理以及它们之间的关联性，是知识的整体和事物的普遍联系，而不是孤立的事实本身和零碎的知识结论，掌握学科基本结构的基本态度或方法便是"发现"。他认为，学生的认识过程与人类的认识过程有共同之处，教学过程就是在教师引导下学生发现的过程，"学习就是依靠发现"，要求学生利用教师或教材提供的材料，主动地进行学习，强调学生自我思考，探究和发现事物，而不是消极地"接受"知识，要像数学家那样思考数学，像历史学家那样思考历史，亲自去发现问题的结论和规律，成为一个"发现者"，从而形成了历史上著名的发现教学模式。

（一）教学目标

布鲁纳认为，学习的直接目标在于掌握学科的基本知识。同时还要重视发展学生的智力。他说："我们也许可把培养成绩优异的人作为教育的最一般目标，但是应该异常清楚上面这句话是什么意思。它在这里指的不仅要教育成绩优良的学生，而且要帮助每个学生获得最好的智力发展。"在布鲁纳的教学思想中，学生智力的发展与能力的培养是一个中心概念，与这个中心概念相邻近的还包括学科的基本知识技能，直觉思维能力以及内在动机等。

（二）教学程序

布鲁纳认为，发现"无论是由学生凭自己力量去干，还是由科学家开拓自己研究领域的逐渐扩大的边缘，它在本质上是这样一个问题，即用这样的方式重新整理或转换证据，以使一个人能够超越这样重新组织起来的证据而达到另外一些新的顿悟"，教学过程实际上就是学生自己的"发现过程"，于是他设计了"发现教学"的程序。

（1）提出问题。教师选定一个或几个一般的原理，给学生一些感性材料，使学生带着问题学习，学生提出弄不懂的或疑难问题。

（2）创设问题情境。问题情境是一种特殊的学习情境，情境中的问题既适合学生已有的知识水平、能力，又需经一番努力才能解决，从而使学生形成对未知事物进行探究的心向。

（3）提出假设。利用所给定的材料，在寻求答案的过程中，充分利用直觉思维提出各种有益于问题解决的可能性，罗列出解决问题时可能碰到的困难等。

（4）评价、验证，得出结论。即对各种可能性运用分析思维进行反复的求证、讨论，寻求答案，根据学生的"自我发现"，提取出一般的原理或概念，把一般的原理或概念付诸实践，提高学生运用知识，分析问题和解决问题的能力。

（三）师生角色与教学策略

1. 教师角色与教学策略

布鲁纳要求学生成为一个"发现者"，但这并不意味着否定教师的作用，相反，布鲁纳认为教师在教学过程中永远是主导者，他不仅是知识的传授者，也是学生心智成长的楷模，任何先进的教学辅助手段都代替不了教师应起的作用。这样，根据发现教学的一般程序，可以勾画出师生在发现教学中的角色，见表6-1。

表6-1　发现教学中的师生角色

发现教学的程序	教师角色	学生角色
提出问题	资料提供者	分析者、探究者
创设问题情境	激励者、兴趣刺激者	探究者
提出假设	支持者	分析者、假设提出者
验证	顾问	分析者、探究者

为了使教师更好地发挥主导作用，教师在发现教学中必须运用以下教学策略：

（1）教学要与儿童的认知发展相适应，合理安排教学序列；

（2）注意适时强化。

2. 学生角色与学习策略

学生的学习是一个自我"发现"的过程，布鲁纳非常重视发挥学生的主动性与积极性，认为学生应具备自我探究的积极性，亲自去发现试图去的地方，亲自掌握他们试图掌握的东西及亲自了解要取得怎样的进步，从而学会怎样学习，掌握发现思考、探究的方法。

（1）探索解决问题的策略。

布鲁纳认为，当学生面对问题情境一开始就采取积极的心理姿态，对学习成果影响甚大。他通过实验研究表明，积极的心理姿态会迅速地找出事物与事物间的联系，发现事物间的联系方式及其规律，从而形成解决问题的策略。

（2）活用并组织信息的策略。

具有发现性质的学习，不仅仅停留于被动地接受来自外界的信息，而是想方设法寻找解决问题的可能路线，即把信息作为限定条件加以利用，逐条对信息加以限定，更精细地识别信息，掌握信息的内涵，逐渐地明确有利于问题解决的路线。

（四）教学实例

布鲁纳和数学家迪因斯合作设计了一个发现教学法的经典例子。教学任务是引导儿童发现二次方程式的因式分解的规律。实验教学中首先让儿童熟悉表示数量的积木块，即迪因斯积木块（见图 6-1），儿童可以玩弄这些积木，以获得知觉经验。

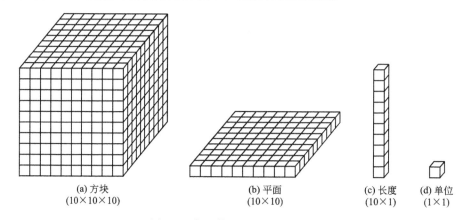

(a) 方块　　　　　　　(b) 平面　　　　　(c) 长度　　(d) 单位
(10×10×10)　　　　　(10×10)　　　　　(10×1)　　　(1×1)

图 6-1　表示数量的迪因斯积木块

在儿童熟悉这些积木块以后，布鲁纳向儿童呈现一个由积木拼成的正方形［图 6-2］，并告诉儿童，这个图形叫 x 正方形（即由 x 乘 x 个积木块构成）。接着问：你们能拼成比这个正方形更大的正方形吗？儿童轻而易举地拼出了另一个正方形［如图 6-2］。接着要求儿童描述他们拼成的图形。他们说："我们拼成的这个正方形是一个 x 正方形加上两个 x 长度，再加上一个单元，即 $x^2 + 2x + 1$。"在此基础上，布鲁纳告诉儿童："我们还有另一种根据来说明你所拼成的正方形的方法，即 $(x+1)(x+1)$。"由于这是表示同一个正方形的两种基本方法，所以可以写成 $(x+1)(x+1) = x^2 + 2x + 1$。依此类推，图 6-2 上右边两个图形可分别写成 $(x+2)(x+2) = x^2 + 4x + 4$ 和 $(x+3)(x+3) = x^2 + 6x + 9$。

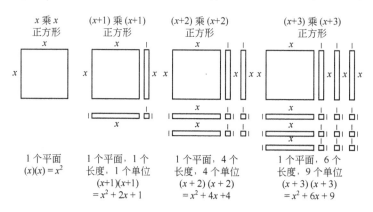

图 6-2　布鲁纳用于发现教学的积木组合

（五）评价

布鲁纳结构主义发现教学模式是适应 20 世纪 60 年代初美苏两个超级大国争霸的需要而产生的。由于它主张基础学科的早期学习，掌握一学科的基本结构，提倡广泛运用发现模式，正好适应了西方国家急需培养科技高精尖人才的需要，所以它的理论一出台，就引起了美国及西方国家的拥护，与前苏联的赞科夫教学与发展思想、联邦德国的范例教学思想一起，被誉为当代教学论的三大流派。他的发现教学模式有以下突出的优点。①提高学生对知识的保持。②教学中提供了便于学生解决问题的信息，可增加学生的智慧潜能。③通过发现可以激励学生的内在动机，引发其对知识的兴趣。④学生获得了解决问题的技能。

布鲁纳关于掌握学科基本结构，运用发现教学模式的思想，在知识激增的背景下，为学生在有限的时间内掌握更多、更有价值的知识指明了方向。由于他的教学模式是一种天才教育的教学模式，强调重视学科基本结构和教学内容的学术价值，受20世纪60年代末"回归基础"教育运动的影响，发现教学模式逐渐受到人们的指责，认为发现教学的内容太难，脱离了教师和学生的实际。其实，这种指责是有点过分的，教学过程是一个特殊的认识过程，它与人类的认识过程有共同之处和不同之处，不同之处表现在学生主要是在教师的指导下以接受间接知识为主，也就是说学生的学习是接受性的。共同之处表现在学生的认识过程与人类认识过程有一致性，学生的学习主要表现为在教师的引导下以自我探索、发现为主，以便掌握人类在漫长的认识世界过程中的某些方法或基本态度，也就是说学生的学习也具有发现性。从总体上讲，作为接受性的学习和作为发现性的学习是教学理论体系中的两个不同方面，两者不可偏废。自从布鲁纳提出发现学习的理论之后，步其后尘的也大有人在，像美国教育家萨其曼的"探究训练"教学模式，兰本达的"探究—研讨"教学模式，施瓦布的"生物科学探究"模式，前苏联教育家马赫穆托夫提出的"问题性教学"等。从历史发展来看，以布鲁纳理论为基础的发现教学理论体系已逐步得到完善，它在许多方面与"作为接受性的教学的理论体系"是有本质区别的，列于表6-2中。

表6-2 作为接受性的教学的理论体系与作为发现性的教学的理论体系的区别

	作为接受性的教学的理论体系	作为发现性的教学的理论体系
知识	强调积累知识 重视掌握知识的量	强调通过自我发现去掌握知识 重视掌握知识的质
学习方式	重视学习结果 重视思维结果	重视学习过程 重视思维过程 强调掌握知识的方法
动机	强调外在动机	强调内在动机 重视对科学知识本身的兴趣与热爱
教师角色	重视教师讲授 教师是讲授者	重视教师引导 教师是顾问、咨询者
学生角色	学生是主动或被动的接受者	学生是主动的分析者、探究者

由于作为接受性的教学理论体系有较长的发展历史（从赫尔巴特开始），人们比较熟悉，也容易接受；而作为发现性的教学理论体系的历史不长，再加上对教师要求较高（教师不仅要掌握某一学科的内容，而且也要了解"发现"的特殊方法），费时较多，不像接受知识性学习那样能在短时期内见效，所以人们对它的指责也就不足为怪了。作为接受性的教学理论体系和作为发现性的教学理论体系虽然有本质的区别，但并不是截然对立的，它是整个教学理论体系中的两个不同方面，如果在教学中能将两者结合运用，以接受性学习为主，以发现性学习为辅，势必会使教学质量有较大的提高。

二、奥苏伯尔的有意义接受学习教学模式

美国教育心理学家奥苏伯尔认为，人类的学习有多种多样的类型，但从学习的内容和学习者已有的知识经验的关系来看，可以把人类学习分成有意义学习和机械学习；根据学习进行的方式来看，可以把学生的学习分为接受性学习和发现性学习。在教学过程中，学生通过"发现"学习所掌握的知识是十分有限的。"发现学习难以成为一种有效的、首要的手段。"绝大多数的知识仍然需要学生通过"接受式学习"来掌握。由于教学过程是一个特殊的认知过程，学生主要是接受间接知识，这一特殊性决定了学生获取大量知识必须是接受性的。奥苏伯尔批评了把言语讲授和接受学习贬为空洞的说教和机械模仿的说法，他用有意义学习理

论对接受学习进行了科学的分析，指出它不可能与机械学习画上等号，它完全可以是有意义的。如果教师能将有潜在意义的学习材料同学生已有认知结构联系起来，融会贯通，学生也能采取相应的有意义学习的心向，即学生在学习新知识的过程中，积极主动地从原有的知识结构中提取出最易于与新知识联系的旧知识。这样，新旧知识在学生的头脑中会发生积极的相互联系和作用，即"同化"，导致原有认知结构的不断分化和重新组织，使学生获得关于新知识方面明确而稳定的意义，同时原有的知识在这一同化过程中发生了意义上的变化，具有潜在意义的学习材料转化为学生的认知结构，学生获得了知识的心理意义。那么，接受性学习将是有意义的。他指出，只要教师清晰地组织教材，就会使学生出现稳定而明确的有意义学习，就会使有组织的知识体系长期保存下来，有意义的言语接受学习成为学生获取知识的有效途径，从而形成了以言语讲授和有意义学习为特征的有意义接受学习教学模式。

（一）教学目标

奥苏伯尔认为，学校的首要工作是向学生传授学科中明确、稳定而有系统的知识体系，学生通过有意义接受学习的方式获取和牢固掌握有组织的知识，形成良好的认知结构。奥苏伯尔将认知结构定义为："个体的观念的全部内容和组织，或者，就教材学习而言，指个体的特殊知识领域的观念的内容和组织"，在他看来，学生的认知结构即是他所称的有意义学习的结果。他说："当我们努力影响认知结构以提高有意义的学习与保持时，我们便深入到教育过程的核心了。"在教学过程中，只要接受性学习是有意义的，学生掌握的知识就是牢固而稳定的，是一种自我的知识。

（二）教学程序

奥苏伯尔认为，学生在有意义的接受学习中，并不是将现成知识简单地"登记"到原有认知结构中去的，而要经过一系列积极的思维活动，因此，有意义接受学习是一个主动的过程。根据有意义接受学习是一个主动的过程和学习过程三个阶段的特点，可以勾画出有意义接受学习的一般实施程序：

（1）要有评价准备；

（2）适当选择材料；

（3）鉴别结构原理；

（4）提供材料概意；

（5）运用事前结构材料；

（6）重视原理和概念；

（7）注意理解关系。

（三）师生角色与教学策略

言语接受学习的前提是进行有意义学习，教师只有把具备潜在意义的学习材料同学生已有的认知结构联系起来，才能采取相应的有意义学习。奥苏伯尔认为，教师在教学中扮演着主导者、组织者的角色，他可以采取以下一些教学的基本策略。

1. "先行组织者"策略

奥苏伯尔认为"先行组织者"能根据先前的经验抽出已经形成的认知结构，有助于同当前的学习材料形成有机的联系，能给学习材料提供适当的联结点，以便在学习初期易于同已有的认知结构相整合，使学生能从借助"组织者"将学习内容的本质部分渗透到已有的认知结构中去，舍弃非本质的内容。

2. 不断分化策略

奥苏伯尔从有意义言语学习理论和培养学生良好的认知结构的教学目标出发，反复强调两条简便而又实用的策略：不断分化和综合贯通，他指出，"不论哪一门学科，要使教材编排成序，有两个原则是适用的，这就是不断分化原则和综合贯通原则"。

不断分化，就是指教师在教学中要根据人们认识新事物的自然顺序和认知结构的组织顺序，对知识进行由上位到下位，由一般到个别的纵向组织，类似于循序渐进。过去，教师往往忽视知识的组织和呈现应当依照抽象和概括性来进行，结果使学生不能用先前学习的知识来同化当前所要学习的知识，直接导致了机械学习和大量遗忘现象的产生。不断分化的策略，就是要求教师在呈现教学材料时，应首先介绍具有较高概括和包容性的知识，然后再安排那些概括程度逐渐薄弱的知识，因为原先习得的包容范围较广的总体中掌握分化的方面较之从原先习得的分化的方面形成总体来得容易；个人的某一学科领域的知识在其头脑中的组织是由分层次的结构构成的，包容最广的观念处于这一结构的顶端并逐渐容纳范围较小的高度分化的命题、概念。通过不断分化的策略来呈现教材，学生学起来快，而且利于保持与迁移。

3. 综合贯通策略

综合贯通就是从横的方面加强教材中概念、原理，课题乃至章节之间的联系，消除已有知识之间的矛盾与混乱，以促使学生的学习融会贯通。综合贯通的策略，就是要求教师帮助学生牢固掌握知识间的区别和联系，指出它们的异同，将前后出现的连续观念表面上或实质上不一致的地方融会贯通，使之成为完整的知识体系。过去教师在讲解教材时，由于不注重知识的综合贯通，结果使学生不能区分表示相同意义的不同术语或者表示不同意义的相同术语间的区别和联系，造成认识上的混淆，学生难以理解许多有联系的内容之间的共同特征，先前学习所掌握的知识不能为后继学习提供基础，直接导致了知识的生吞活剥，食而不化。

（四）教学实例

这里以上海市宝山区海滨中学倪永培老师的"弦切角概念和定理"的教学予以说明。

弦切角概念教学

一、小黑板上出示两条弦可以移动的圆周角，如图 6-3 所示。

在简单提问复习圆周角知识后，教师将弦 AB 转动至图 6-4 中的位置（AB 为 $\odot O$ 的切线）

问：图 6-4 中 $\angle BAC$ 是圆周角吗？它有什么特征？

图 6-3　　　　　　　　　图 6-4

二、呈现弦切角定义：顶点在圆上，一边和圆相交，另一边和圆相切的角叫弦切角。

三、呈现下列例证（正例与反例），加深对概念本质特征认识。

问：图 6-5 中哪些角是弦切角？哪些不是？为什么？

四、师生讨论，加深对弦切角三个本质特征的认识。

五、在后继的学习中应用弦切角概念，使应用达到熟练。

六、弦切角定理教学。

（一）呈现弦切角定理：弦切角等于它所夹的弧所对的圆周角。

（二）分三种情况证明弦切角定理。

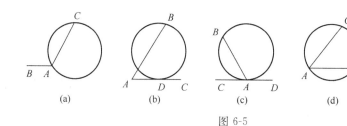

图 6-5

图 6-6

已知　如图 6-6 所示，AC 为 $\odot O$ 的弦，AB 为 $\odot O$ 的切线，$\overset{\frown}{AMC}$ 为弦切角

$\angle BAC$ 所夹的弧，$\angle P$ 是 $\overset{\frown}{AMC}$ 所对的圆周角。

求证　$\angle BAC=\angle APC$

证明　分三种情况讨论。

第一，圆心 O 在 $\angle BAC$ 的边 AC 上

AB 为 $\odot O$ 的切线 $\Rightarrow\angle BAC=90°$

AC 为 $\odot O$ 的直径 $\Rightarrow\overset{\frown}{AMC}$ 为 $180°$ 弧

$\Rightarrow\angle BAC=\dfrac{1}{2}\overset{\frown}{AMC}$ 的度数

AC 为 $\odot O$ 的直径　$\angle P=90°$

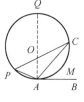

图 6-7

$\angle P=\dfrac{1}{2}\overset{\frown}{AMC}$ 的度数

$\Rightarrow\angle BAC=\angle P$

第二，圆心在 $\angle BAC$ 的外部作 $\odot O$ 的直径 AQ，如图 6-7 所示。

$\angle BAQ=\dfrac{1}{2}\overset{\frown}{AMC}$ 的度数

$\angle CAQ=\dfrac{1}{2}\overset{\frown}{CQ}$ 的度数

$\Rightarrow\angle BAC=\dfrac{1}{2}\overset{\frown}{AC}$ 的度数

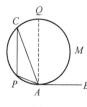

图 6-8

$\angle P=\dfrac{1}{2}\overset{\frown}{AC}$ 的度数

$\Rightarrow\angle BAC=\angle P$

第三，圆心在 $\angle BAC$ 的内部，如图 6-8 所示。

（证明略）

提示：为什么要分三种情况证明？

因为圆心与弦切角有三种位置关系，且任何一种情况不能代替其他的两种情况。

七、设计变式练习，促使知识向技能转化。师生共同讨论，完成如下例题。

例1　如图 6-9 所示，DE 切 $\odot O$ 于 A 点，写出圆中相等的角。

解　（1）$\angle CAD=\angle ABC$（弦切角定理）

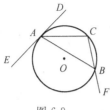

图 6-9

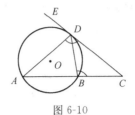

图 6-10

(2) $\angle BAE = \angle C$（弦切角定理）

(3) $\angle CAE = \angle ABF$（等角的外角相等）

$\angle ABF$ 等于 $\angle C$ 吗？为什么？

如图 6-10 所示，已知 CE 切 $\odot O$ 于 D 点，A，B，C 三点共线。

求证 $\angle DBC = \angle ADC$

证明 CE 切 $\odot O$ 于 D 点 $\Rightarrow \angle CDB = \angle A$

$\angle C = \angle C$

今 $\angle DBC = \angle ADC$

如图 6-11 所示，PQ 切 $\odot O$ 于 P 点，AB 为 $\odot O$ 的直径。

求证 $\angle BPQ + \angle B = 90°$

证明 连接 AP

AB 为 $\odot O$ 的直径 $\Rightarrow \angle APB = 90°$

$\Rightarrow \angle A + \angle B = 90°$

PQ 为 $\odot O$ 的切线，P 为切点 $\angle BPQ = \angle A$

$\Rightarrow \angle BPQ + \angle B = 90°$

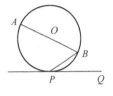

图 6-11

（五）评价

自从布鲁纳提出发现学习思想以来，对学习就有了接受性学习和发现性学习之分，孰是孰非，莫衷一是。而奥苏伯尔关于有意义接受教学思想的提出对接受性学习和发现性学习给予了适当、中肯和较为科学的论证。接受性学习不一定全是机械的、注入式的，在适当的条件下可以转化为积极的、主动的、有意义的学习。而发现性学习也并非完全是有意义的，在一定的条件下有可能成为盲目的、无效的学习。学习是否有意义，决不决定于学习的外在形式，其关键要看是否满足了有意义学习的条件。只要根据有意义的学习规律，充分考虑儿童的认知特点和教材的难易程度。无论采用何种学习方式，都可以成为有意义的学习。这样，奥苏伯尔提出的有意义接受性学习理论为公正地评价上述两种学习方式提供了可靠的依据（即学习是否有意义），也为人们在教学过程中综合运用两种学习方式提供了思路。要使接受性的学习有意义，必须符合有意义学习的条件：学生必须具有有意义学习的心向，即主动地将所要学的知识与学生的原有的知识发生联系的倾向性；具有适当的知识进行新旧联系。因此，学生的有意义学习也是一个主动的过程，这能促使教师在教学中彻底避免传统教学中的"满堂灌"的做法，代之以少而精的讲授（如先行组织者策略、不断分化和综合贯通策略等），有利于学生掌握丰富的知识体系。但奥苏伯尔的有意义接受学习模式对教师的要求较高，如运用先行组织者策略、不断分化和综合贯通策略，了解学生原有的知识结构等需要教师对教材有十分深入的了解和把握，这无疑强调了教师的中心地位，忽视了学生在学习过程中的能动性和自我激发学习动机的潜能。另外，要促使有意义学习成为现实，需要学生运用原有的认知结构去同化新知识，而在奥苏伯尔的理论中，原有的认知结构更多的是指认知成分，忽视了学生的学习态度、兴趣在同化新知识中的作用。因此，有意义学习还要注重对学生情感、兴趣、态度等非认知心理因素的激发和培养。

三、布卢姆的掌握学习教学模式

布卢姆及其助手通过实验、观察、追踪研究，认为除了百分之一二的超常儿童和百分之二三的低常儿童外，百分之九十五以上的学生在学习能力、学习速度、学习动机等方面并无大的差异，只要有适合学生特点的学习条件，几乎所有的学生都能学会。因此，教师必须为掌握而教，即按教学要求把教材分成可教一两周的单元，在每个单元完成之后进行"诊断测验"，发现学习中存在的问题，然后通过测验的学生，由另一位教师有计划地作与每一次不同的讲解，直到学生掌握有关教学内容为止，从而形成了以"为掌握而教"、"为掌握而学"为特征的掌握教学模式。

（一）教学目标

布卢姆指出："有效教学始于准确地知道需要达到的教学目标是什么。"为了帮助教师确定教学内容，并能对之进行评价，布卢姆对教育目标进行了系统的分类。他认为，在教学中知识和能力对学生的发展都是必要的，系统的科学知识对能力的发展有着重要的意义，但是单纯以知识和接受为目标的教学是低水平的教学，以理解、应用、分析、综合、评价和反应、估价、组织、性格化为目标的教学可以使学生在知识、能力、态度等方面得到较大的发展。

（二）理论依据

布卢姆认为，如果学生对一门学科的能力呈正态分布的话，并向他们提供在质量和时间上一致的教学，那么他们在学科完成方面的成就也将是正态分布的，而且，能力与成就之间的关系应该是高的（见图6-12）；如果学生能力呈正态分布，但每个人接受适宜的教学质量和适当的学习时间，就能期望大部分学生达到掌握。此外，能力和成就之间只有极少或没有什么关系了（见图6-13）。

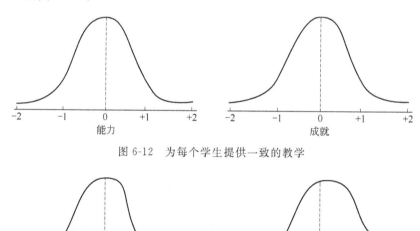

图 6-12　为每个学生提供一致的教学

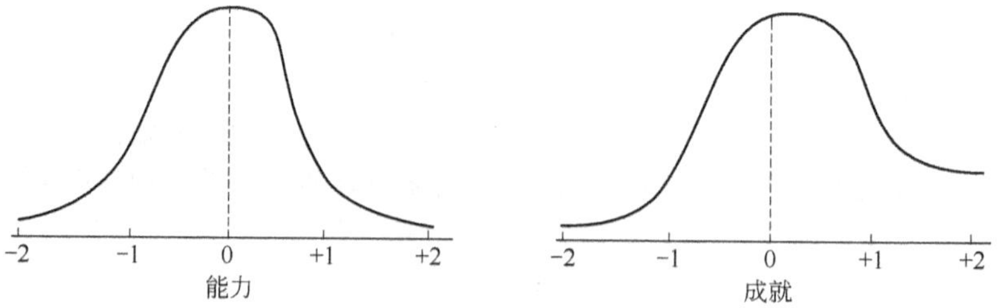

图 6-13　为每个学生提供适宜的教学

（三）教学程序

1. 定向

教师在展开教学内容之前，要明确告诉学生学习什么，怎样学习，达到什么程度等，为掌握学习定向。主要是让学生明确以下几点。

（1）掌握学习是帮助全体学生，而不是少数学生的学习，每个学生都将得到学习过程中所需要的帮助。

（2）每个学生都会接受一系列形成性测验，以便及时反馈、矫正，不断调整学习。

（3）每个学生的学习等级以期末成绩为依据，根据预定的标准来划分，达到标准的都将获得优等（不以数量来限定）。

（4）学生假使在学习上遇到困难，会得到另一套可供选择的学习材料，帮助达到掌握的水平。

这一阶段对学生树立掌握学习的自信心及形成良好的学习动机至关重要。

2. 逐单元学习，实现单元掌握

教师把整个教学内容分成一系列单元，每一个单元的时间要足够长，使学生有充裕的时间学习相互联系的事实、概念、原则、技能及评价。同时每一单元又要足够短，以保证对每个学生的学习进度进行严密的控制。单元划分好以后，再安排单元序列，使得已掌握的事实、概念、原则、技能及评价能在以后的各单元学习中多次运用。

（1）形成性测验（A测验）。教师在讲授完每一单元后，对全班学生进行单元形成性测验，教师出示标准答案，由学生自己评分，若成绩达到80～85分，就算已经"掌握"，未达到这一成绩的学生则进行矫正。

（2）矫正。集体矫正，教师若发现有三分之二以上学生未能正确回答问题，则进行补充教学；小组矫正，让学习小组检查形成性测验的结果，克服测验中的困难，交流看法，加深理解；个别矫正，教师或家长、助手对未达到掌握水平者进行个别辅导。

（3）再测（B测验）。对未掌握的学生进行再测，如果学生通过二次测验而仍未达到掌握水平，则不再进行第三次测验。

3. 终结性测验与评定等级

通过终结性的测验，分数达到或超过掌握标准的所有学生得"A"（或相当于"A"的等级），而对低于成绩标准的学生则进行两种评定等级的方法。一种是给学生"没有完成学习任务"的评定（也就是说这些学生还没有花足够的时间、得到足够的帮助），教师则可以有一个"公开成绩单"，以便随时记载这些学生成绩提高的情况。另一种方法是用传统评定等级中的其余等级（即B、C、D、F）评定掌握成绩以下的各种等级。

（四）教学策略

1. 注重对学习过程的控制

在掌握教学中，教学的中心任务不是控制学生，而是控制学习。"教师的作用是说明将要学习什么，激发学生对规定的内容的学习，向学生提供教学材料，将这些材料的学习控制在适合每一个学生的进度上，指导学生的学习进展，判断学生在学习上遇到的困难并采取适当的补救措施，对学生取得好成绩予以表扬和鼓励，以及给予复习和练习，以使学生的学习长时期保持下去。"

2. 实施反馈教学

掌握教学是一套较有效的个别化教学实践，然而与其他个别化教学方法不同，它不是一种一对一的个别教学方法。它的方法仍然是建立在一般课堂教学情境中的群体教学基础上的，在群体教学中加进了自我纠正系统——反馈与个别化的矫正性帮助。布卢姆强调指出，通过频繁的反馈和按照每一个学生的需要因人而异地帮助进行纠正，可以及时弥补和纠正群体教学所带来的不足。

在掌握教学中，反馈和纠正是通过评价（诊断性评价、形成性评价、终结性评价）来实现的。

3. 为掌握而教

在掌握教学中，教师应不囿于传统教学，不按"正态曲线"来评定学生的成绩。教材要适合学生的水平，深浅适度；如果学生不能通晓教科书中的概念，应使用"练习册或程序化的教学单元"，做到小组教学与个别教学相结合，除班级的群体教学外，可采用能力分组的小组研究和个别指导的研究方式来运用"矫正教学"，使不同的学生都能通晓相同的教学内容，达到共同的教学目标。

4. 给学生提供成功的学习经验

布卢姆认为，学生一直在寻求对自己价值的肯定承认。如果学校不能在课堂上给学生以更多成功的经验，那么学生在校内外都会拒绝学习。在传统教学中，存在着学生"实际学习机会的不平等"。"差生"在学习成绩和学习态度上的恶性循环是人为造成的。如果教材合适，教法设计得当，在学习时间、学习动机上为学生提供有利的条件，对学生的进步给予反馈，那么，学生就会把更多的课内时间用于积极学习（能确认哪些方面学得较好，哪些方面学得不好，需要做些什么来改进学习）。当他们在解决学习中所遇到的困难时，就能从书本、朋友与教师那儿熟练地找到答案并寻求帮助。布卢姆说，"如果一个儿童感到他有能力进行学习，那他在学习过程中的态度和兴趣就会增加"，这样学生就会获得更多的成功经验。如果教师和学生都了解所期望达到的"掌握"，那么90％以上的学生都能达到教学的要求。

（五）评价

（1）掌握教学是一种有关教与学的乐观主义教学理论，是一种极为乐观的学生观。当然这种新的学生观并不否定学生之间在学习能力、倾向方面所存在着的差异，但它反对将能力倾向与学生成绩之间直接挂钩。

（2）掌握教学是一套有效的因材施教的教学实践尝试，它把集体教学、小组教学与个别教学融为一体，寻求集体教学与个别教学最佳的结合。

（3）掌握教学以明确具体的教学目标作为教学的导向，使整个教学活动始终处于教学目标的控制之下，使师生双方在教学一开始就有达到目标的期待感，在教学过程中有方向感，这样就可以避免传统教学由于目标模糊不清所带来的随意性和盲目性。

四、罗杰斯非指导性教学模式

当代美国人本主义心理学家罗杰斯认为，在传统教学中，教师是知识的拥有者，学生是容器，他必须正襟危坐地聆听教师的授课，教师授课所采用的方法是把知识灌输到学生这个容器中。传统教学是以教师为中心的、灌输性的、有指导的教学。罗杰斯根据自己多年的心理治疗的经验，把"以病人为中心"的理论直接运用于课堂教学中。在他看来，学生同病人一样，是一个知情合一的人，他们渴望用自己的情感经验和认知方式行事。教学就是要提供一种人道主义的、令人愉快的环境气氛。在这个环境中，学生是教学的中心（就像在心理治疗中以病人为中心一样），他们能得到教师的理解、尊重，能使情感活动和认知活动有效地统一起来，他们的兴趣、爱好能得到最大限度的发挥。教师不以权威、指导者自居，其作用只是为学生的学习提供各种条件（如生动地呈现学习材料、开列参考资料等），让学生自由地选择如何学习。教师只起到顾问、咨询服务的作用，他应学生的要求参加讨论、探索、研究。教师不作指导，更不是包办、操纵。也就是说，教学应是非指导性的，从而形成了"以学生为中心"的非指导性教学模式。

（一）教学目标

罗杰斯认为在这个不断变化的世界上，传递知识不再是教学的目的，教学所追求的目标是"适应变化和学习"，即培养能够适应社会变化和知道如何进行学习、充分发挥作用的人。

"充分发挥作用的人"就是"学会怎样学习的人，学会怎样适应和变化的人，认识到任何知识都不是完全可靠，唯有探索知识的过程才是健全的、基本的人"。罗杰斯在《学习的自由》一书中强调"充分发挥作用的人"有四个显著特征：有洞察力，有创造性，有建设性，有选择性。

（二）教学程序

尽管非指导性教学变幻莫测，但罗杰斯指出，非指导性教学具有一个时间上的序列，他把这种序列划分为三个阶段。

1. 阐明辅助情境

教师创设一种可接受的气氛（"我们今天希望讨论什么或做什么"），师生明确在教学中应对共同关注的问题取得一致性意见，使学生得以无拘束地、自由自在地交流自己的想法。

2. 提出问题

由学生提出各自感兴趣的问题，教师对所提问题进行接纳和澄清，经过讨论后形成小组成员共同感兴趣的问题，从而确定教学目标。如果学生提出的问题含糊不清、自相矛盾，教师可将它引导到小组共同的问题上来。

3. 提供资源，共同讨论

在确定好教学目标后，教师提供一些小组可利用的资源，如书籍、录音、访问有关人士等，鼓励学生表达积极的或消极的情感，坦诚待人，乐于倾听他人意见，认真参与小组讨论，共同探索问题。当然，如果学生希望教师讲授，教师则可按学生的要求，针对讨论的内容进行讲授；但教师不作任何结论，也不作总结性发言，各项讨论结果最后都悬而未决，所提问题也总是处在流动变化之中。

罗杰斯指出，教师对上述教学程序的控制，会随不同的问题，学生个性的不同而发生变化。

（三）师生角色与教学策略

1. 教师角色与教学策略

在罗杰斯看来，学生是课堂上理所当然的中心，教师不以指导者自居，而是为学生学习提供方便，注重学生情感发展的促进者，是受学生信赖、与学生之间不存在任何防御的顾问。因此，教师在非指导性教学中必须采用以下一些教学策略。

（1）创设心理自由和心理安全的环境。

心理自由的环境是指创设一种不受传统束缚，敢想、敢说、敢做，不屈从于权威的气氛。心理安全的环境指的是建立一种没有威胁、批评，且不同意见、想法均能受到重视、尊重、赞扬与鼓励的环境。罗杰斯认为，上述两个方面能使学生形成下述特征：承认自己而不怕别人笑话或讥讽，可以自由地表达自己的想法，用不寻常的方式来运用他的思维与想象。这些特征都是一个"充分发挥作用的人"的基本态度，在教学过程中起着十分重要的作用。

（2）建立良好的师生关系。

罗杰斯认为，教师和学生之间形成一种良好的、民主的伙伴关系是非指导性教学的前提。

第一，以真诚的态度对待学生。罗杰斯说："当我如实地表现我自己时，当我不必戴上盔甲去比试，而是无所顾忌地出现时——当我能接受这个事实：我有许多缺点和错误，做过许多错事同时又对自己的知识长于何处茫然无所知时；当我应该坦诚相见又常常持有成见、常常具有不为周围环境公正地证明的感情时——这时，我就能更为真实。"也就是说教师在教学过程中以共同的生活者和伙伴的身份出现在学生中间，无拘无束地同学生坦诚相处，将自己的所思所虑直率地告诉学生，以此来赢得学生的信任和理解。

第二，尊重学生的个人经验、感情或意见。在教学过程中学生难免会对学习内容感到乏味、困惑，产生焦虑和挫折，因此，教师要如实地、无条件地接纳这些感情，理解这些感情，使学生进行积极的、自我的、主动的学习，产生更大的创造力和自我责任感。

第三，深入理解学生的内心世界，设身处地为学生着想。罗杰斯称之为"移情性理解"。他说，移情性理解"意味着进入他人的内心知觉世界……时刻敏于飘拂于他人内心的不断变化和能加以察觉的意义，敏于恐惧或者愤怒或者脆弱或者他（她）正在体验的任何东西"，即教师不仅理解学生的表面行为、态度，而且理解较深层的、本质的情感。教师以咨询者的身份去体验学生的最初一刻所感受到的情感，从而有力地增强课堂气氛，提高教学效果。

2. 学生角色与学习策略

学生是课堂的当然中心，是学习的自我激发者，学生自己有权选择如何学习。在教学过程中，在教师作为"顾问"、"促进者"角色的引导与启发下，学生应采用意义学习和自我评价的学习策略。

为了进一步完善自我评价的方法，罗杰斯的一些追随者们还设计了各种形式的学生自我评价表。表6-3是一份"自我评价检查表"实例。该表旨在促进学生了解不同的学习方面，了解同学和教师，了解个人的行为类型及对个人学习效果的评价，获得学习目标观念，使目标能定期地为学生的学习提供方向。

表6-3　学生自我评价检查表

编　　号	很少	有点	还可以	相当多	很多
1. 你对这个教学单元感兴趣吗？					
2. 你理解教学内容吗？					
3. 你理解该教学过程吗？					
4. 你了解你自己吗？					
5. 你更好地了解了同学吗？					
6. 你更好地了解了教师吗？					
7. 你参与学习了吗？					
8. 你努力学习了吗？					
9. 你学习会持之以恒吗？					
10. 学习会对你产生什么样的影响？					
11. 要求你形成个人的学习目标。 你在学习中最主要的三个目标是， A： B： C：					

（四）评价

罗杰斯是当代人本主义思想的创始人之一，他把人本主义心理学和自己长期在心理治疗上所积累的经验演化到教学理论当中，成为独特的"非指导性教学"理论，已引起世界性的强烈反响和关注，成为当代教学理论研究的重要课题之一。首先，人本主义强调"自我实现"，"对他人的关心和尊重，和谐的人际关系"等，罗杰斯从这些基本思想出发，提出了教学必须以人为中心的教学目标观，对于生动活泼地、自主地、具有创造性地发挥学生的潜能和良好个性的塑造具有重要的作用。其次，人的认识过程并不仅仅是认知过程，同时也是情感的过程，罗杰斯把人际关系、情感态度看成是实现教学目标的主要条件之一，主张在教学过程中创设一种真诚、接受和理解的气氛，能促使学生充分认识自我的价值，形成真实的自我概念，这些也是行为主义和认知学派的思想所忽略的。罗杰斯"以学生为中心"的教学理论大大突出了教学中的情感因素，形成了一种以知情协调活动为主线，将情感作为教学活动的基本动力的新理论，使人们把教学活动的重心从教师引向学生，有利于充分发挥人的主观能动性和创造性。

第三节　我国主要的教学模式

一、"八字"教学模式

1964 年上海市育才中学在教学改革实践中总结出"紧扣教材、边讲边练、新旧联系、因材施教"的十六字经验。20 世纪 70 年代后期该校又针对当时流行的"加班加点"、"题海战术"等问题，提出了要变教师的"讲授"为主为学生的"学习"为主，使被动的学习变为积极主动的学习，使学生真正成为学习的主人，于是形成了以"读读、议议、练练、讲讲"为基本精神的"八字"教学模式。

（一）教学目标

根据"八字"教学模式，学生在"读"的过程中主动地获取知识，增强自学能力；在"议"、"讲"的过程中，同学间相互启发，各抒己见，从而使学生获得良好的表达能力和批判性思维能力；"练"是学生从不知到知，灵活运用知识的过程，能较好地促进思维能力，甚至创造性思维能力的发展。

（二）教学程序

（1）读，即引导学生阅读课文，了解大意，教师对教学内容加以组织和处理；对于新课内容要求学生上课时阅读，在学生阅读之前根据学科内容提出要求，使学生带着问题去阅读，主动地从教材中获取知识。

（2）议，即为了广开思路，活跃思维，向学生提供议论的机会，使学生针对所遇到的疑难问题进行相互交流和切磋，各抒己见，明辨是非，以达成一致的意见或结论。"议"是"八字"教学的关键。在"议论"之前，教师一般将学生分成由四人组成的小组，便于从总体上控制课堂和及时了解学生的议论情况。

（3）练，即让学生在课堂上进行必要的练习，在练习中进一步消化教材，掌握和巩固新的知识、技能，做到当堂理解、当堂巩固、当堂消化，举一反三。

（4）讲，即教师在学生读、议、练的过程中，针对学生提出的问题，给予点拨、解惑、总结等工作，把读、议和练的成果提高到更高一级的水平。

这样可以简单地勾画出"读、议、练、讲"的教学程序图 6-14。

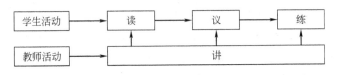

图 6-14　教学程序

"读、议、练、讲"在课堂教学中相互渗透。由于各学科的性质和特点各不相同，因此在运用上也应有所差别。如数学学科主要以题目组织教材，教师在认真钻研教材的基础上，用以明确概念为主的新旧知识联系、温故知新、举一反三的练习题来进行"读、议、练、讲"，以熟悉和加深对数学知识的理解和应用；物理、化学、生物学科主要以实验组织教材，教师精心设计一些演示实验、学生实验以及实验题等进行"读、议、练、讲"，力求做到手脑并用，消化和吸收知识；语文学科主要精读自编教材，采取一次多篇的方式阅读统编教材；外语学科主要重在读、听和反复练习；历史、地理知识主要在"读、议、练、讲"中采用细水长流的方式，达到消化、巩固知识的目的。

（三）师生角色与教学策略

1. 教师角色与教学策略

育才中学的老校长段力佩风趣地把"八字"教学称之为"有领导的'茶馆'式的教学"。所谓"有领导"，就是指教师的启示、引导、点拨、解惑、总结等；所谓"茶馆式"就是放手让学生讨论，畅所欲言，各抒己见。他认为课堂不是教师的"讲"堂，而是学生的"学"堂，教师在教学中扮演着引导、启发、点拨、解惑等角色，在教学中可运用以下一些教学策略。

（1）有重点地精讲。

（2）巡视指导。

（3）加强课外活动。

2. 学生角色与学习策略

段力佩校长认为，教学的重点在"学"而不在"教"，学生是学习的主体，"读"、"议"、"练"等活动都是在学生身上体现出来的。因此，学生在学习过程中可运用以下一些学习策略。

（1）以自学为主，主动地学。

自学能力是一把金钥匙，它可以打开知识宝库的大门。自学是获取知识的主要来源。学生必须牢固树立以自学为主、主动学习的观念。如在"读"时，根据教师提出的阅读要求认真阅读，而不应"走马观花"；在"议"的过程中广开思路，从不同角度思考问题，摸索规律；在"练"的过程中针对问题进行创造性的思考，力图从不同的角度解答问题，深刻理解知识的内涵与本质。

（2）形成良好的学习习惯。

学生在"读"的过程中，做到眼看、口诵、心想，把读、画（作记号）、批（批注）、写（做笔记）结合起来；在"议"的过程中，事先积极预习、查阅资料，提出疑难问题，积极参与讨论，充分运用已学的知识，畅所欲言地表达自己的想法；在"练"的过程中由半独立练习过渡到独立练习，做到相互交流，相互批改作业，养成自我复习、自我检查的习惯。

二、自学辅导教学模式

20世纪40年代以来，科学技术得到了迅猛的发展，知识总量正以成倍的速度递增，人们在知识总量不断增加的前提下，要赶上信息时代的步伐，自学能力的培养是关键。有了自学能力，无论是知识更新的周期如何加快，科学技术综合化的趋势如何强烈，都可以运用自学能力去有效地掌握知识，获得独立思考能力。但要掌握知识和培养自学能力，利用传统的注入式教学是很难达到目的的。中科院心理研究所卢仲衡教授根据美国程序教学专家斯金纳关于小步子和及时强化的原理，运用学习心理学中的适当步子的原则、即时知道结果的原则、铺垫原则、直接揭露本质特征原则、从展开到压缩原则、变式复习原则、按步思维原则、可递性联想原则，步步有根据原则九条原则，对初中数学进行自学辅导的教学实验。实验对传统的课堂教学进行了比较大的改革。从初一开始，把传统课堂教学以教师讲授为主变为在教师的指导、辅导下以学生自学、自练和自批作业为主的过程，教师确保学生每节课有35分钟左右的自学时间。在自学时间内，教师一般不打断学生的思路，学生利用"三个本子"（一个课本、一个练习本、一个答案本）进行自学、自练、自改作业。从实验结果看，实验班学生的学业成绩、自学能力的成长、自学能力的迁移、各学科的全面发展等四项指标均超过运用常规教学的对照班，实验班的自学能力比对照班高出三倍以上。自学辅导从

1965 年首次倡导实施至今，已形成一个较为完整、规范的，在教师指导、辅导下以学生自学为主的模式，即"自学辅导"教学模式。

（一）教学目标

卢仲衡认为，穷究事物之理，在于深刻理解和准确地掌握知识，自学辅导教学注重在教师指导、辅导下学生的主动学习，它充分地调动了学习的主动性，将学习主动权交给了学生。因此，它可以培养学生自学数学的能力和独立思考能力，养成良好的自学习惯，更好地掌握数学基础知识。由于知识是通过学生自学得来的，是一种牢固的自我知识，它能较快地迁移到其他学科的教学情境中去。

（二）教学程序

自学辅导教学一般可分为四个程序。

1. 领读

即花 3～5 天时间要求学生基本学会阅读教材，能正确理解词义，并学习概括段意。过 3～5 天后，教师就不再领读了，随着自学辅导的深入这一程序可逐步放弃。

2. 预习

自学的目的是培养自学能力，在学生自学能力较低或教材难度较大的情况下，发给学生预习题，促使学生认真核对答案。核对答案是自学辅导教学中不可缺少的环节。在核对答案中要求：①做完一道大题目所包含的全部小题目后才核对答案，不要做一小题就核对，以免思维步子过小而影响思维能力的发展，但也不要做完一个练习后才核对答案，以免出现连续性的错误（对数学成绩较好的学生来说可以做完一个练习后才核对答案）。②核对完答案后必须在旁边作上对（"√"）或错（"×"）的记号，便于教师检查。③在核对答案过程中对答错的练习不准把错误擦掉，而在旁边作出改正。这样做有利于学生了解自己出现的错误，把学习重点放到预习中搞不懂、理解不深的内容上。

3. 拟定阅读提纲和思考提纲

学生在预习中学到了一些知识，但这些知识是不系统的，学生仍会有问题、疑点。对于容易的问题教师可不做任何说明或解释。对于疑难问题，教师出示阅读提纲或思考提纲，对疑难点略作启发提示后，学生根据提纲自己阅读教材，做练习。阅读提纲可以是少量加深理解课文的内容。思考提纲则不能完全从书上找到答案，需要对知识系统理解后才能答出。如学完有理数的概念后，可以出这样的思考提纲。

（1）开学后新学了什么数？这些数与以前学过的数有什么区别？

（2）"0"只表示没有吗？

（3）一个有理数不是整数就一定是分数吗？举例说明为什么？

（4）一个有理数不是正数就是负数吗？举例说明为什么？

（5）整数一定是有理数，有理数一定是整数，对吗？不是整数就一定不是有理数，不是有理数就一定不是整数，对吗？

在这一环节上，学生必须有 30～35 分钟的自学时间，在这期间，教师不打断学生的思考，而是巡视课堂，了解学生阅读教材情况，解答学生问题（一般是解答本教材的问题，其他问题留在课后解答），辅导学习困难学生（这是教师巡视的重点）。

4. 总结

学生根据教师出示的阅读提纲或思考提纲进行阅读和练习后，学生还会有一些难点难以解决，这时需要教师提问和学生进行总结，这个环节如果掌握得当，既可以培养学生的表达能力，又能普遍了解学生的学习情况，还能使学生深化概念，积极思考，用自己的语言写读书笔记或心得，对概念、法则、定理或题型进行归类等。如果继续出提纲，要多出些带有思考性的问题，或者出一些带有一般性的提纲（如本节课学习什么内容，哪些是重点、哪些是难点，这些内容同以前学过的哪些内容有什么联系等），或鼓励学生自己写提纲。再如，要求学生学完一个单元的内容（章、节）后学习写总结，了解各部分内容之间的逻辑关系，鼓励学生发现问题，提出问题等。

（三）师生角色与教学策略

1. 教师角色与教学策略

在自学辅导教学中，以学生的自学为主，教师则承担着"指导者"、"辅导者"的角色，他在教学中可运用以下几个教学策略。

（1）启发指导策略。

教师应通过启发引入问题，布置自学内容和要求，让学生在教师的指导下通过自学解决问题，以便更好地掌握知识。教师采用的指导形式有点拨、讲解、追究、讲评、总结等。点拨，即学生在分析、探索问题的过程中思路贫乏或进入"死胡同"时，教师予以点拨、疏通思路；讲解，即学生在碰到十分陌生的知识时，教师予以少而精的讲解，给学生排难解疑；追究，即学生碰到一些相互联系、又容易引起干扰的知识、定律时，教师根据学生的理解、接受程度，施行追究，以期弄个"水落石出"；讲评，即针对学生有创见的想法或回答，教师予以肯定，对于暴露出来的问题，教师予以讲清错误的原因，促使学生真正领悟；总结，即教师对知识加以归类，使其系统化，概括化，增强学生的理解与记忆。

该策略体现于课前拟就反映教材重点、难点的提纲；课堂上根据各种类型学生的特点，分别引导学生认真阅读教材，深刻理解教材内容（如给敏捷而踏实的学生介绍较多课外读物，提出难度较大的问题，促进他们认真思考，加速他们的自学能力的发展；对敏捷而不踏实的学生补充一些必要的知识，使之能顺利地阅读教材，了解教材的大致内容）；统一做题格式，使学生在做题过程中书写规范化；根据课堂上学生学习情况及时提出问题，引导学生积极讨论等。

（2）检查督促策略。

它指的是学生在自学每一步内容时，教师要通过观察、提问等形式让学生回答，正确的予以肯定，错误的立即予以纠正。该策略体现于对各类不同学生采取各种不同的管理措施，以利于克服他们的缺点，发挥其特长。如对"敏捷而不踏实"的学生，应经常检查他们阅读是否认真，做练习是否仔细，督促他们按时完成作业，及时改正作业中的错误等。

（3）辅导策略。

它指的是对各类不同学生作不同程度的辅导，使他们均能在自己学习基础上得到提高。如对"敏捷而踏实"的学生应主要帮助他们了解在学习难度较大的内容中所遇到的问题，而对"不敏捷不踏实"的学生则应及时帮助他们弄懂教材上的内容，解决他们在练习中所遇到的困难等。

2. 学生角色与学习策略

在自学辅导教学中，学生存在着多种多样的学习类型。根据学生在学习中的"准确性"和"迅速性"的差异，可以区分出四种不同学生的思维品质：①敏捷而踏实（快而准）；②敏捷而不踏实（快而不准）；③不敏捷而踏实（慢而准）；④不敏捷而不踏实（慢而不准）。

学习类型不同的学生在自学方法和自学效果上不尽相同。但无论如何，学生在自学辅导教学中始终扮演着"自学者"、"问题解决者"的角色。在自学过程中可运用以下一些学习策略。

（1）掌握阅读方法。阅读分"粗读"、"细读"、"精读"三种。"粗读"就是浏览一遍教材，知其大意；"细读"就是对教材要逐字逐句地读，钻研教材的内容、概念、公式、法则，正确掌握例题的格式；"精读"就是概括内容，理解教材的涵义。

（2）养成良好的自学习惯。在自学的基础上，针对教师拟定的自学提纲，从教材中找出答案；写出章节或单元总结；归纳各部分知识之间的关系；发现和提出自学中的疑难问题；边自学边概括；学会做笔记，如眉注，加上补充的内容等。

三、尝试回授-反馈调节教学模式

1977年，上海市青浦县中学最高年级的4373名同学接受数学统考，考题是初中一、二年级的常见题，统考结果总平均分为11.1分。如何大面积提高学生成绩，使大多数学生达到规定的合格水平是青浦县教育工作者所面临的最棘手的问题。全县300多位数学教师在顾泠沅的带领下（顾泠沅数学教改实验小组），提出了一个全程为十年的教学改革计划。首先通过三年教学调查（1977.10～1980.3），他们发现，一是初中阶段是教学的关键时期，于是大部分时间和精力投向了初中阶段。二是教师的教学方法陈旧，习惯于"教师讲例题、学生做习题"，"教师教公式，学生套公式"的机械式的教学，搞死记硬背，于是将教学方法的改革作为提高教学质量的突破口。接着他们又经过一年经验筛选（1980.4～1981.8），即研究人员从工作实践出发，探索出了一套经验筛选的方法，包括分析和总结优秀的教学经验，在课堂教学中运用这些经验和成果，组织有经验的教师深入课堂对教学状况进行系统的考察与评价，根据考评结果优化处理教学经验，多次往复，直至筛选出有效的教学措施。这些教学措施是：①让学生在迫切要求之下进行学习；②组织好课堂教学的层次（序列）；③采用讲授法的同时辅之以"尝试指导"的方法；④及时提供教学效果的信息，及时调节教学。后来，他们开展了三年实验研究（1981.9～1984.8）。整个实验在初中阶段进行，以自然实验法为主，实验班与对照班教师的平均教学水平相当。实验班的教学既重视基本知识和基本技能，又重视培养学生获得和运用知识的能力。所采用的方法是将教材组织成一定的尝试层次，通过教师指导学生尝试来进行学习，同时又注意回授学习的结果，以强化所学的知识、技能。这一整套方法包括：①启发诱导，创设问题情境；②探究知识的尝试；③归纳结论，引出知识体系；④变式练习的尝试；⑤回授尝试效果，组织质疑和讲解；⑥单元教学结果的回授调节。实验结果表明，实验班的学生无论在单元考试成绩、阅读能力、思维能力、数学归纳能力、准确寻找解题途径等方面均优于对照班的学生，他们在知识、能力、智力等方面都得到了发展。在上述六个步骤中，尝试学习是中心环节，回授尝试效果，组织质疑和讲解以及单元效果的回授调节，是为了进一步强化所学的知识技能，提高尝试学习的效果，从而形成了以"尝试回授"与"反馈调节"为主要精神的"尝试回授—反馈调节"教学模式。由于它在教学过程中注重学生的尝试学习以及对学习结果（信息）的及时反馈与诊断性评价、矫正，且能大面积提高学生的学习成绩，与美国著名的教育家布卢姆的掌握教学模式有异曲同工之效，故顾泠沅的"尝试回授—反馈调节"教学模式又被称为"中国式的掌握教学模式"。

（一）教学目标

"尝试回授-反馈调节"教学是培养学生获得知识和运用知识能力的教学模式，它充分发挥学生学习的主动性，注重学生的尝试学习。在尝试过程中阅读教材，学习某些技能、概念，细致地观察，做数学实验，进行类比、联想、归纳，做一些变式练习的尝试，在议论中发现问题等能有效地促进学生掌握数学知识技能，以及运用这些知识、技能的能力；学生在尝试学习后，教师通过谈话、提问、练习、考查等方式及时评定学生尝试学习的结果，有针对性地讲解和质疑，使学生在尝试的基础上克服思维障碍，进行多角度的思考，有利于发展以思维能力为核心的能力，如阅读能力、归纳能力以及多思路、多角度解决问题的能力。于是顾泠沅数学教改实验小组根据布卢姆、加涅等人的教学目标分类思想，在总结大量教学经验，结合教学工作实践的基础上，将教学目标区分为教与学的行为，教与学的水平两大类。

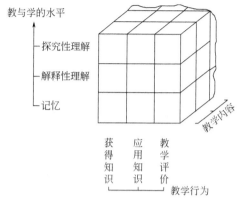

图 6-15　教学目标的三维结构

教与学的行为包括知识的获得、知识的作用和评价；教与学的水平，包括记忆水平、说明性理解水平和探究性理解水平三个等级。不同等级水平的教学所能达到的目标是截然不同的，这样将上述两大类目标与学习内容相结合，可以勾画出教学目标的三维结构图（图 6-15）。

教学目标可以演化为教与学的水平（三级水平）×学习行为（三种行为）×学习内容的目标体系。

1. 记忆水平的教学

目的在于识别或记住事实材料，使之再认或再现，不求理解，机械模仿，教学中以教师得出结论为主，反复训练学生记忆功能，这一水平的教学目标有：

（1）记忆，记住事实（名称、定义、符号、公理、定理、公式、性质、法则等）；

（2）模仿，在标准情境中作简单的套用或依照示例作机械的模仿。

2. 说明性理解水平的教学

指的是教师对知识和技能的讲授和解释，使学生加以领会，并将学到的知识、技能在一定范围内的新的情况中加以应用，这一水平的教学目标有：

（1）说明性理解，对知识、技能的实质性的领会，用自己的语言或用其他形式加以正确表达；

（2）封闭性转换，从变式情境中区分出知识的本质属性，或把变式灵活转换为标准式。

3. 探究性理解水平的教学

指的是有目的地引起新问题情境的认知冲突，要求学生亲自尝试学习。教师与学生共同参与提出问题和解决问题，共同进行研究和评价，这一水平的教学目标有：

（1）探究性理解，通过自己的检验对知识、技能的领会，能从多种角度或相对复杂的联系中阐明知识、技能的本质特点；

（2）开放性转换，自行开放变式的范围和程式，识别有关联的知识和无关联的知识，可靠的依据与不可靠依据之间的差别，独立发现和解决数学问题。

以上是获得知识和应用知识这两个主要的学习行为的分水平目标，由于评价行为需要与不同的学习内容相结合，这里从略。

（二）教学程序

"尝试回授—反馈调节"教学将教材组织成一定的尝试层次，通过教师指导，学生尝试来进行学习，同时又注重学习结果（信息）的回授，以强化进行尝试学习所获得的知识、技能。其实施包括以下六个程序。

1. 启发诱导，创设问题情境

教师根据教材的重点与难点，选择尝试点，教师与学生共同对问题进行观察和磋商，形成使学生想解决，但利用已有的知识和技能却又无法解决的情境性问题，使学生在问题情境中以注意力集中，思维活跃的状态进行尝试学习，同时又使学生保持不断激发求知欲的良好心理状态，使之能调节和控制整个学习过程。

2．探究知识的尝试

教师为学生拟订适合学生水平的尝试层次，学生在尝试过程中充分发挥自己的主动性，一般从事这样几项学习活动：阅读教材或其他参考书；重温某些技能和概念；对数学问题进行类比、联想或归纳、推演；逐步通过试探和试验，在议论和研究中发现新的知识、技能，解决所提出的问题，促使学有所得，"跳一跳摘桃子"。

3．归纳结论，纳入知识系统

组织学生根据尝试所得，归纳出有关知识和技能方面的一般结论；然后通过必要的讲解，由教师揭示这些结论在整体中的相互关系和结构上的统一性，使之纳入到整个教材的知识系统中去。

4．变式练习的尝试

对于一般结论，运用概念变式、背景复杂化和创设实际应用环境等手段，编制好顺序排列的训练题，让学生进行变式练习的尝试。变式练习具有思维的合适梯度，逐步增加创造性的因素；有时可把一道题进行适当的引申和变化，并使之与尝试学习过程有机结合起来，鼓励学生从不同角度更换解题的技能和方法，尝试分析各种有利于问题解决的条件。

5．回授尝试效果，组织质疑和讲解

教师充分利用观察、谈话、提问、课堂巡视、课堂练习与考察等手段随时搜集与评定学生尝试学习的效果，及时回授评定的结果（信息反馈），有针对性地组织质疑和讲解，帮助学生克服思维障碍。

6．单元教学结果的回授调节

在一个单元或一章、一册教学完毕之后，要进行关于教学结果的回授调节，其中尤以"阶段过关"为最重要，即给掌握阶段内容有困难的学生第二次教学机会，针对存在问题帮助"过关"。

上述六个程序并不是固定的，可根据学生实际情况、教材特点而加以调整，也可以对某个方面有所侧重。其中尝试学习是中心环节；启发诱导、创设问题情境是为学生尝试创造条件；归纳结论，纳入知识系统是把尝试学习所得的知识更加明确化和系统化；回授尝试效果、组织质疑和讲解以及单元教学结果的回授调节，是为了进一步强化所学得的知识和技能，提高尝试学习的结果。

（三）教学策略

1．问题情境创设策略

思维是由问题开始的，有了需要解决的问题才能调动思维的积极性。人的思维始于"问题情境"。问题情境具有情感上的吸引力，能使学生产生学习的兴趣，形成寻求问题答案的心向，从而促使学生运用已有知识独立地解决问题。在教学中把问题带进课堂，能鼓励学生解决现存知识与问题要求之间的矛盾，掌握解决问题的方法。心理学研究表明，某个问题有两个或两个以上的可能性可供选择时即形成情境，如果情境与学生过去已经获得的知识不一致而发生冲突，就产生了问题情境，也就是矛盾是产生问题情境的条件。实验小组教师常与学生一起对各种数、式和图形进行观察，提出学生依靠已有知识不能完成的问题形成矛盾，由矛盾形成"问题情境"来展开教学。例如上《对数表》课，教师拿了一张纸走进课堂说："这张纸厚约 0.083 毫米，现在对折 3 次，厚度不足 1 毫米，如果要对折 30 次，请同学们估计一下厚度为多少？"学生纷纷作出估计，有的说 30 毫米，有的说 60 毫米，教师则说："我经过计算，这厚度将超过 10 座珠穆朗玛峰迭起来的高度。"同学们都惊讶不已，有的甚至对教师的说法产生怀疑。于是教师利用这种矛盾所形成的认知冲突进行列式计算：0.083×2^{30}"。这时教师说："计算 2^{30} 花费很多时间，且容易算错，如果我们学会使用对数表，那么很快就能得出结果。"接着教师开始讲课，全班学生兴趣盎然，课堂气氛和谐活跃，教学效果良好。此外，教师还可通过引导学生发现、比较分析矛盾来设置问题情境，利用讨论中对某一问题的不同看法引起矛盾冲突来设置问题情境，这些问题情境均能有效地吸引学生的注意，启发积极思维。

2. 尝试指导策略

在数学教学中，教师在讲授的同时，如能辅之以指导学生亲自尝试、探索知识和技能，这是学生有效掌握知识，培养能力的重要措施。因为尝试指导这种自主性的学习活动能充分考虑儿童的兴趣爱好，有利于创造生动活泼的学习环境和气氛，形成让学生充分展示其聪明才智的机会和条件；同时它以学生为认识主体来展开教学，学生充分理解所学知识之间的联系及其科学与社会的价值，从而树立起学习的积极热情与探究知识的动机，在学习获得成功（问题解决）的同时，产生极大情绪体验，承认自我存在的价值，这样就会提高克服困难的勇气，增强学习的期望值，减少学习的依赖性。因此教师应当指导学生通过尝试探究、交往等自主学习活动，把教学改革的重点定位在使全体学生都能独立思考上，改变以往封闭的、割裂的、被动听讲的局面，使接受式教学与活动式教学相互补充，使学得与习得相结合。在教学中，可采取以下旨在让学生尝试的措施：

（1）引导学生边听边想边尝试，使他们具备发现问题的意识，启发他们发现问题、提出问题、分析问题和解决问题。

（2）选择部分教材，让学生自学，提出疑难，教师针对问题进行"质疑问难"。

（3）将传授知识的过程变为让学生相对探究知识的过程，让学生自行得出结论，解决问题，如例题教学可运用条件变式，不断设置某些障碍，逐渐增加思维的难度，可使学生达到闻一知十，举一反三的效果。

（4）广泛阅读课外书籍，扩大知识面，开展各种数学小组活动。

3. 反馈调节策略

教学是一个动态的过程，在这一动态过程中会存在着不断的信息交流，只有通过教师与学生之间的信息交流和信息反馈，分解出有用信息和无关信息，才能有效地控制和调节实现教学目标所需要的信息，实现预期目标。教学过程中的信息反馈，可使整个教学机构的特性对于各个教学效应器特性的依赖关系减弱。也就是说，如果原来教学效应器的特性差，例如学生基础好差悬殊，教师水平低一些等，因而教学效率不高的话，那么恰当使用信息反馈加以调整，就可以弥补这些方面的不足。因此，教师应当做到。

（1）通过观察交谈、提问分析、课堂练习、作业考查等随时搜集与评定每位学生的学习效果，及时地、有针对性地调节教学，从而激励所有学生的自信力；

（2）制定合理的教学目标分类细目，通过诊断性评价、形成性评价、终结性评价等手段把每日每课的教学细节性反馈与阶段教学结果的反馈调节结合起来，以改善教学系统中对信息的控制性能。

四、尝试教学模式

教学过程不是教师单纯传授知识，把现成的结论直接教给学生的过程，而是在教师的指导下学生通过自己努力去获取知识，掌握技能和发展能力的过程。江苏省常州师范学校特级教师邱学华根据现代教学论思想，对传统教学中把"教"局限于教师讲授、传递知识，把"学"局限于学生被动地接受知识的"教师讲在前、学生学在后"的教学观念进行了尖锐的批评。他认为教学应在教师的指导下，充分发挥学生主体作用（积极尝试、大胆探索）；教师的主导作用，即在教师的指导下让学生有目的、有步骤地尝试；课本的示范作用，即教师出示尝试题、提出尝试活动的具体目标，从而诱发学生自学课本的积极性，促使他们主动地接受课本的指导；旧知识的迁移作用，即旧知识前后具有关联性，新知识对学生来说不会完全陌生，而是七分熟、三分生的知识；学生之间的互补作用，即学生是在班集体中的尝试，学生之间能够产生互补作用；师生人际互动的情意作用，即教师尊重学生，与学生平等相处、坦诚相见，学生会感到和蔼可亲，会把教师的鼓励和要求当作大胆尝试的动力；教师应采用"先练后讲"，"先学后教"的方式，让学生先去尝试练习（包括尝试操作），依靠自己的努力初步解决问题，最后教师根据学生练习中的难点，有针对性地进行讲解，从而形成了以"尝试"为主要精神的尝试教学模式。

（一）教学目标

尝试教学摆脱了"教师只管教，学生只能听"的束缚，它在教师的指导下，学生先自学课本，再动手尝试练习，最后再听教师讲解。这就能有效地培养学生的自学能力，促进学生智力的发展。尝试教学一开始就要求学生进行尝试练习，把学习的主动权交给了学生，学生依靠自己的大胆尝试，有利于培养独立获取知识和运用知识的能力。尝试教学活动不同于尝试一错误，它是有指导的尝试，只要教师的主导作用和学生主体作用发挥得当，尝试教学定能取得成功，使学生在心理上产生成功的喜悦和满足，树立克服困难的信心，培养积极探索的精神。尝试教学不仅能使学生有效地掌握知识，培养自学能力，而且还能培养学生积极的探索精神和态度。

（二）教学程序

尝试教学活动改变了教师先讲例题，学生再做习题的传统做法，而是让学生在旧知识的基础上先进行尝试练习。在尝试的过程中，教师指导学生自学课本，引导学生讨论，针对尝试练习中学生遇到的困难，教师再进行讲解。它可以分为五步进行。

1. 出示尝试题

数学知识大都是通过习题形式出现的，出示的尝试题与课本中的例题相仿，同类型同结构，便于学生通过自己阅读课本去解决尝试题。尝试题出示前，让学生先做准备练习，为解决尝试题做好铺垫。尝试题出示后，必须激发学生的兴趣，并提出启发性的问题，诸如"教师还没有教，谁会做这道题目"，"看谁能动脑筋自己来解决这道题目"，以促使学生进一步思考。

例如课本例题（第五册）："一个商店运进 4 箱热水瓶，每箱是 12 个，每个热水瓶卖 6元，一共可以卖多少元？"

尝试题："文具店有 20 盒乒乓球，每盒有 6 个，每个乒乓球卖 2 角，一共可以卖多少元？"

又如课本例题（第八册）："1/2 ＋ 1/3 ＝？"，

尝试题（第八册）："1/4 ＋ 5/6 ＝？"

2. 自学课本

出了尝试题后，学生产生好奇心，同时产生解决问题的愿望，这时引导学生阅读课本例题："这道题你还不会做吧，请翻开课本看看例题是怎样算的，再想想黑板上的题目应该怎样算。"这是让学生带着问题在课本中探索，自己找出解决问题的办法。自学课本前，教师也可以预先布置一些思考性问题作某些暗示性的指导，例如，学习异分母分数加减法，可提出这样的问题：

（1）分母不同怎么办？

（2）为什么要通分？有什么道理？

学生带着类似上述问题自学课本，目标明确，要求具体，能够充分调动学习的积极性。

3. 尝试练习

即在自学课本的基础上，放手让学生自己做尝试题，一般让好、中、差三类学生到黑板上练习，其他同学同时在草稿本上练习。在尝试练习时，教师巡回观察，及时了解学生尝试练习的情况；学生在尝试练习时还可继续阅读课本上的例题，一边阅读，一边尝试。

4. 讨论

尝试练习后会产生两种结果，一部分学生做对了，另一部分学生做错了，教师根据好、中、差三种学生的板演情况，引导学生评讲讨论。谁做对了，就讨论做对的道理；谁做错了，就找出做错的原因，不同意见的学生可以相互争论。在学生讨论后，迫切需要知道自己的结果（对还是错），这时听教师的讲解又成为他们的心理需求。

5. 讲解

学生会做题目，并不等于完全掌握了知识，还必须理解知识的内在联系。因此，学生在尝试练习后，还需要教师的系统讲解。但这时的讲解不同于面面俱到的系统讲授，而是在学生自学课本，亲自尝试做了练习题的基础上，针对学生感到的困惑之处或教材中的关键之处进行讲解，确保学生掌握的知识具有系统性。

上述五个程序是一个有机的整体，一环扣一环。但它们并不是一堂课的整个过程，而是教授新课所采取的步骤；它们并不是固定不变的，可以根据教学内容、学生学习状况及教学条件的不同而作出相应的调整。例如，出示尝试题后，学生可一边自学课本，一边动手做尝试题，第二、第三步可一气呵成，第四、第五步也先不要截然分开，学生讨论和教师讲解可有机地结合在一起。又如，第二步与第三步也可互换，出示尝试题后，可让学生先做尝试题，尝试练习后再让学生对照课本，加深理解。

（三）师生角色与教学策略

尝试教学将教师主导作用和学生主体作用统一起来，注重学生的尝试和教师的指导，根据尝试教学的一般程序，可以勾画出师生在教学活动中的不同角色（如图 6-16 所示）。

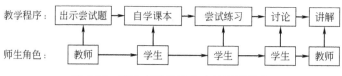

图 6-16 师生在教学活动中的不同角色

学生活动在教学中占了较大的比重，体现了学生在尝试教学中的主体作用。

1. 教师角色与教学策略

为了有效地做到教师主导作用与学生主体作用的统一，教师在尝试教学中可运用以下一些教学策略。

（1）尝试练习设计策略。

出示尝试题是尝试教学实施程序中的起始阶段，它的好坏将会影响全局。首先，教师编拟的尝试题是自学课本例题的一种手段，要同课本的例题相仿，同类型同结构，难度大致相等。如应用题的题材最好选用学生所熟悉的，数字不能太大，要尽可能使学生进行口算，这样可使学生在计算上不增加负担，而将注意力集中到计算法则和解题思路与方法上。其次，要进行多层次不断尝试的练习，使学生在尝试练习中，一步比一步有所提高（如表 6-4 所示）。

上述六个层次的练习组成一个完整的系统，在练习过程中，学生对新知识理解程度的信息不断地反馈出来，教师可以及时进行调控。

（2）有指导的尝试策略。

学生的尝试不是盲目的，而是在教师指导下有目的、有步骤进行的，教师的指导渗透于

表 6-4　多层次的尝试练习

层次类型	作用	功　　能
基本训练题	铺路	为新课作准备
准备题	架桥	为出现尝试题作准备,在新旧知识之间架起桥梁
尝试题	探索	与例题基本相似,引导学生探索新知识
第二次尝试题	巩固	与例题稍有变化,试探掌握新知识的情况,以便巩固新知识、反馈信息
课堂作业题	主体	是掌握新知识后的练习,可适当结合旧知识进行,以促进学生思维的发展
思考题	发展	是机动题,留给完成课堂作业的学生做,以便进行因材施教

学生尝试的各个环节。在学生尝试前,教师要认真制订课时计划,规定学生尝试的步骤,编制准备题和尝试题,指导学生自学课本,设计指导或提出自学思考提纲;在学生尝试中,教师必须巡回指导,及时了解学生的尝试情况;在学生尝试后,教师可以组织讨论,启发或提示学生尝试讲道理,判断尝试的正误,对正确的答案进行正强化,对错误的答案进行反馈矫正,而教师则根据尝试练习的状况,针对学生尝试中的重点、难点进行讲解,确保学生系统地掌握知识。

教师在指导时还应充分发挥以下四个作用,使学生由尝试达到成功。

第一,旧知识的基础作用,即利用前后知识的关联性。新知识对学生来说不会完全陌生,而是七分熟、三分生,教师可以指导学生用"七分熟"的知识作为基础,去尝试掌握"三分生"的知识。

第二,准备题的引导作用。尝试题不要出现得太突然,而是由准备题引出。准备题是旧知识,尝试题是新知识,由准备题过渡到尝试题,就是在新旧知识之间架起桥梁,充分发挥知识的正迁移作用。

第三,课本的示范作用。学生通过自学课本,应找到解答问题的方法。由于有尝试题引路,诱发学生自学课本的积极性,学生便能主动地接受课本的指导、指点、引路。

第四,学生之间的互补作用。学生在班集体中讨论、回答问题、板演练习、共同操作等,在尝试前,可以组织学生讨论,共同解决尝试题,互相启发、互相帮助;在尝试后,又可组织学生讨论,说出尝试对或错的理由,鼓励不同观点的争论。

2. 学生角色与学习策略

在尝试教学中,教师要为学生生动、活泼、主动地学习创造条件,而学生应成为教学过程的参与者、研究者、探索者,因此,学生在尝试教学中可运用以下一些学习策略。

(1) 教师在出示尝试题时,学生的主要任务是审题:一读,即读尝试题,初步了解题意,边读边思考;二抄录或摘录尝试题,把题目中的数据恰当地加以整理,略去与解题无关的文字,化繁为简,为弄清题意创造条件;三复述,即不看题目,用自己的语言把题目的意思讲清楚,可以变动字词,可以调换叙述的先后,但不允许改变原来的题意。

(2) 在自学课本时,学生的主要任务是阅读课本例题:一看,即看例题的条件和问题,看例题的有关说明、解题分析、思考过程的旁注、书写的格式;二划,即在例题上划符号,以加深印象,帮助理解;三批注,即在自学例题的解答过程时,批注解答的步骤,以巩固基础知识,增强表达技能。

(3) 在尝试练习时,学生的主要任务是练习:一比,即比较尝试题与例题的异同,借鉴例题的解题思路和方法,恰当地进行类比,找出解尝试题的途径;二解,即依照例题的思路、方法、格式、步骤解答尝试题,要正确、迅速、合理、灵活地计算,清晰、正确、流利地进行书写，以培养计算和书写的技能；三检查，即做完尝试题后，对照例题的解答、说明，检查解答尝试题的思路、方法、格式、过程及答案正确与否。

（4）在讨论时，学生的主要任务是积极参与讨论：一判，即判断尝试练习正误，若有几种不同的正确答案，判断哪些答案最好，先看结果对不对，再看格式对不对，最后看每步计算对不对；二改，即改正尝试练习中的错误，找出自己与板演学生的缺点，改正错误的方法等；三讲理，即采用同桌讨论、小组讨论、全班讨论的形式，评说论理，说出产生错误的原因，解答正确的道理。

（5）在讲解时，学生的主要任务是聆听：一听，即听教师讲解关于尝试题的解题思路、解题方法以及解题过程中出现的问题的分析；二想，即对教师的讲解进行认真的思考，深入领会教师讲解的精神实质。

第四节　当代教学模式的共同特征与发展趋势

20世纪50年代以后，在教学实践的发展过程中涌现出了众多教学模式，这些教学模式呈现出一些共同的特征和发展趋势。

一、当代教学模式的共同特征

（一）情感与认知统一于教学过程之中

在教学过程中，纯粹的认知活动和情感活动是没有的，它们总是相依为伴、紧密相连的。认知因素在学生的学习活动中起操作作用，承担着知识的吸收、储存和转化的任务；而情感因素在学习活动中主要起动力作用。因此，当代许多教学模式十分强调情感与认知统一于教学过程中，发挥这两者最佳组合的效果，如有些教学模式设置挑战性的问题情境，使教学内容富有复杂、新奇、趣味等特征，激发学生求知的内驱力，教师不是将现有的知识直接传授给学生，而是让学生通过像科学家一样发现新知，深入到知识的形成过程中进行发现式学习；有的教学模式特别重视学生的情感因素，保证学生以最佳的情感投入到学习新知中；有的教学模式强调形成性评价，要求人人掌握教学内容，把学习的成功带给全体学生，这些无不重视情感因素，融情感与认知于教学过程中。

（二）传授知识与培养能力相统一

当代社会生产和科学技术的发展，知识更新加快，要求人们寻找获取知识的方法。因此，重视培养能力已提到越来越重要的地位。当代教学模式正是包含了这一思想，力求使学生获得知识的同时也培养能力；如范例教学以范例启动教学，通过学生学习范例，掌握范例性知识，同时提高学生分析问题、解决问题的能力；我国的自学—指导教学模式，强调培养学生的自学能力，自学在教师指导下，有利于掌握系统的书本知识；布鲁纳的发现教学模式虽然强调教学的发现过程胜于结果，同时也强调使学生形成灵活的知识结构。所以，当代教学模式的共同特征之一是促使学生获得知识和培养能力相统一。

（三）对教师教学水平的要求提高

在上面众多模式中，还反映出一个特点，那就是教师在运用模式时，对他们的教学水平提出了极高的要求。他们不仅把教师作为知识的传播者，或技巧的传授者；而且把教师看成是这样一个整体的人：既要能分析教材，又要能掌握教材；既要能理解学生心理，又要能巧妙促进学生能力的发展；既要会设境，又要会提问；既要成为学生学习的指导者，又要成为他们的好助手……这一切，无疑是把教师教学的能力、技巧与艺术提高到一个新的高度。更为重要的是，教师教学水平不再是可有可无、可好可不好的装饰品，而成为实实在在促进教学的催化剂。在罗杰斯的非指导性教学模式中，教师是对学生学习进行鼓动和推动的促进者，如何更好地对学生的活动进行牵引和咨询，鼓励共同讨论向教学目标靠拢便成为教师成功与否的关键；而布鲁纳的发现教学模式则要求教师在教学中必须善于提问和诱导；自学—辅导教学模式要求教师在设计自学提纲、参考资料以及辅助工具等方面做到明确、有针对性。总之，模式的不断发展必将导致对教师教学水平要求更高。

（四）充分发挥评价在教学中的作用

教学评价具有诊断、调整和激励教学的作用。在当代教学模式中，无论是教师对学生学习的评价，还是学生的自我评价都体现出评价应有的作用。如，自学—辅导式，它通过及时评价这一环节，让学生能及时清楚地知道没弄懂的东西，为进一步学习明确方向。掌握教学模式强调在教学过程之初开展诊断性评价，在教学过程中开展形成性评价，在教学过程未开展终结性评价。借助于诊断性、形成性和终结性三种评价，使每个学生都能获得学习成功的体验，从而激励他们进一步学习。

（五）师生在教学中的地位发生了变化

从教学模式的发展看，经夸美纽斯到赫尔巴特，树立了教师在教学中的绝对权威形象。但在当代教学模式中，教师和学生的地位发生了极大的变化，学生一跃成为教学活动的主体，而教师则由权威的地位变成引导者和指导者，他们对学生更多地起着指导、牵引、协助的作用。

二、教学模式的发展趋势

（一）由单一性教学模式向多样化教学模式发展

自从赫尔巴特提出"四阶段"教学模式以来，经过其弟子的阐述与教学实践的尝试，逐渐以"传统教学模式"的名称主导着19世纪末和20世纪的教学实践。但是赫尔巴特教学模式以单纯地传授知识作为教学的唯一目标，忽视和压抑了学生的主动性与积极性的发挥。后来，杜威打着反传统的旗号，提出了实用主义的教学模式，强调从儿童的兴趣出发，注重"从做中学"，重视学生主动性与创造性的发挥与培养。杜威的教学模式从思维培养上弥补了赫尔巴特教学模式的不足。在20世纪50年代以前，教学模式一直在"传统"与"反传统"之间来回摆动，形成了教学思想发展史上的"钟摆现象"，对教学实践的指导效果也不大。50年代以后，新的教学思想层出不穷，再加上新的科学技术革命对教学的影响，教学模式出现了"百家争鸣、百花齐放"的繁荣局面。据乔伊斯和韦尔在1972年的统计，共出现了22个教学模式，而我国在教改实践中所提出的教学模式也达十多种。这些教学模式之间相互批评、竞争、借鉴，发挥着各自所特有的功效，极大地促进了教学改革，为教学实践提供了广泛选择教学模式的余地。

（二）由归纳型教学模式向演绎型教学模式发展

归纳型教学模式指的是从教学实践中总结、归纳出来的教学模式，它的起点行为是经验，形成的思维方法是归纳法。采用这种方法所形成的模式，有的是在历史上前人总结的各种经验的基础上进一步加工、改造而成的，像赫尔巴特的"四阶段"教学模式及后来形成的"五段教学模式"，有的是对现阶段许多优秀教师在教学实践中所积累起来的先进的经验加以总结、提高、系统化而成的，像上海市育才中学的"八字教学模式"、李吉林的"情境教学模式"等均属于归纳型的教学模式。

演绎型教学模式指的是从一种科学理论的假设出发，推演出一种教学模式，然后用严密的实验证实其有效性，它的起点行为是科学的理论假设，形成的思维方法是演绎法，像布鲁纳的"发现教学模式"，罗杰斯的"非指导性教学模式"、"自学辅导教学模式"等，均属于演绎型的教学模式。

归纳型教学模式是从丰富的教学经验中总结、归纳出来，虽然实践性很强，但不免带有较浓厚的思辨色彩。而演绎型的教学模式是从科学的理论假设出发来设计教学模式的，它有丰富的理论基础，又有一套比较完备的实验作为手段，用这种方法所构建的教学模式，能较深刻地体现教学过程的规律性，较好地促进教学质量提高。因此，演绎型的教学模式已成为教学模式发展的一般趋势。当然，归纳型的教学模式如果能在其丰富的教学实践经验的基础上进行经验筛选，然后加以理论升华，也能成为较完备、较规范的教学模式。

（三）由以"教"为主的教学模式向以"学"为主的教学模式转化

传统教学理论素来被人们称之为"教论"，因为以赫尔巴特为代表的传统教学模式都是从教师应如何教这一角度进行构建的，虽然它们能够实现传授知识的目的，但它忽视了学生如何学这一教学的重要方面，压抑了学生的主动性与创造性。杜威竭力反对传统教学中学生被动地接受知识，主张从儿童的兴趣出发，"从做中学"。随后，人们逐渐认识到如何把学生从被动听、啃书本的束缚中解脱出来，成为学习的主体，这是教学中亟待解决的问题。要克服传统教学模式中的弊端，必须从学生的"学"上着手进行改革，把以"讲"为主的模式变为以"学"为主的模式。著名教育家叶圣陶说："教任何课，最终目的都在于达到不需要教。学生进入这样一种境界：能够自己去探究，自己去辨析，自己去历练，从而获得正确的知识和熟练的能力。"以"学"为主的教学模式就是遵循着这一设想的，它可以由原先的"教"达到"不教"，使学生原先的"学会"达到"会学"（学会学习），成为一个"终身的学习者"。

研究性课题

1. 谈谈你对教学模式概念的理解。
2. 为什么说没有一种教学模式对教学活动是普遍适用的？
3. 试对布鲁纳的发现教学模式和奥苏伯尔的有意义接受教学模式作以比较分析。
4. 试分析我国当前教学模式的发展状况。
5. 结合本专业选择一种教学模式设计一个教学片段。

拓展性阅读

［1］ 吴立岗. 教学的原理、模式与活动. 南宁：广西教育出版社，1998.
［2］ 皮连生. 学与教的心理学. 上海：华东师范大学出版社，2006.
［3］ 皮连生. 教学设计——心理学的理论与技术. 北京：高等教育出版社，2009.
［4］ 叶澜. 新编教育学教程. 上海：华东师范大学出版社，1991.
［5］ 施良方. 教学理论：课堂教学的原理、策略与研究. 上海：华东师范大学出版社，1999.
［6］ 奥苏伯尔. 认知结构与促进有意义言语材料的学习//教育心理学参考资料选辑. 上海：上海教育出版社，1990.
［7］ ［美］本杰明·布卢姆等著. 王钢等译. 布卢姆掌握学习论文集. 福州：福建教育出版社，1986.
［8］ 方展画著. 罗杰斯"学生为中心"教学理论述评. 北京：教育科学出版社，1990.
［9］ 邵瑞珍. 教育心理学. 上海：上海教育出版社，1997.
［10］ 邱学华主编. 尝试教学法新进展. 北京：气象出版社，1992.
［11］ 顾泠沅著. 教学实验论——青浦实验的方法学与教学原理研究. 北京：教育科学出版社，1994.
［12］ 王逢贤主编. 学与教的原理. 北京：高等教育出版社，2000.
［13］ 傅道春编著. 教学行为的原理与技术. 北京：教育科学出版社，2001.
［14］ 李允，周海银主编. 课程与教学原理，济南：山东人民出版社，2008.

第七章　教学技能

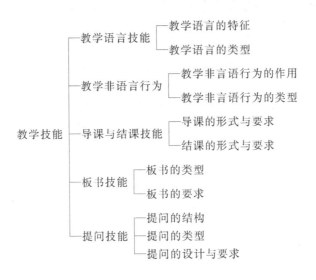

教学技能 ┬ 教学语言技能 ┬ 教学语言的特征
　　　　　　　　　　　└ 教学语言的类型
　　　　├ 教学非语言行为 ┬ 教学非言语行为的作用
　　　　　　　　　　　　└ 教学非言语行为的类型
　　　　├ 导课与结课技能 ┬ 导课的形式与要求
　　　　　　　　　　　　└ 结课的形式与要求
　　　　├ 板书技能 ┬ 板书的类型
　　　　　　　　　└ 板书的要求
　　　　└ 提问技能 ┬ 提问的结构
　　　　　　　　　├ 提问的类型
　　　　　　　　　└ 提问的设计与要求

【学习目标】

◉ 掌握教学语言的特征及类型。
◉ 了解非言语行为的作用及类型。
◉ 掌握导课与结课的形式及要求。
◉ 掌握板书的基本类型及运用要求。
◉ 掌握课堂提问的要求并能在课堂教学中正确使用。

　　教学既是一门科学又是一门艺术。而教学的科学和艺术是建立在教师具有广博的专业知识和熟悉的教学技能基础之上的。一个教师如果没有广博深厚的专业基础知识，他的教学只能是照本宣科、生搬硬套；没有熟练的教学技能，也谈不上教学的艺术，更不能把教学搞得生动活泼，有效地促进学生的学习。

　　根据不同的分类方法，教学技能有多种类别和形式。本章选取了课堂教学中较为重要的几项技能：教学语言、非言语性行为、导入与结课、板书和提问等技能。诸如讲解、演示、课堂管理等教学技能，在其他章节或有论述，故在此不再赘述。

第一节　教学语言技能

　　教学语言是教学信息的载体，是教师完成教学任务的主要工具。它不仅是教师传递知识的主要方式，而且在引导学生学习，启发学生思维，实现教学目标等方面，也具有重要作用。教学语言的表现形式多种多样，主要有课堂口语、书面语言、身体语言等。在这一节中，主要讨论教师的课堂口语。

一、教学语言的基本特征

除了具备一般语言的共同特点，教学语言还有其作为教学技能的特殊性质。

（一）教学语言的科学性

教学语言的科学性，体现在教学语言的准确、规范、精练、逻辑性、系统性上。首先要求发音准确、用词恰当、简洁明快、干净利索，教学中注意避免言不及义的废话和不必要的重复。心理学的研究表明，人的短时记忆容量有限，不可能在短时间内记忆或处理大量的信息。而教师总是希望能在尽可能短的时间内向学生陈述尽可能多的信息。如果教师的语言不简明，势必给学生接受教学信息带来极大的困难。教学语言的科学性，还要求推理富于逻辑性，论述问题富于系统性。教学语言给学生的逻辑感受有两大范畴：一是语言本身要准确，不能含糊其辞；二是语言链条要清晰，不能前言不搭后语、似是而非、模棱两可。在讲解一些概念或规则时，教师需要考虑许多特殊和例外，不能一概而论。例如，在讲授鸟这一概念时，如果教师未考虑其他不会飞但是鸟的例子，如鸵鸟等，片面强调"鸟是会飞的动物"，这种不确切的表述可能导致学生形成错误的概念。系统性要求教学语言层次清楚，结构条理，抓住精华，突出重点，取舍有致。只有这样，才能高效率地组织好课堂教学，高质量地完成教学任务，而教师的教学语言就要努力追求"丰而不舍一言，约而不失一词"的理想境界。

（二）教学语言的启发性

教师的教学是为了发展学生的思维能力，这就要求教学语言应当含蓄蕴藉、耐人寻味，富有启发性的艺术效果。即如刘勰所说"寄深于浅、寄厚于轻、寄劲于婉、寄直于曲、寄实于虚、寄正于余"。在教学中教师的教学语言应富有问题性，给学生留下想象的余地，让学生能由此及彼，由表及里，由个别到一般，收到"一石激起千层浪"的效果。也就是说，教学语言应追求张力或弹性美。如初中学生读《孔乙己》，不易体会蕴藏在笑声后面的悲剧含义。教师使用启发性的语言提出问题："孔乙己叫啥名字？"学生不假思索地回答："叫孔乙己"。继而一想：不对呀！这三个字是从描红纸"上大人孔乙己"上挪用的绰号。"那么，他的真名字到底叫啥？"不知道，大家不知道，连孔乙己本人也可能不知道。学生于是理解到一个人一生中连自己的名字都给剥夺掉了，反映出他的命运悲惨到了什么地步，领悟了其中的悲剧含义，并举一反三地对全文情节去做由表及里的分析。启发性教学语言的激思作用由此可见一斑。另外，在知识的复习巩固阶段师生相互问答的过程中，通过教师的启发，以引起学生对已有知识或生活经验的回忆；或通过教师提供的启发说明的材料，与问题建立起联系，从而得到较圆满的回答。通过从生动直观到抽象思维的启发说明运用，教师可在知识的现象和本质之间架起一座桥梁，使学生的了解从一般现象进入到本质的理解。

（三）教学语言的口语化

教学语言是一种有声语言，教师的教案、讲稿必须转化为口头的教学语言，才通俗易懂、亲切感人。教师讲课最忌用书面语言代替口头语言，满口晦涩难懂的概念术语，甚至故作高深地说些文白夹杂的"玄话"，而只有深入浅出，才能引人入胜。因为口语借助了语言的细微差别、语调、停顿等一系列手段，它内容更加丰富，从而产生语言的特殊表现力。因此，口语才被称为活的语言。值得注意的是，教学语言的口语化，不等与生活中的口语进行教学，而是以口语形式表现出来的口头语言和书面语言的合金，这样的教学语言才是最有活力和表现力的。

（四）教学语言的灵活化

教学语言既受教学内容的制约，又受学生的年龄特征和个别差异的制约，具有很大的灵活性。文科教师的语言重感情的抒发，尤其是语文教师，由于教材内容丰富，古今中外的各种风土人情和科学文化知识都囊括其中，要求教师要运用记叙、说明、议论、抒情、描写等各种语体，还要善于指导学生掌握各种语体表达的技能。而理科教师的语言带有更多的理性色彩，讲授特定的专用名词、术语、定理等，务必准确、恰当，需要字斟句酌。另外，教学对象不同，教学语言应有变化。年级低的学生对生动形象的语言易于接受，教学语言应当具体、明朗、亲切；年级高的学生抽象思维能力不断发展，追求对事物的理性把握，教学语言应当深刻、隽永、多变，具有哲理性。只有针对学生的心理需要，教学语言才能发挥应有的诱导作用，充分调动学生学习的积极性。

二、教学语言的类型

教学语言从不同的角度可以分出不同的类别。从语言表达方式和课堂教学环节两个角度，把教学语言划分为以下若干种类型。

（一）从语言表达方式的角度分

1. 叙述性语言

叙述性语言就是有条理地向学生叙述科学事实和原理。这种方法多用在理科课程中。在运用这种说明方法时，教师必须条理清楚，对于过程的顺序、事物之间的关系必须有明确具体的交代；其语言节奏宜舒缓，遣词造句要通俗易懂并且形象生动，充分发挥语言直观的作用。

2. 描述性说明

描述性说明是在叙述性说明的基础上增加许多修饰的成分，增强语言的感染力，唤起学生的情感和想象，以使他们更好地感知教材。运用这种说明方法，教师的语言除了条理清楚外，还要丰富并带有感情色彩。教师可用生动活泼的语言把所描绘的事件、事实、故事情节等形象地展现在学生的面前。其语调、语速随着内容的变化，高低适度、舒缓得当，能扣住学生的心弦，引起学习的兴趣。

3. 论证性说明

论证性说明是教师有步骤地向学生解释说明问题，通过事例得出概念，或通过现象、事实推导出结论，形成概念、法则和原理。运用这种说明方法，教师语言的逻辑性要强，要充分说明各种事物、现象和结论之间的因果关系。在分析问题时，教师要把其主要特征和共性呈现出来。在做结论时，语言要简练、准确，具有高度概括性。

4. 解释性说明

解释性说明是在师生互问互答的讨论中或教师的自问自答的讲解中，教师对研究对象（包括事实、结论、技能的规则等）进行解释和正确说明的方法。运用这种说明方法，要求语言简练，一针见血地道出问题的实质，并且要有较强的针对性。

（二）从课堂教学的环节分

1. 导入的语言要求

在导入课题前，教师需要先激活学生先前学过的相关知识，用以作为新知识学习的同化点。研究表明，在回顾先前知识方面，有经验的教师能够意识到回顾先前知识的重要性以及如何来进行这种活动。在教学生小数、百分数和代数问题之前，有经验的教师花在回顾整数运算和分数上的时间比新教师多，他们知道何时需要回顾这些知识。如果他认为学生有可能忘了某些先前的重要概念，就会回顾这些知识。而新教师却不会做这样的分析。因此，有经验的教师在上课之前往往说："记得我们已经学过……"，而新教师则说"今天我们开始讲……"。

在导入课题时，教师的教学语言应达到吸引学生注意力，告知教学目标，初步建立新旧知识间联系的目的。同时，教师需创设情境，引入材料，启发谈话。教学语言应富有感染力，既要清晰流畅、条理清楚，又要娓娓动听、形象感人，使每一句话充满着感情和力量。

一般来说，在直观演示、动手操作和借助事例导入新课时，教师的语言应通俗易懂，富有启发性。无论是对实物的演示说明，对操作过程的指导，还是对事例的解释说明，教师都应选择最恰当的语句，准确、简洁地表达出教学内容，点明主题。而在通过审题、类比、联系旧知识导入新课时，教师的语言应该清楚明白，准确严密，逻辑性强。只有这样，教师才能使学生由此及彼、由表及里地去推想，才能温故知新引起联系，使学生正确掌握新课内容，提高课堂教学的质量，取得最佳的学习效果。

此外，在以巧设悬念的方法导入新课时，教师的语言应该是含蓄耐人寻味的。这样的语言会使学生感到新奇，容易引发联想，活跃他们的思维，调动起学习的积极性。

总之，无论采用什么方法导入新课，教师的语言都要确切恰当，有画龙点睛之妙，还应朴实无华、通俗易懂、实事求是，同时也要注意生动活泼、风趣幽默。

2. 讲解的语言要求

课堂教学是教师在课堂上以教学为主要内容的讲解活动，教师讲解时不能"一刀切"，"一锅煮"，必须目标明确，清楚实在。要善于把握中心，撷取重点，抓住全文纲领，恰当分配时间，所以在讲解中，好的教师只突出几个论点，并围绕这些论点把它说清楚，同时利用图解、事例及其其他教学媒体来帮助说明。最后，教师还要再回到他的论点上来，清楚地重申论点，使学生通过最后总结加深理解并尽可能牢固地掌握教学内容。另外，在讲解时，教师可多使用设问、反问、比喻、比拟、排比、层递等修辞手法，致力于点拨、点染、引导和引发。最后，在知识讲解时，教师要按照学生的理解水平进行逻辑推理，过于高深或过于肤浅的讲解都会叫人难以忍受。要做到讲授深浅适度，教师必须使自己的语言、思想和思维的顺序与学生的水平相适应。讲授的内容要从具体到抽象，再回到具体，这样可以使一些问题不致悬在空中。

总之，教师在课堂讲解中应遵循"可接受性"原则，要根据不同课文采取不同的讲解方式，有时需细腻详述，有时需着意点拨，深而有度，浅而有法，环环相套，节节相通，使课堂呈现摇曳多姿的曲线美。

3. 结课的语言要求

总结、归纳的语言都应力求凝练性、平实性和延伸性。这时的语言应该是点到即止，用压缩的语句，用结晶性的表述，去引导学生对刚刚学过的新内容进行回味、咀嚼。其次是语言的质朴、严谨、实在，促使学生提纲挈领地领会问题的主旨，给学生以系统、完整的印象，起到帮助学生整理思维，加深理解，巩固知识的作用。再次，教师应当运用具有延伸性内涵的语言，把教学过程中得出的结论、命题、定律等进一步进行发散性思考，以拓宽知识的覆盖面和适用面，并刺激学生从自己的知识结构中寻找与课堂上所学内容相通的知识点，以这些内容为依据，展开思维的翅膀，向更广阔的大千世界伸展。这也是我们进行课堂教学的真正目的。

第二节　教学非言语性行为

教师教学中的非言语行为表现为教师在教学过程中的空间位置、体态、辅助语言、服饰等许多方面，而每个方面对课堂教学都有一定的影响。

一、教学非言语行为的作用

（一）非言语行为可增强讲授内容的生动性，有助于学生对知识的理解和掌握

从心理学角度讲，青少年学生的思维特点以形象思维为主，因而对形象、具体的非言语

行为更为敏感。特别是对于某些只可意会不可言传的教学内容，非言语行为往往具有较大的魅力，可完美补充或表现文字表达的未尽之意。例如，一位特级教师在讲授朱自清的《背影》时，发现很多学生不能领会文中表现的父子深情。于是他模仿父亲去买橘子时艰难地"钻"和"爬"的动作。通过他惟妙惟肖的表情与身体动作，学生感受到作者的父亲发自内心的自然而真挚的爱，与作者产生了共鸣，收到了此时无声胜有声的教学效果。

（二）非言语行为可在师生间搭起情感交流的桥梁，引发学生参与课堂教学的积极情绪

在对课堂教学的研究中，有人对教师的动作与学生的成就做了一系列研究，发现充满生气和激情的教师会极大地唤起学生参与学习的积极性。他们认为：教师动作传递着情绪和情感，并增强语言所表达的内容。教师一次赞许的点头、一个鼓励的目光、一个会意的微笑都会对学生产生巨大的激励作用。特别是当教师走下讲台，来到学生中间时，学生会感觉受到教师的喜爱，于是更多地注视教师，更认真地听讲，更多地做笔记，更踊跃地发言。换言之，利用非言语行为，引起学生情感上的共鸣，往往成为开启学生智慧之门的重要举措。

（三）非言语行为可延缓学习疲劳现象的出现，有利于提高学习效率

如果教师采用单一的言语形式照本宣科或坐而论道，既没有表情，又缺少动作，把丰富、生动的教学内容讲得单调、干瘪，学生听课就会感到平淡乏味，如同嚼蜡，继而产生疲劳感，甚至思维停滞，拒收信息。相反，如果教师善于在课堂教学中使用非言语行为，则可实现对学生视、听感官的全面刺激，引起并保持大脑皮层的兴奋性，增强学生信息系统的摄取功能，增大信息的摄入量，获得清晰、准确的知识，从而有效提高学习效率。

（四）合理使用非言语行为可有效控制学生的课堂行为

一位缺乏教学控制能力的教师不可能取得好的教学效果。因为课堂教学活动中的不确定因素甚多，经常会出现突发事件，需要教师随机应变、灵活处理。比如，教师正在讲课，坐在前排的一个学生一边听一边习惯性地转动着手中的笔，突然那笔脱离了控制飞出去，落到讲台上，发出"啪"的一声，有学生开始窃笑。这时如果教师的反应不得当，势必会引起小小的混乱而影响教学进度。而非言语行为此刻便可粉墨登场，大显身手，其实，教师只需面不改色地俯身拾起地上的笔，交还给那位学生的同时投去一缕责备的目光，然后继续讲课即可。有人这样评价：组织课堂教学，一流的教师用眼神，二流的教师用语言，三流的教师施以惩罚。确实，能于无声无息中消除危机，解决问题方为高明之策。非言语行为是先于规则和纪律的无声惩罚，它的使用可防止课堂违纪行为的升级和负面作用的扩散。

二、教学非言语行为的类型

（一）身体动作

在课堂上，教师的身体动作主要指在教室里身体位置的移动和身体的局部动作。走动是教师传递信息的一种方式，如果一个教师一节课只一个姿势地站在那里一动也不动，课堂就会显得单调而沉闷。相反，教师适时地在学生面前走动，而又没有分散学生注意力的动作，课堂就会变得有生气，还能激发学生的兴趣，引起注意，调动学习的积极性。走动也是教师获得学生学习情况的一种方式。通过走动，教师可以发现某个学生或小组的问题，并对其进行解答、释疑。

一般来说，在课堂上的走动大体上有两种：一种是教师在讲课时并不总站在一个位置上，而是适当地在讲台周围走动；另一种是在学生做练习、讨论、实验时，教师从讲台上走下来，在学生中间走动。这种空间距离的缩小，带给学生的直接影响是与学生心理上的接近。教师走到学生跟前可以密切师生关系，加强课堂上师生间感情交流。同时，在走动中教师可进行个别辅导，解答疑难，了解情况，检查和督促学生完成学习任务。教师在课堂上走

动时应注意以下问题。

首先，教师的走动要有控制，不能分散学生的注意力。为做到这一点，教师应注意：一要控制走动的次数，不能一节课不停地走；二要控制走动的速度，身体突然地运动或停止能引起学生的注意，使之对教学内容分心。所以，在课堂上教师应该是缓慢地、轻轻地走动，而不是快速地、脚步很重地走动；三是走动时姿势要自然大方，不做分散学生注意的与教学内容无关的动作。

此外，走动或停留的位置既要方便教学，又要符合学生的心理。当组织学生回答问题或练习时，教师以在讲台周围走动为宜。停留时要离开黑板一点，以便变换正在黑板上写字的位置。在学生中间边讲边走动时，不要停留在教室的后端，因为这样教师的声音是从后面传来的，对学生听课有一定的心理影响。一般来说，学生在答试卷的时候，不喜欢教师在他们中间走来走去，更不喜欢教师在自己的身后或身边停下来。因为这时学生的注意力需要高度集中，需要进行紧张的思维活动，而教师的走动会分散他们的注意力。一旦教师在他们的身边停下来，往往会造成他们情绪紧张，影响他们的思维活动。

（二）面部的表情

面部的表情指通过脸上肌肉变化，眉、眼、口、鼻的活动和形状变化而传递信息。教师的面部表情，是学生在课堂中体验教师情感过程的"温度计"，满面笑容、和颜悦色，给人以愉快的暗示；愁容满面，双眉紧锁，给人以悲哀的暗示；一本正经，不苟言笑，给人以冷漠的暗示；开口大笑、歪嘴耸鼻，给人以轻率的暗示。课堂教学运用面部表情要紧密结合教学内容，做到自然、贴切、巧妙，切忌挤眉弄眼、肌肉僵硬、表情木然。

面部表情最重要一点是面带微笑。许多优秀教师都懂得微笑的意义，他们即使在十分疲惫或身体不适的情况下，在走进教室时也总是面带微笑，因为他们懂得学生会从老师的微笑里感到关心、爱护、理解和友谊。有时，教师的情感也会激发起学生相应的情感，他们也就会爱老师，又会从爱老师进而延伸到爱上老师的课，欣然接受老师的要求和教育。

值得注意的是：教师表情决不能仅仅满足于"形于色"。有时出于教育上的需要，又要能做到"不形于色"。如对聪明的学生思维敏捷之惊喜的表情，就应因人而异，如果该生骄傲自大，就不可轻易将惊喜形于色了。再如对教学中偶发的事件所出现的惊慌更不能形于色。此外，教师生活中的哀愁与不愉快，也应深深地藏于心底。在学生面前，教师应永远是亲切自然的表情。一般地说，一位教师驾驭和控制自己的情绪及其外在表现——表情的能力越强，他的教学艺术水平也越高，他的教学也就越成熟。

（三）眼神的交往

"眼睛是心灵的窗口"，透过这扇窗口，师生之间有效地交流了大量的情感信息。教师的眼神不同于演员的眼神，它所遵循的美学要求仍是自然，只有真实自然，才有教师特有的神韵美，教师眼神中所传送出的笑波应是教师内心愉悦情感的真实流露。一切做作矫饰出的笑，都收不到良好的教学效果。因为学生凭借经验和体验，能理解教师眼神中所发出的真实信息。刚毅、坚定、炯炯有神的目光，表示教师对学生的回答感兴趣并希望学生继续把话说下去；机智、灵秀、明澈的目光，表示教师的思维活动和情感处于最佳状态；而困惑、茫然、疲乏的目光，则意味着教师对这个问题一知半解或上课前没有认真备课。因此，教师在课堂教学中的眼神是很有讲究的，既不能老耷拉着眼皮，以免"感染"学生昏昏欲睡；也不能把眼睛长时间固定在某个学生身上，以免学生心慌意乱；更不能上课时目光看窗外或望着天花板，使学生以为你心绪不宁，分散听课注意力。

教师不仅要研究自身的眼神，还要注意学生的眼神，以便及时取得有效的反馈，调整教学进程。学生的眼神常常能表现学生对教学的反应。学生对讲课感兴趣时，眼神是闪光、兴奋的；听不懂时，眼神是困惑的；不感兴趣时，眼神是漫不经心的；疲劳时，眼神是呆滞的。学生对教师的提问能回答对，眼神是直视教师、充满自信，不能回答时，眼神就不敢正视教师，甚至会低下头去。此外，教师如发现学生视线落于课桌面之下，不是学生做小动作，就是看课外书。教师如发现学生埋首疾书，眼睛根本不看教师和黑板，只是不时窥视教师一眼，那十有八九是该生在书写与本课无关的书信、作业等。优秀的教师能从学生的眼神中了解很多真实的东西，从而为改进教学效果提供了更多的有利条件。

（四）服饰

服饰在绝大多数的教学情景中不直接传递与教学内容相关的信息，但它是影响课堂教学活动和教学效果的一个潜在的、不可忽视的因素。因为服饰不仅反映教师的爱好，而且能显示教师的性格、教养、风度等，是教师内在素质的一个方面的体现。马卡连柯总是要求教师"要经常剪发，皮鞋一定要刷"，"衣服不应当有一点尘土"。而且他以身作则，总是穿着自己最好的衣服去上课。一般说来，教师在选择服饰时，除考虑个人的审美情趣外，还必须接受社会文化规范以及教师的职业要求的制约，以整洁、朴素、大方为基本原则。否则就会喧宾夺主，把学生的注意力转移到对教师衣着的品头论足上来。

（五）教师的副言语

人们说话的音调、响度、速度、停顿、升调降调的位置等都有一定的意义，可以成为人们理解言语表达内容的线索。这些伴随言语的线索称为副言语。同一句话加上不同的副言语，就可能有不同的含义。马卡连柯说："只有在学会 15 种至 20 种声调来说'到这边来'的时候，只有学会在脸色、姿态和声音的运用上能做出 20 种格调的时候，我就不怕谁不肯来接近我，也不怕觉察不到我所想要觉察的东西。"

腔调。不同的变化反映不同的情态，也必然引起听众不同的情感体验。升调：表示愤怒、惊异、号召等激情。降调：表示沉痛、迟钝、悲痛。平调：表示安静、庄重、肃穆。曲折跌宕的语调：表示幽默、含蓄和讽刺。一个教师如果采用固定腔调，如报告式、念经式、背书式，都会产生一系列负效应。优美的教学语调在教学中是必不可缺的，它是征服学生、调动学生情感、兴趣、注意力的有效指挥棒。响度。课堂教学中教师说话的高、低、强、弱也直接影响到教育效果。超限度音响讲课，使学生感到太受刺激，容易疲倦，影响静思默想，甚至干扰收取信息和及时反馈。有的教师讲课声音过小，达不到必需的响度，致使后面座位上的学生听得吃力，常常遗漏重要的语言信息。响度太低，学生的注意力也容易分散，干扰的音响易占上风。在合理调控教学语言响度上，主要标准就是使坐在每个位置上的学生都毫不吃力地听清楚教师的每句话和每个音节。

三、运用教学非语言表达行为应遵循的原则

（一）与语言表达紧密结合

非言语表达手段的用与不用，用多用少，什么时候用，都要根据表达内容的需要，另外与语言表达紧密结合，相互补充，相互照应，以取得相得益彰的效果。因为，人的言语和身体的动作是一种复合的过程，在人际交流上，必须将这些因素综合起来，才能达到真正的了解、沟通。

（二）师生共意原则

教学中使用的非言语表达要求师生共同明确，才能收到应有的效果，它以师生双方相互理解配合默契为前提。非言语表达有差异，英国心理学家麦克·阿尔奇在做环球旅行时有过调查，在一小时的谈话中，芬兰人做手势 1 次，意大利人 80 次，法国人 120 次，墨西哥人 180 次。在美国用拇指和食指捏成一个圈向别人伸出时，象征着 OK，这个动作在日本表示

钱，阿拉伯人当中，这种动作常常伴随以咬紧牙关，表示深恶痛绝。同一文化背景下的不同个人在非言语表达上也会有明显或细微的差别，教师在教学中要高度尊重学生非言语表达的个别差异性，达到在非言语方面的理解和沟通。

（三）少而精的原则

非言语表达既是伴随语言表达的又是为配合语言表达服务的，所以不应喧宾夺主、滥用非言语表达，使课堂成为哑剧舞台。教师的非言语表达的少与精要结合起来，才算恰当，教师应尽量控制表现不良情绪的非言语表达，减少表达时的多余动作，使之准确而精炼，虽少而胜多。

（四）审美性原则

在教学过程中，教师的非语言表达应符合审美的要求，亲切自然，切忌矫揉造作，"扫除腻粉呈风骨，褪却红衣学淡妆"，多方面塑造好教师在课堂上的形象，给学生以美感，以达到让学生"亲其师，而信其道"的艺术效果。

教师的非言语传意行为

教师的教学技能不仅表现在言语交流方面，而且也表现在非言语交流方面。一个有经验的教师，往往会通过非言语手段来传情达意。常见的非言语传意行为有：

点头	招手示意过来	挠头	用手指敲击桌子
微笑	摆手表示不同意	把手伸出表示不明白	用笔敲击
皱眉	用脚敲击	双手叉腰	把手放在裤袋
作注意倾听状	招手示意离开	拍掌	两眼望天花板
以手示意停止	把手指放在唇上	咬下唇	俯视地板
	表示不要做声	注视对方	示意学生站起
做思考状	用手指物	叠手	示意学生坐下
不耐烦的表情	用手表示圆形	斜视	作出厌恶表情
不耐烦地走动	示意两学生互相靠近		
以手托腮作深思状	把支持身体的脚由左换到右		

教师也常常需要用一定的非言语行为方式表现出下列情感：满足、同意、热心、希望、温柔、怀疑、仁慈、愤怒、幽默、威严、感兴趣、惊奇、不满、迷惑、不屑、冷淡等。就此来说，教师的确应像一个艺术家一样来表现自己的行为。

第三节　导入与结课技能

一、导入

犹如序曲之于交响乐、序幕之于戏剧、前奏之于歌曲，导入是课堂教学必不可少的组成部分。作为一堂课的起始环节，导入承担着吸引学生注意力、激发学生学习动机、复习相关旧知识、指明教学目标、酝酿情绪、渲染气氛等作用，直接影响着课堂教学的质量。俗话说良好的开始是成功的一半。导入是课堂教学给人的第一印象，精彩的导入能够收到先声夺人、引人入胜的效果。

(一) 导入的形式

导入是一种艺术，不可能找到固定不变的模式，全在于教师根据教材特点和学生实际，进行创造性设计，许多教师根据教材特点和学生实际，进行创造性设计，创造了许多成功的经验。

1. 联系已知，温故导新

巴甫洛夫指出："任何一个新的问题的解决都是利用主体经验中已有的旧工具实现的"。也就是说各种新知识，都是从旧知识中发展而来的。"为迁移而教"，这是当今教育界流行的一个极有吸引力的口号，在讲授新课开始，从温故出发，在复习已知的基础上，激起对新知识的探求欲，自然导入新课，如讲环形面积时利用已学过的圆的面积的知识做基础和入门导向，自然导入新课。温故导课中的"温故"只不过是一种手段，导入新课才是真正的目的。在具体导课时不可颠倒主次、喧宾夺主。温故导课一旦成了纯粹的复习课，就是一种失败。

2. 解词释义，审题入手

对一堂课教学内容的课题进行分析解释，由此直接引入主题的导入艺术。《将相和》这是一个有名的历史故事，记载在《史记》中，将：将领，率领军队打仗的人，这里指赵国的大将军廉颇。相：古时辅助国王掌握政权的最高官吏，后来也叫宰相，这里指蔺相如。和：是和好，将相和好，说明他们原来有矛盾，他们为什么有矛盾？后来又怎样和好了，学了课文后就知道。这样就可以使学生的思维活动迅速定向，很快进入对课文内容的探求。

3. 设疑布阵，造成悬念

上课开始，教师先有意设置一个带有启发性的疑问，又不直接说出答案，只求引起学生的思考，造成悬念，从而增强学生学习新教材的浓厚兴趣。造成悬念一般是通过一定的情节，而不是简单、直接地提问。这样可使学生越发好奇，求知之心格外迫切，学习新情境的动力也就特别强。一位教师在教"牛顿第三定律"之前，先提了这样一个问题：两个小组进行拔河比赛：从拉绳来看，赢方一端的拉力大，还是输方一端的拉力大？下面的部分学生不假思索地回答说赢方拉力大。老师说：不对，两方拉力一样大，为什么？我们今天学了牛顿第三定律后大家就会知道原因了。

4. 创设情境，直观导入

即指运用语言、电化教具等手段，创设一种生动感人的教学情境，使学生为之所动，产生共鸣，激励他们进入新的教学情境。例如，一位教师在讲《草地夜行》一课时，运用电视，先让学生看一段描写红军长征路上过草地的实际情形真实地再现出来。电影画面使学生仿佛置身于往昔的长征途中，他们被红军的精神和意志感染了，一个富有真情实感的教学情境形成了。教师这时及时停止了电影，趁热打铁，把学生导入新课，使整个教学过程富有感染力。

(二) 导入的要求

1. 关联性

导课必须与随后的教学内容有密切的联系，在设计导入时，教师必须紧扣中心，围绕主题，如果导入与本堂课的教学内容毫无关系，即使是再有趣，再新颖，也只能是把学生的注意力引向一个与教学无关的内容上去。在正式教学开始之前，学生仍会在一段相当长的时间内注意那些与教学无关的内容，教师要花费较大的努力才能将学生的注意力牵回到教学上来，这反而有害于随后的课堂教学。

2. 经济性

莎士比亚说：简洁是智慧的灵魂，冗长是肤浅的藻饰。由于导入时间短，任务多，所以教师必须精心设计，仔细推敲，反复提炼导入语，如果教师在导入时啰里啰嗦，冗长拖沓，不仅挤占教学时间，本末倒置，喧宾夺主，还会使课堂教学"头重脚轻"，失去应有的美感。

3. 灵活性

每一种导入方法都有其不可替代的作用和特殊的使用范围，世界上没有普适的导入方法，没有最佳的导入方法，只有合适的导入方法。教师应根据教学目标、教学内容、学生特点、自身条件以及设备情况等因素灵活地选择一种导入方法。

4. 多样性

除了上面介绍的方法外，实验、精选一则寓言、故事，或朗诵一首诗，或引用一句哲理名言等，但不论使用哪种方法，要熔科学、教育于一炉，不能为了吸引和挑逗学生，专门去猎奇或者收集一些庸俗的东西来迎合一小部分学生的好奇心理。

5. 参与性

不言而喻，导课的最终目的是要把学生导入，而非把教师导入，因此，在导入时，教师应尽可能地提高学生的参与程度，学生能说的让学生说，学生能板书的就让学生板书。充分调动学生学习的积极性和主动性，让师生的感情在上课之时就得到交融，千万不能只顾自己在台上唱独角戏，而不顾学生的情绪。

二、结课

古人写文章讲究设计一个坚强有力、发人深思的结尾，形象地称之为"豹尾"，有人将课堂教学的结束比作围棋的"收官"，稍有不慎，就会功亏一篑，前功尽弃。成功的结束意味深长，使人回味无穷，让人流连忘返，将整个课堂教学再次推向高潮，因此，教师教学应该注意课堂教学结尾的设计，成为"收官"的高手，做到善始善终，不要虎头蛇尾，草草收场。

（一）结课的形式

1. 自然式结课

所谓瓜熟蒂落，水到渠成，教师所讲一堂课的最后一个问题的最后一句话落地，下课的铃声正好响起，这便是自然式结课。这种结课方式要求教师境遇设计课堂教学的进程和时间，才能有效地达到预期的结果，这种结课方式看上去顺理成章，自然而然，好像不讲究任何技巧就可以使用这种方式，其实却往往是只有那些教学艺术技巧纯熟的教师，才能高水平地驾驭这种结课方式，并使之达到艺术的境界。

2. 总结式结课

即用准确简练的语言，提纲挈领地把整个课的主要内容加以总结概括归纳，给学生以系统、完整的印象，促使学生加深对所学知识的理解和记忆，培养其综合概括能力。总结可以由教师做，也可以先启发学生做，教师再加以补充、修正。总结归纳的方式，可视具体情况灵活变化。可以用简明扼要的语言，复述讲解要点，强调应掌握的主要概念和原理；也可以重读课文的重点句、段，强化印象；还可以启示学生回忆复述课文的主要内容等。

3. 悬念式结课

叶圣陶说：结尾是文章完了的地方，但结尾最忌的却是真的完了。所以，优秀的教师在教学结课时常常使用设立悬念的方法，使学生在欲知后事如何时却戛然而止，从而给学生留下一个有待探索的未知数，激起学生学习新知识的强烈欲望，使"且听下回分解"成为学生的学习期待，一般上下两节课的内容和形式均有密切联系的，用悬念式结课较好。如有位教师讲完等差数列后，下节课要讲等比数列，在结束时提出：数列 20，10，5，2.5，1.25…的第 10 项是多少？这时学生马上活跃起来，有的一项一项地算下去，有的企图寻找什么规律，这位教师就抓住此时学生的心理说，其实，第 10 项是很容易找的。等下一节课你们就知道了。这样，学生一定很想知道这里的奥秘，急切地等着下一节课，并为上好课做好铺垫。

4. 延伸式结课

有些课讲完之后，不应是学生学习的结束，而应把课尾作为联系课内外的纽带，引导学生向课外延伸扩展，开辟第二课堂，如有位教师教《蝙蝠与雷达》，这课的结束阶段设计了这样一个联系：人们从蝙蝠身上得到启示，发明了雷达，你还知道人们从什么得到启示，发明了什么？孩子们争着回答：人们从荷叶身上得到了启示，发明了伞，从火药得到启示发明了火箭，从大脑得到启示发明了电脑，一下就举出十多个例子，尽管有的讲的不十分准确，但说明学生对这样的问题非常感兴趣，教师便趁着学生兴趣正浓时，又提了一个问题：你能从什么得到启示，觉得可以发明什么？要求学生积极开展科技小发明、小创造活动，这样，就把学生从课堂上激起的学习兴趣延伸到课外，鼓励学生去探索课本以外的奥秘。

(二) 结课的要求

好的结课能给人以美感和艺术上的享受，但这不是教师只凭灵机一动就能达到的效果，而应该增强对教学结课的设计意识，教学结课必须遵循的要求有以下几点。

1. 画龙点睛，突破时空

一条龙画完了，最后才是点睛之笔，最后这一笔点好了，整条龙才活灵活现。课堂教学的结尾也是整堂课的点睛之笔，是很重要的，正像演戏很讲究演透而不演绝，只有演透思想内容才能发挥的淋漓尽致，人物的性格、情感才能刻画得尽其精妙，但若一演绝，就断送了艺术，因为有余味正是艺术的魅力所在，课堂教学艺术也是一样，不能讲绝，讲绝就失去了启发想象的效果，这就要求教师的教学以不全求全，在有限中追求无限，突破课堂教学的时空局限，即在一堂课结束时注意浓郁的色彩，艺术的含蓄，使学生感到言已尽而意无穷，课后引起咀嚼回味，展开丰富想象。

2. 首尾呼应，相对完整

课的结束应当紧扣教学内容，使其成为整个课堂教学艺术的有机组成部分，做到与导课遥相呼应，而不要游离主题太远，特别是有些课的结尾实际上就是对导课设疑的总结性回答，或使导课内容的进一步延伸和升华。如果导课精心设疑布阵，讲课和结课却无下文，或结课又悬念丛生，另搞一套，则易使学生思路紊乱，无从获益。同时，教师的结课还应注意结在横断面上，即讲授内容告一段落，或讲完了一个问题时，以使教学内容显得系统连贯，相对完整，而不要结束在一个问题还没讲完的半坡上，这样会使教学显得支离破碎，影响效果。

3. 干净利索，适可而止

教师要养成不要在内容上画蛇添足，在时间上打疲劳战，养成准时上课且准时下课的习惯，不可提前，也不要拖堂，否则将会降低课堂教学效果。有人曾对拖堂问题调查过中学生的看法，结果是 48% 的学生同情老师的拖堂行为，认为老师是出于对工作负责，但不赞同拖堂，有 26% 的学生怨恨老师拖堂，这部分学生措辞尖刻，反应强烈，特别是对放学前一节拖堂的老师，常用一些动作声响或表情暗示，因课后有上厕所等，可见拖堂既不符合学生的生理特点，又对学生造成思维惰性、心理疲劳等有害影响，所以，作为教师，如果不是万不得已，就应该按时下课。

第四节 板书技能

板书技能是教师运用黑板，以凝练的文字语言和图表等传递教学信息的教学行为方式。教师的板书是展开于空间，表现为静态，感知于视觉，以展开知识的"核"而存在于黑板上的一种艺术。独具匠心的板书，既有利于传授知识，又能影响学生形成良好的习惯；既能产生美感陶冶情操，又能启迪学生的智慧，活跃学生的思维。人们把精心设计的板书称为形式优美、重点突出、高度概括的微型教科书。

一、板书的类型

板书的形式和教学的其他活动形式一样，要根据教学内容的特点，从实际出发，恰当地运用。板书的种类很多，从语言的运用来分有提纲式、词语式。从表现形式来分有文字式、表格式、图示式，从内容来分有综合式、单项式。从结构来分有总分式、对比式、分列式、提示要点式等。选择最佳的板书形式是增强教学效果的重要一环，常用的板书形式主要有以下几种。

（一）提纲式

提纲式是按教学内容和教师的讲解顺序，提纲挈领地编排书写的形式。这种形式能突出教学的重点，便于学生抓住要领，掌握学习内容的层次和结构，培养分析和概括的能力。

应该说明的是，有的课文，其内容要点，作者已在文中作了概括，这样板书时就可直接引用课文中的语句。有的课文，其要点并没有作出概括，这样就需要教师用自己的话把它概括出来并板书之。

提纲式板书提纲挈领，脉络清晰，易于掌握，在教学实践中运用最广，例如《藤野先生》一文的板书即是采用了图 7-1 的形式。

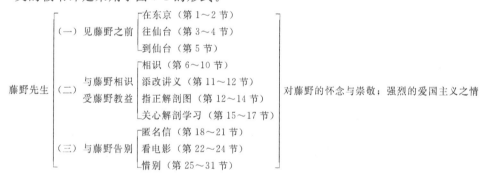

图 7-1 《藤野先生》的板书

运用提纲式板书应注意两点：第一，所作的提要必须准确。这里说的准确包括两层意思。一是所选的内容确实是文章的要点，不得有误；一是所用的语言必须准确。第二，所作的提要应具有概括性。这就是说，全课的板书能够全面地反映全文的内容要点。

（二）词语式

选择关键的词语作板书，或者引起学生的注意，或者对课文起"画龙点睛"、"辨一叶以知全秋"的作用。《渔夫和金鱼的放事》，主要内容是一个渔夫救了金鱼，金鱼答应帮助渔夫，渔夫的老婆一而再，再而三，一连五次要求渔夫向金鱼要报酬，而且要的分量越来越大。课文通过第一段情节和有关语言的推进，刻画了渔夫老婆的贪婪之心。一位教师在讲解这课时，抓住关键词"贪"字作板书，使学生通过一个字而领会全文的主题。

贪—贪—贪—**贪**—**贪**　　（一无所得）

这一板书主要用了一个"贪"字，字号由小到大，表明贪心和占有欲越变越大，而括弧中"一无所得"四个字点出贪心大的结果，用字不多，但寓意深刻。

（三）表格式

表格式的板书是根据教学内容可以明显分类的特点而设计的。教师根据教学内容设计表格，提出相应的问题，让学生思考后提炼出简要的词语填入表格。教师也可边讲解边把关键词语填入表格，或有目的地把内容分类并按一定位置书写，归纳、总结时再形成表格。参见表 7-1 格式板书范例。

表 7-1　表格式板书范例

	主语	谓语动词	宾语
主动句式	施动者	"把"	受动者
被动句式	受动者	"被"	施动者

运用表格式配合教学，可以化繁为简，化难为易，即直观明朗，一目了然。

（四）线索式

线索式板书以突出文章线索为目的，把事情的发展、发生、高潮、结局或作者，用恰当的词语，巧妙地有机地联系在一起，这种板书的特点是线索鲜明，脉络清楚，逻辑性强，能十分鲜明地显示文章的联系，也便于反映人物、事件的思想意义和作品的表现手法。

如中学语文课文《我的叔叔于勒》可设计如图 7-2 所示板书。

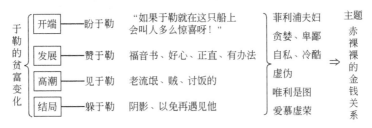

图 7-2　《我的叔叔于勒》板书

运用线索式板书一定要突出主线，使文章的线索成为板书的主体，其他内容切不可喧宾夺主。另外，板书出来的线索越鲜明越好，因为鲜明的板书才会给学生留下深刻的印象。

（五）总分式

总分式板书适合于先总体叙述、后分述，先讲整体结构、后分别讲解细微结构的教学内容。这种板书条理清楚、从属关系分明，便于学生理解和掌握教材的结构，并给人以清晰完整的印象。参见总分式板书范例（见图 7-3）。

总之，板书的形式多种多样，好的板书，不应该只把知识原原本本的交给学生，而应启迪学生的思维，锻炼学生独立思考问题的能力。当然，板书的形式应因人因课而定，决不可离开教学内容去单纯追求板书的

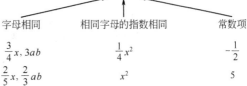

图 7-3　总分式板书范例

形式，更不可死搬教条，墨守他人成规。要在充分理解和把握教学内容的前提下，努力掌握板书这种艺术，使它在课堂教学中发挥更好的作用。

二、板书的要求

（一）书写规范，有示范性

板书要工整，必须遵循汉字的书写规律，做到书写规范、准确。要把握汉字的基本笔画和笔顺规则，不写自造简化字。字的大小以后排学生能看清为宜。教师板书时，一定要一笔一笔地写字，一笔一笔地画图，让学生看清楚，对一字一句，甚至标点符号都要有所推敲。

（二）层次分明，有条理性

各学科的教学内容都有较强的逻辑性和连贯性，所以板书要层次分明有条理。在课堂教学中，板书和口头讲述是同步进行的两种教学手段，而板书的优势是直观、形象、条理、概括。要使板书发挥这个优势，教师必须做到层次清楚、条理分明、主线清晰、枝蔓有序。

（三）重点突出，有鲜明性

在教学中板书运用得好可以引导学生把握教学重点，全面系统地理解教学内容。在课堂有限的时间内，能重点突出、详略得当地处理教材，抓住重点板书的有关内容，正是衡量一个教师教学水平的重要标志。学生在一堂课后，通过板书就能纵观全课、了解全貌，抓住要领。

（四）合理布局，有计划性

教师能把讲授的内容迅速而利落、合理而清晰地分布在黑板上，并使学生在讲解中能跟上节拍，全部理解。课后又能使学生通过板书一目了然，通晓理解，这是教师的板书艺术，但是，要做到这一点，教师在课前必须进行周密的计划和精心的设计，确定好板书的内容，规划好板书的格式，预定好板书的位置。

（五）静中含动，有启发性

静中含动，是指根据需要，加上实线、虚线、箭头、括号、省略号，使静态的板书蕴含着动态的思路，给学生以思考的余地。板书的特点就是在上课的动态中完成的。书写与讲解配合是板书的基本原则。边讲边写，边讲边画，比用现成的文字挂图或事先写画好的挂图，对学生具有更大的吸引力和启发性，会同时调动起学生视觉、听觉，以至"潜下"运动觉，综合发挥作用。

（六）形式多样，有趣味性

板书的文字、图表、格式要灵活多样，不断有新的变化，既整齐、规范、美观，又有新意、奇特之处，使学生感到生动、活泼、趣味横生。

第五节　提问技能

课堂教学提问，是在课堂教学过程中，根据教学内容、目标，要求设置问题进行教学问答的一种形式，它是课堂教学中的"常规武器"，也是影响课堂教学的重要因素之一。通过提问，可以检查学生对已学过的知识、技能的情况，帮助学生掌握学习重点、突破难点；可以发挥教师的主导作用，及时调节教学进程，使课堂教学沿着预先设计好的路子进行；可以活跃课堂气氛，增进师生之间的感情，促进课堂教学的和谐发展。但是国内近年来的研究资料表明，中小学一般教师平均每堂课的有效提问仅占 56％，这就是说，教师中尚有近一半的提问是无效的。因而研究课堂提问，对于提高课堂教学质量有着很重要的意义。

一、提问的结构

从教师的最初提问（主问题），引导出学生最初的反应或回答，再通过相应的师生相互作用，引导出最终希望得到的回答，并对学生的回答给予分析和评价，这个过程称为提问过程。提问过程可分为以下几个阶段：

（一）引入阶段

在即将提问时，教师用不同的语言或方式来表示这一问题，可使学生对提问做好心理上的准备。因此，提问前要有一个明显的界限标志，表示将由语言讲解或讨论等转入提问。例如，"同学们，下面让我们共同考虑这样一个问题，……"。"好，通过上面的分析请大家考虑……"等。

（二）陈述阶段

在引起学生对提问注意之后，教师需对所提问题做必要的说明，引导学生弄清要提问的主题，或使学生能承上启下地把新旧知识联系起来。例如，"你们还记得我们已学过……的知识吗？""请利用……原理来说明……"。此外，在陈述问题时，教师应清晰准确地把问题表述出来。在提示方面，教师可预先提醒学生有关答案的组织结构，如提示以时间、空间、过程顺序等作为回答的依据："请注意，在回答这个问题时应注意以下几点……"，"对于这个问题的回答请注意教材中所提供的时间顺序"等。

（三）介入阶段

在学生不能作答或回答不完全时，教师可以从以下五个方面帮助或引导学生回答问题：核对或查问学生是否明白问题的意思；学生没听清题意时，原样重复所提问题；在学生对题意不理解时，用不同词句重述问题；让学生尽快做出回答或完成教学指示；提示问题的重点或暗示答案的结构。

（四）评价阶段

教师可以不同的方式来处理学生的回答，主要有：教师重复学生的答案；以不同的词句重述学生的答案；根据学生回答中的不足，追问其中要点；纠正错误的回答，给出正确的答案；对学生的回答进行评价；依据学生的答案，引导学生思考另一个新的问题或更深入的问题；就学生的答案加入新的材料或见解，扩大学习成果或展开新的问题；检查其他学生是否理解某学生的答案或反应。

二、提问的类型

在教学中，学生学习的知识类型多种多样，如事实、现象、过程、原理、概念和法则等；其思维方式也有不同的形式和水平。这就要求教师提出的问题不能千篇一律，也应包括多种类型。下面，分别介绍几种不同类型的提问，在这种提问模式中，教学提问被分成由低到高六个水平，每一水平的提问都与学生不同类型或水平的思维活动相联系。教师可以根据知识的类型或提问的目的选择不同的提问方式。

（一）回忆式提问

回忆式提问是要求学生根据记忆来回答问题。学生在回答这类问题时不需进行深刻的思考，只需对教师提出的问题回答"是"或"不是""对"或"不对"即可。例如，《儒林外史》的作者是吴敬梓吗？这个单词的拼写正确吗？或者要求学生从两个答案选择一个。这类问题不需要学生做深入的思考，只需回忆已学过的事实、概念等，所回答的句子一般要求是和教材上一字不差的。例如，构成生物体结构和功能的基本单位是什么？回忆式提问限制了学生的思考，没有提供让他们表达自己思想的机会。因而，在课堂上，教师不应过多地把提问局限在这一等级上。但这并不意味着这类问题不能使用。一般来说，在课的开始或对某一问题的论证初期，通过这类问题，可使学生回忆所学过的概念或事实等，为新知识的学习提供材料。此外，通过此类问题，教师可以考查学生对一些简单的陈述性知识的掌握情况。

（二）理解式提问

理解式提问又可分为三种。

（1）要求用自己的话对事实、事件等进行描述，以便了解学生对所学知识的理解，例如"你知道西安事变是怎么回事吗？"

（2）用自己的话讲述中心思想，以便了解学生是否抓住了问题的实质，例如"你能概括这篇课文的大意吗？"

（3）对事实、事件进行对比，区别其本质的不同，达到更深入的理解，例如，"通过比较单子叶植物与双子叶植物，你能说出它们的不同点吗？"。

一般来说，理解式提问用来检查学生对复杂的陈述性知识的理解掌握情况，多用于讲解新课之后或课程结束时。学生要回答这些问题，必须对已学过的知识进行回忆、解释或重新组合，因而，这是一种较高级的提问。

（三）运用式提问

运用式提问是建立一个问题情境，让学生运用新获得的知识和过去所学的知识来解决新的问题，许多理科教学常用这类的提问。例如，在代数教学中，学生已学过一元一次方程的解法，教师就可提出运用所学过的知识，去解 $3x+5=20$ 这个方程的问题。因此，运用式提问主要是用来考查学生对概念、规则等程序性知识的掌握情况。在回答问题的过程中，学生需要运用所学的概念或规则给出对问题的解答。

（四）分析式提问

分析式提问是要求学生识别条件与原因，或者找出条件之间、原因与结果之间的关系，如"请分析感觉的适应性对人类生存的重要性"，或"列举清王朝灭亡的几条原因"。因为高级认知提问不具有现成的答案，所以学生仅靠阅读课本或记住教师所提供的材料是无法回答的。这就要求学生能认真阅读，理解结构，寻找根据，找出联系，进行解释或鉴别，并组织自己的思想。因此，理解是比运用更高级的思维活动，回答这类问题需要多种知识和技能的参与。通常情况下，年龄较小的学生对这类问题回答较困难，他们的回答经常是简短的、不完整的。因此，在没有帮助的情况下，教师不能指望他们准确地回答问题，教师除鼓励学生回答外，还必须不断地给予提示和探询。在学生回答后，教师要针对回答进行分析和总结，以使学生获得对问题的清晰表述。

（五）综合式提问

综合式提问的作用是激发学生的想象力和创造力。通过对综合提问的回答，学生需要在脑海中检索与问题有关的知识，并对这些知识进行分析和综合，从而得出崭新的结论。这有利于学生思维能力的培养。如"温室效应可能会给全球的气候和经济发展带来什么样的影响？""我们可以通过哪些手段解决环境污染问题？"这种类型的问题能够刺激学生创造性地进行思维，适合作为笔头作业和课堂讨论教学。

综合提问的表达形式一般如下："根据……你能想出问题的解决方法吗？""为了……我们应该……？""如果……会出现什么情况？""假如……会产生什么后果？"等。

（六）评价式提问

评价式提问主要是要求学生对给出的材料进行价值判断。评价提问可以分为以下三类。

（1）要求学生对特定对象提出看法（评价他人观点）或评定思想价值，例如"为什么说邓小平理论是当代中国的马克思主义"。

（2）要求学生判断各种解决问题方法的长处，如"在教育心理学中，请指出讲述法、谈话法、发现法三者相适应的教学情境是什么以及各自的特点与不足"。

（3）要求学生判断艺术品及文学作品等的优缺点，例如"你认为这篇散文的最大特点是什么？"在评价提问中，学生最开始的回答可能质量不会太高，教师必须通过问"为什么？""还有其他原因吗？""其他人有什么想法？"等进行探询，以使他们意识到问题的复杂性，促使他们从不同角度去认识和分析问题，评价事物。

三、提问的设计与要求

（一）提问的设计

1. 提问的专家—新手差异

根据有关针对专家教师与新教师的教学提问所做的比较性研究，结果表明，在提问这一技能上，专家与新手主要存在几方面差异，具体见下表7-2。

表7-2　专家教师与新教师提问技能的差异

比较内容	专家教师	新教师
目标导向下的提问：明确目标	提问是为了启发学生的思维或掌握一定的知识技能	无关问题反复出现。对学生的回答，教师有时不做评论，或把它作为延长教学时间与弥补教学不足的一种手段
中心目标	提问围绕着一个中心目标。通过新旧知识联系的提问，为新知识的学习做准备	不知提问的作用，不清楚要复习哪些旧知识，提问学生哪些知识与技能
目标的作用	围绕学生的学习来设计、组织与安排问题。一组提问表现出有序、系统和有目的的特点，可培养学生系统性思维的习惯	提问无组织、无目的，缺乏明确的提问目标
教学法知识	在提问中，注重将自己对知识的深层次理解转化为可教、易学的知识形式	掌握一定的知识，但不知如何将其转化为学生可接受、理解的问题形式
提问策略：指答	向学生提问后，能照顾到学生的"点"和"面"，叫不同学习水平的学生回答相应的问题。能力强的回答认知水平较高的问题，能力差的学生回答简单的或知识性、概念性的问题	叫一个学生回答所有的问题，或常叫好学生、自己喜欢的学生回答问题
引答	通过提问或暗示，让学生明了解决问题的方法或答案的形式	学生不知道教师要提问何一知识点，或怎样回答才能满足教师的愿望
提问时机	注重知识讲授之间的衔接，新知识的提问必须在学生原有知识可利用的条件下进行	不分时机地提问学生较难或较简单的问题
评价和反馈	通过建立课堂常规，采用鼓掌表扬、举手等形式，活跃课堂气氛和鼓励学生积极回答问题。提供给学生更多获得反馈的机会。对于学生错误的回答，教师会针对同一学生提出另一问题，或者是给出过程反馈。对于学生正确的回答，进一步利用相关问题促进学生思考	有时也会表现出与专家教师相类似的一些行为，但对于学生的错误回答没有耐心，而且缺乏适当的解决方法，要么情绪化的解决，要么不予处理，进入下一知识点的教学。提供给学生的反馈较少

从以上比较可以看出，专家教师与新手无论在对提问目标的理解、问题的设计、提问的策略及评价等方面都存在较大的差异。

2. 提问顺序的设计

在课堂教学中，许多学生会害怕回答问题。这是因为他们担心自己的回答可能不符合教师的要求。因此，在设计提问时，教师应按照由易到难、由简到繁的顺序设计问题，促进学生敢于回答或能够回答问题。下面，先来看这样一个问卷。

确定提问的顺序：假定一位教师刚刚给班上的学生放映了一部关于现代日本的影片。放映完毕之后，这位教师准备向学生提出一些问题，作为对影片观后情况的总结。这位教师正考虑从下面的两套提问顺序中，选择一种提问的顺序。

顺序一：

（1）你对这部影片有何感受？

（2）我们应该建立像日本那样的管理体制吗？

（3）这家工厂里的这个人正在做什么？

（4）您将怎样把这家日本炼钢厂与美国的某一家炼钢厂进行比较？

（5）炼钢工人和办公室的工作人员之间有哪些相同之处和哪些不同之处？

顺序二：

（1）这家工厂里的这个人正在做什么？

（2）炼钢工人和办公室的工作人员之间有哪些相同之处和哪些不同之处？

（3）您将怎样把这家日本炼钢厂与美国的某一家炼钢厂进行比较？

（4）我们应该建立像日本那样的管理体制吗？

（5）你对这部影片有何感受？

请发表您的观点：看了以上的两套提问顺序，请回答下面这些问题：

（1）这些问题中，学生是否感到有的问题比另一些问题更难于回答？如果有的话，是哪些问题？为什么您认为这些问题会比别的问题更难于回答？

（2）您是否认为使用其中的某一个提问顺序会比另一个顺序更有利于学生踊跃地参与讨论？您为什么这样认为？

（3）您将选用哪一个顺序，为什么？

可以看出，在问题难度上，顺序二的问题有一种梯度，即从简单的回忆式问题过渡到评价式的问题。故顺序二比顺序一的问题设计更合理。诺桑总结出有三类问题的类型，并建议教师首先使用第一种类型的问题进行提问，然后再用第二种类型的问题，最后使用第三种类型的问题。

第一类问题，要求对具体事情进行分析的问题（回忆式或理解式问题）。

这类问题只要求学生回忆具体的知识，是他们在提问之前就已经遇到过的。这里并不要求他们发表自己的观点和做出判断。因此对学生来说是不会感到为难的。这是一个建立学生信心的阶段。教师可以问学生这样一些具体的问题：小说中主人公的职业是什么？现在已经发现了多少种化学元素？"猴"的英文单词怎么写？

第二类问题，要求对各种关系进行分析的问题（运用、分析式问题）。

前一类问题的目的在于使学生对基本知识有一种正确的理解。一旦做到了这一点，教师就可以向学生提出对各种关系进行分析的更深一层的问题。这种问题要求学生对他们所学过的材料进行比较、对比和分析。因此，对这类所做的回答常常要超越这些事实，而且常常包含着个人判断的因素。如"在加入硝酸铵以后，对所发生的化学反应你将怎样解释？"

第三类问题，需要进行概括或进行归纳的问题（综合、评价式问题）。

这一类问题层次最高、难度也最大。要求学生很好地驾驭所获得的知识，进而做出一些相当深刻的个人判断。学生可能不愿意回答这类问题。但是，如果教师使用一系列对具体事情进行分析、对各种关系进行分析的问题，建立起一种适宜的知识基础和问题情境，有相当多的学生愿意并且能够回答这种问题。如"你个人认为这首诗有何意义？""人口的高速增长会造成什么后果？"

（二）提问的要求

教师提问不仅是为了得到一个正确的答案，更重要的是让学生利用旧知识解决新问题，或使教学向更深一层发展。为了使提问能达到这些预期的目的，教师必须注意提问过程中的一些要求，即清晰与连贯、停顿与速度、指导与分配、提示与探询。

1. 清晰与连贯

要使问题表述清晰、意义连贯，教师必须事前精心设计，尤其是对于高级提问。教师在设计时对所提问题需进行仔细推敲，不仅要考虑问题与教学内容的关系，还要考虑学生是否能理解和接受。某一具体问题，对于教师来说是能表达一个概念或知识，而对于学生而言，可能导致其误解题意或概念、知识上的混乱。如在地理课教学中，教师问学生"地球是什么形状？"学生回答"圆形"或"椭圆形"，显然并非教师希望的回答。

另外，问题的措辞恰当、表达准确，也会影响提问的清晰与连贯。如"大脑右半球有什么特点"，则不如"大脑左右半脑在思维方式上各有哪些优势"的问题明确。

2. 停顿与语速

首先，教师要掌握停顿的时机。要使学生做好接受问题和回答问题的思想准备准备，教师必须有停顿。例如，教师先用诸如："好，让我们仔细考虑这样一个问题"或"请试着给下面这个问题一个详细的答案"等说法，然后停顿 3 秒钟左右，以提醒学生对问题注意。提出问题后，教师应再有一定的停顿，以便让学生对问题进行思考，并且提问前应先说明问题思考的时间长短。如："我现在要问你们一个问题，希望能尽快做出回答。"经过一段时间的适应后，这些事前说明可以减少，提问后停顿的时间可变成要求学生做多种回答的信号。

其次，教师要注意安排停顿过程中的教学活动。教师可以环顾全班，观察学生对提问的反应。这些反应一般都是非语言的身体动作或情绪反应。例如，学生举手表明他已经思考成熟，或者他愿意积极地回答这个问题。当学生准备回答又不愿举手时，他便会嘴微微张开，身体前倾，眼睛也睁得更大一些，或许还抬起头注视着教师。这些都是停顿期间教师可获得的有价值的信息。停顿时间的长短同样也为学生提供一定的信息，停顿时间较短，表明问题简单要求迅速地做出回答；停顿的时间较长，表明问题比较复杂，要求仔细从多方面来思考问题。关于提问的语速，是由提问的类型所决定的。简单、低级的提问可以用较快的速度叙述；而高级的问题，除应有较长时间的停顿外，还应仔细缓慢地叙述，以使学生对问题有清晰的印象。

3. 指导与分配

一般来说，教师可利用学生的个性特点来指导学生的回答。根据对问题的理解程度和回答的积极性，课堂中有这样四种学生：理解能力强、能积极回答；理解能力强、被动回答；理解能力弱、被动回答；理解能力弱、积极回答。对于这四类学生，教师可分别处理，具体见表 7-3。

表 7-3 回答问题的学生类型与教师的处理办法

学生类型	学生特点	教师处理误区	教师正确处理
理解能力强、能积极回答	学习好，善于发表见解，在教师提出问题后很快要求回答，并能回答正确	对他们关注较多，乐于让他们回答问题	可利用他们活跃课堂气氛，起到回答问题的带头作用
理解能力强、被动回答	学习好，但不愿在众人面前表现自己，不积极回答问题	注意较少	注意鼓励措施的运用，如"你对这个问题回答得非常好，全班学生要向他学习"，培养其对答问题的积极性
理解能力弱、积极回答	学习较差，善于表达并积极举手回答问题，但不能正确回答	注意较多，但讨厌其总是错误回答问题	引其进一步对问题进行思考，如"从另一个角度，你再看看这个问题"，但不要挫伤其积极性
理解能力弱、被动回答	学习较差，不善于表达且不举手回答问题，或根本不想回答	注意最少，基本遗忘这些学生	给一些较容易的问题，通过其正确回答，以正反馈的方式培养其积极思考以及回答问题的兴趣

为了调动每一个学生学习的积极性，让他们主动参与教学过程，教师必须对提问进行适当地分配和指导。首先，教师必须细心观察班级里谁在积极参与活动，谁对参与活

动不感兴趣，对不愿参与的要调动其积极性；其次，对于不善于表达思想的学生要给予锻炼的机会，对于学习不好的学生让他们先回答比较简单的问题，不断地给予鼓励和帮助，使他们逐渐地赶上去。最后，要特别注意坐在教室后面和两边的学生，这些区域常常被教师忽视。

要想使问题得到合理的分配，教师还必须学会控制学生的回答。对于不愿意参加的学生，在提问时应将注意力对准他们，即有所指向地望着某个学生，但并不一定让他回答问题，主要是促使其对问题进行思考。另外，教师不要接受未举手而讲出来的回答。假如有几个学生七嘴八舌地讲出答案，教师对他们的肯定等于鼓励他们这种无规矩的行为，这样将导致提问和教学都无法控制。同样，如果教师对正确答案不能肯定和表扬，对错误的回答不能提示和帮助，将会造成课堂纪律混乱，从而不能很好地指导学生。

4. 提示与探询

提示是为帮助学生回答问题而给出的一系列暗示性语言表述，通过教师提示解决问题的方向，引起学生进一步思考，更好地回答问题。当学生应答不完全或有错误时，为了使应答完整，教师也要提示学生回忆已学的知识或生活经验，应用已学过的知识，产生新的想法，使其进行判断和评价。

探询是引导学生更深入地考虑他们最初的答案，更清楚地表达自己的思想，其目的是发展学生的评论、判断和交流的能力。在探询过程中，教师要注意这几个问题：对于因思考不深入、视野狭窄、概念错误或不完全而导致的错误应答，通过探询使其明确哪里错了及为何错了，从而改善应答；促使学生能从不同的角度或从多方面来考虑问题，通过左思右想把应答与已学事实联系起来，使问题重点突出；促使学生明确应答的根据，通过再思考修正答案的意义；促使学生根据别人的回答谈自己的想法，说明他的思考与他人想法的异同，对别人的应答进行修正和补充。

澳大利亚悉尼大学的特尼教授对提问的功能进行了深入的研究，提出了 12 种提问功能。

(1) 唤起学生对课题的兴趣和好奇。

(2) 使学生的注意力集中于某一特定的问题和概念。

(3) 培养学生对学习的积极态度。

(4) 鼓励学生对自己和他人提问。

(5) 用最有利于学生学习的方式安排学习任务。

(6) 诊断阻碍学生学习的特殊困难。

(7) 让所有学生意识到教师期望并赞赏每个学生投入和参与课堂教学。

(8) 向学生提供一个同化和反思知识的机会。

(9) 鼓励学生对假设进行推理性的认知运算，帮助发展学生的思维技能。

(10) 培养学生对教师和班级其他同学的回答进行反思和评价。

(11) 向学生提供一个通过讨论来学习的机会。

(12) 表达教师对学生的观念和感受的真正兴趣。

研究性课题

1. 教学语言的运用有哪些要求？根据教学语言的要求，对自己的课堂教学语言进行设计。

2. 非言语性行为有哪些？各有何特点？

3. 提问设计有哪些要求？在课堂教学中如何使用？

4. 举例说明提问的基本类型。

5. 就一篇初中语文课文，设计一个提纲式板书。

拓展性阅读

[1] 皮连生主编. 教学设计. 北京：高等教育出版社，2000.

[2] 汪刘生主编. 教学论. 合肥：中国科学技术大学出版社，1996.

[3] 阎承利编著. 素质教育课堂优化艺术. 北京：教育科学出版社，2000.

[4] 傅道春编著. 教学行为的原理与技术. 北京：教育科学出版社，2001.

[5] 肖锋著. 学会教学. 杭州：浙江大学出版社，2003.

[6] 李如密著. 教学艺术论. 济南：山东教育出版社，1999.

[7] 吴德芳. 论课堂教学中的非言语行为. 高等师范教育研究，1999（5）.

第八章 学习结果的测量与评价

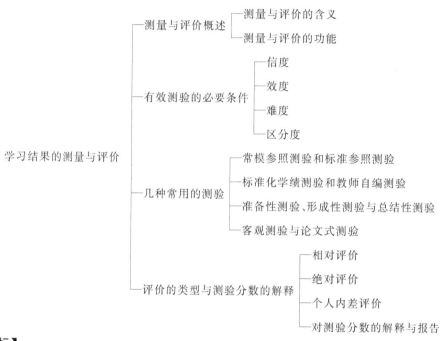

学习结果的测量与评价
- 测量与评价概述
  - 测量与评价的含义
  - 测量与评价的功能
- 有效测验的必要条件
  - 信度
  - 效度
  - 难度
  - 区分度
- 几种常用的测验
  - 常模参照测验和标准参照测验
  - 标准化学绩测验和教师自编测验
  - 准备性测验、形成性测验与总结性测验
  - 客观测验与论文式测验
- 评价的类型与测验分数的解释
  - 相对评价
  - 绝对评价
  - 个人内差评价
  - 对测验分数的解释与报告

【学习目标】

- 能用自己的话解释下列术语：测量、测验、评价、效度、信度、难度、区分度。
- 分析测量与评价的功能及局限性。
- 能说出有效测验的必要条件。
- 知晓教师在解释与报告测验分数时应注意的问题。
- 能运用所学原理设计一套测题测量学生是否已经掌握本门学科。

学习结果的测量和评价是教学过程中的重要环节，也是教学原理与设计的重要组成部分。教育的目的在于引发学生行为或倾向的改变，因此，教师就要善于运用测量来评价学生的学习结果。目前，教师往往比较重视教材教法的研究，而忽视测验的信度和效度等问题，更谈不上运用测量来改进教学。但是，事实上，考试影响着教与学，错误的考试引导错误的教与学，影响教学质量。为此，本章将简要说明测量与评价的概念和功能，有效测验的必要条件，介绍几种常用的测验和评价，以及对测验分数的解释与报告。

第一节 测量与评价概述

一、测量与评价的含义

（一）测量与测验

谈到测量，人们往往会联想到各种各样的仪器，例如，测量质量的天平，测量体温的体温表等。但是，对于变量的测量并不一定要用仪器。例如，有经验的售货员可以根据手感正确地掂出物体的质量，经验丰富的炼钢工人可以根据炉火的颜色正确地判断炉内的温度。因此，测量的最基本特征是将事物进行区分。一般地说，测量就是根据一定的法则用数字对事物加以确定。

所谓"一定的法则"，就是指在测量时所采用的规则或方法。例如，用温度计测量物体的温度，依据的是热胀冷缩规律，测量人的智力，是根据智力理论编制测验，看被试在测验上的得分。法则的好坏会影响测量效果。使用好的法则，可以得到准确的测量结果，使用不好的法则，则会得出不准确的测量结果。

所谓"事物"，就是指人们感兴趣的、要确定的事物属性或特征，例如：人的能力、智力、需要、兴趣、爱好、情感、态度、性格、气质、价值观、人际关系等。测量就是确定这些属性或特征的差异。

所谓"数字"，是一个比数值意义更广泛的概念。它可以表示数量，以确定出一个事物或事物的某一属性的量。通常所说的测量，指根据特定的法则，采用一定的操作程序，给事物确定出一种数量化的值。

任何测量都包括三个要素：测量对象、测量工具及测量结果。例如，测量学生的英语水平。测量对象（事物属性）：学生的英语水平；测量工具（某种法则）：用预先编制好的英语试卷，按考试要求进行，包括规定考试时间及考试规则；测量结果（数字）：测验分数。

对于测验，大家比较熟悉，但要给它下一个严格的定义并非容易。美国心理与教育测量学家布朗认为，测验是测量一个行为样本的系统程序。通俗地说，测验就是通过观察人的少数有代表性的行为，对于贯穿在人的全部行为活动中的某些特点做出推论和数量化分析的一种科学手段。

所谓"行为样本"中的行为，是指测验所测量到的是应试者对测验题目的反应，而不是所要测量属性的本身，人们根据这种反应去推断所要测量的东西。因此，测验实际是一种"中介物"。那么，如何来衡量某个测验真正测到了所要测量的事物的属性或某种特质呢？这就是测验的效度问题。如果应试者在测验上所表现出来的行为能够正确地反映所要测量的属性或某种特质，称这个测验的效度高。如果应试者在测验上所表现出来的行为不能真实反映所要测量的事物的属性，则称测验的效度低。"行为样本"中的样本，是指测验所包含的题目仅仅是所有可能的题目中的一个取样。事实上，除极个别的情况外，不可能把用以测量某种行为的全部题目都要求应试者作答，只能选取其中某些具有代表性的题目作为样本。一个测验能否测出所要测量的行为，是与样本所包含的题目能否代表所欲测量的东西有关。所以，测验作为一种测量工具，不是简单地几道题的组合，必须根据一定的目的慎重地选择具有代表性的内容样本作为测验题目。

所谓"系统程序"，是指测验在编制、实施和评分等方面都要遵循某种规范。测验的题目是依据测验的目的经过系统地分析和选择而组合起来的。测验实施的方法必须保证每一名应试者在相同条件下施测相同的题目。在评分方面，严格按事先规定的评分标准及原则进行，保证评分者之间的最大和谐性。

平时人们所说的考试试卷也是用来测量人的某种行为，借以判定个别差异的工具。例如，教师根据教学目标选编题目，通过学生对这些题目的反应，了解学生是否学得了知识、技能和具有理解、应用、分析和综合等能力。学校里常见的测量，较多的是以教师自编的测验为工具对学生的学业成就进行测定。在日常生活中，测验与测量往往不加区分。

（二）评价

评价是依据测验目的和测量结果，对学生行为变化或倾向变化给予价值判断的系统过程。

学绩测验是测量学生学业成就的主要工具，利用这个工具来衡量学生的学业成就——对学生成绩进行客观描述，这就是测量。测量后，对学生所得的成绩（分数）做出价值判断，即是评价。例如，某学生的数学成绩是 80 分。这分数是他成绩的量化表示，并不说明有什么价值意义。用这个分数与其他学生的成绩相比，是好是差，属于 A、B、C、D、E 的哪一级别；或者和一个确定的标准（某一单元教学目标）相比，说明他是否达到目标，相差多少；或者与他以往成绩相比，是进步了或是退步了。这些都是对该学生的成绩所作的价值判断，这就是评价。

测量和评价是密切联系、相互依存的两个过程。测量不是目的而是手段，评价才是目的；测量以评价为结果，评价以测量为手段。测量所得到的数据只是数字资料，一种素材，其本身还不能直接说明某些特性的内在价值，只有通过评价，即对测量数据作分析、判断，测量才有价值意义。

在学校里，如果缺乏测量，教师得不到及时、可靠的教学反馈，就免不了盲目行事；如果没有评价，或评价不客观、不恰当，那么教学决策就会失去方向。教师总是以测验为工具，并通过评价分析自己的教与学生的学的情况，根据教学目标完善教学计划，以达到改进教学的目的。因此，没有评价，教学就没有依据。

二、测量与评价的功能

（一）鞭策和促进学生的学习

测量与评价的主要功能是鞭策学生的学习，确切地说，是要对学生的进步和他们的最后成绩和成就进行客观测验。要是检验的任何一个方面不能令人满意，便可制定适当的方法进行补救。所以，一个好的测评程序，不仅可以估计学生的成绩和成就在多大程度上实现了教育目标，而且还可以解释成绩的不良，是由于教材不合适，教师的教法不好，还是由于学生的准备和才能不足、动机和情绪不适当。

除了鞭策功能外，测量与评价在许多方面对学生的学习起促进作用。

首先，评价鼓励教师将自己的目标阐述得清楚明确，并把自己的期望告知学生。的确，考试内容有时并未反映出教师明白表示过的目标，甚至与公认的目标背道而驰。然而，教师认为重要的知识与技能是在他们所提出的各种考试题目中体现出来的。没有什么比考试题目本身更能清楚地表示哪些知识与技能是至关重要的。研究表明，学生在学习时间和学习力量上的分配，常与他们预测考试中将出现的各种知识的题目与性质的可能性成正比。这种预测是以什么为根据的呢？它的根据通常是教师对某些题目强调的程度、考试的提示以及先前有关考试问题的知识或经验等。所以，教师将目标表述恰当，为考试做准备，便能指导学生的学习。

其次，考试本身是一种重要的学习经验，它促使学生在测验之前对教材进行复习、巩固、澄清和综合，在测验过程中对材料进行比较与评论。考试的反馈不仅能确证、澄清和校正某些观念，还能明确指出要求进一步思考和研究的领域。有些研究者指出，做出多重选择测验的正确答案，可以显著地提高一周后的重测分数。反馈的校正功能是非常重要的，它常常使学生有把握肯定哪些答案是错的。

再次，考试在学校学习中具有重大的激起动机的作用。在一定限度内，希望学业上的成功，害怕失败，以及防止内疚和焦虑，都是学校或学业环境中的合理的动机。不少学者的研究表明，没有定期考试而希望学生经常系统、认真地学习或研究，是不切实际的空想。经常进行记录成绩的测验，可以推动课堂学习。

最后，学生根据经常获得的外部评价的经验，学会如何独立地评价自己的学习结果。这种自我评价；有助于学业成绩或学术成就的提高。提高学生实事求是地评价自己的能力以及评价自己成就的能力，乃是教育的长远目标之一。

（二）促进教师的教学

测量和评价为教师提供了他们教学工作的效果与效率的必要反馈，如：呈现教材与组织教材的效能怎样，说明各种观念的清晰度怎样，与一般的学生进行交谈的妥善性怎样，以及某种教学技术或材料的效验怎样。考试的反馈有利于认识需要进一步说明、澄清和评述的领域。考试的反馈，对于诊断个人和集体这两方面的学习困难也是很有价值的。此外，客观的考试，对于纠正非正式的评价方法的主观性与印象主义也是必要的。

（三）鉴定课程计划和做出判断

测量与评价也是检查课程计划，即估计课程的特定程序和组织——其中包括指定的题材内容、教材与教法——有什么优点所必不可少的。测量与评价所提供的数据，对于做出行政上的决定，如教材的年级安排和课程的最佳序列也有帮助。没有可靠而有效的测量学习结果的方法，就不可能进行课程和学习过程的研究，这是毋需赘言的。

在论述测量与评价的功能时，务必要提的是，在教育测量运动的漫长历史中，有人对于测量的目标和测量学习结果的特定技术所产生的效果，提出了一些反对意见。其中，有些意见确实反映了测量的局限性，以及妄用或滥用的情况。

第一，认为真正的测量唯有在自然科学方面行得通。心理与教育测量中要控制的变量较多且难，往往得不到像自然科学那样精确、可靠的数据，存在一定的局限性。何况，教育计划的任何方面必然有其限制，甚至还会被人误用。但这并不排斥编制相当可靠而有效的心理与教育的测量工具，并不否定或贬低这些工具在评价学生作业和教学程序上的效用。

第二，认为测验分数常常成为测验目的本身，取代了知识、能力、学业成就等，导致学生的认知动机大为减退，社会所重视的是测验分数和名牌学校的文凭。应当承认，对测量的性质和功能的这一误解是难免的。然而，解决的方案绝不是废除能力和成绩的测量方法，或者停止评价教育结果，而应是端正人们对学识的真正价值的社会态度，提高对测量的性质、功能的认识。

第三，认为当前流行的测量工具不能测试一些最重要的学习结果，如认知风格、创造性和对问题敏感性等品质与能力，以及心理表征与信息加工过程等。不错，设计这些测验的困难是客观存在的，但有理由相信，随着认知科学的迅速发展，有关学生作业变化的新的认知学习理论的创立，最终能设计出用来测量教育成就的新工具的，且成功的迹象业已显露。

由此可见，需要分析与考查人们对测量与评价的不同意见，把测量工具本身的局限性，与对它的滥用或妄用（可纠正）或它的能量（可望达到）区分开来。重要的是应当清醒地看到测量工具的局限，以及滥用或妄用的情况，理智而正确地使用这种工具、改善这种工具以至创造新的工具。

第二节　有效测验的必要条件

任何一种测验，对它的基本要求是可信、有效，具有一定的难度和区分度。

一、信度

信度又叫可靠性，指的是测量的一致性程度。

信度是测验的可靠性指标，它说明的是一个测验在反映受测者水平时的稳定性、一致性程度。例如，用米尺量书桌的长度，多次测量的结果都是 1.30 米，那么，这个测验是可靠的，测验的信度是高的。相反，用橡皮筋做的尺子量这张书桌的长度，其结果可能是 1.25 米、1.41 米、1.33 米、1.36 米、1.27 米，那么，这个测验是不可靠的，信度是低的。

在心理与教育测量中，常用的信度有再测信度、复本信度、分半信度、评分者信度等。信度指标通常用相关系数表示。

1. 再测信度

用同一测验，对同一组被试，在不同时间内先后施测两次，两次测验实得分数的相关系数即为再测信度的信度系数。在运用再测法求信度时，两次测验的时间间隔要适宜。如果相隔时间太长，由于被试的再学习，会影响测验的结果，使得两次测验结果的差异较大，从而降低测验的信度；如果相隔时间太短，则第一次测的内容记忆犹新，练习的影响比较大，从而会夸大测验的信度。那么，究竟两次测验的时间间隔多长合适呢？这不能一概而论，一般说来，两次测验的时间间隔要因测验的目的、性质以及被试的特点而异，最理想的时间间隔是使第一次测验后的练习效应最小，又使第二次测验时的再学习的影响最低。

2. 复本信度

任何测验都只是所有可能题目中的一个样本，所以，可以编制出许多平行的等值的测验，即题型、题量、难度、区分度相同的测验，这种平行的等值测验就叫做复本。把两个等值的测验，施测于同一组被试，所得两组对应分数的相关系数即为复本信度的信度系数。

3. 分半信度

将测验题目分成对等的两半，计算两半分数的相关，所得的相关系数即代表测验的分半信度的信度系数。

4. 评分者信度

在教育测量中，采用客观性试题，在评分者进行评分时，评定则是比较客观的。而当采用主观性试题时，评分不一定很客观，由于各种因素的影响，便很容易使得评分过程中产生误差，造成各评分者间评分的不一致，而评分者信度正是用来刻画各评分者在评分上的一致性程度的。评分者信度高，说明各评分者在评定过程中的一致性程度高；评分者信度低，说明各评分者在评定过程中的一致性差。考察评分者信度的方法是，随机抽取相当份数的试卷，由两位或多位评分者进行评定，然后根据每份试卷的两个或几个分数计算其相关系数，即得评分者信度的信度系数。

信度是对测量的一致性程度的估计，效度是对测量的准确性程度的估计。一致性与准确性的关系可以用射击靶环来说明。假设有 A、B、C 三支枪，对准靶心固定位置后各射 9 次，所得结果如图 8-1。

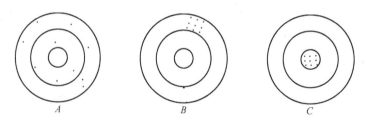

图 8-1　准确性与一致性的关系

A 枪弹着点十分分散，说明一致性和准确性都不好；B 枪弹着点虽然比较集中，但偏离靶心，说明一致性好，准确性差；C 枪弹着点全部集中在靶心，说明一致性和准确性都好。一个测验或测量工具对于某一个目的具有一定的信度，但并不一定是有效的；而一个测验或测量工具如果对于某一个目的是有效的，那么它一定是可信的。

测验的效度和信度在很大程度上取决于测验的项目或题目的特性。而评价项目或题目质量的主要指标是难度和区分度。

二、效度

效度又叫有效性，指的是测量的正确性程度。

效度是测验的有效性指标，它说明的是一个测量工具在反映受测者水平时的正确性、有效性程度，即一个测验能够测量出其所要测量的东西的程度。例如，用米尺去量身高，只要操作正确，就能比较准确地测量到一个人身体的高度。但是，如果用米尺去量体重，就很难或根本就没有办法测量到一个人身体的重量。当然，在物理测量中是没有人会做这种蠢事的。教育测量主要是测量人的精神现象，是间接的测量。也就是说，只能通过受测者的外部表现，去推断所要测量的心理特征和知识水平。这样，"能否测量到所要测量的东西"便成为一个十分重要的问题，由此产生了测验的效度问题。

效度所要回答的基本问题是：一个测量工具测量什么特性？它对所要测量的特性测得有多准？比如，学业成绩考试特别强调能力的考核，但那些考核"能力"的试题是否能真正地考核出学生的能力呢？或者在多大程度上考核出学生的能力呢？测验的效度可以回答这两个问题。

测量的正确性是良好测验的基本条件，一个缺乏效度的测量工具是毫无价值的。

效度是个相对的概念。任何一种测验或测量工具只是对一定的目的来说才是有效的。例如，用米尺量身高较为有效，而对量体重则无效。每一种测验各有其功能与限制，一个测验应用于某种场合效果很好，但对另一种目的和用途，也许毫无价值。世界上没有一种对所有目的都有效的测验。因此，不能笼统地说某测验有没有效，而应当说它对测量什么有没有效。另外，测验的效度通常以相关系数表示，只有程度上的不同而非全有与全无的差别，所以，测验的效度只是相对的，不是绝对的。

测验的效度有多种类型，内容效度、构想效度和预测效度。根据不同的需要，一个测验可以采用一种或几种效度。

内容效度指的是测验题目对有关内容或行为范围取样的适当性。例如，一个课堂考试的题目是不是这门课程中所教的材料和技能的最好取样。教师为了了解学生对某一学科或某一课题的知识、技能掌握的情况，如果时间许可，可以进行一次全面考试，包括所有有关的内容。但这是不切实际的。因此，就要从这一范围总体中，即从可能的题目中取样编制测验，根据测得的分数推测学生在该范围总体的知识掌握的情况。若测验题目是这个范围的代表性样本，则推测有效；若选题有偏差，则推测无效。

学校里常用的学业成绩测验（也称学绩测验）特别注重内容效度。其主要目的在于测量学生在某一学科中学习的结果，因此，试题必须切合教材内容，并依据教学目标，对学生行为变化或倾向变化的不同方面加以测量和评价。学业成绩测验的内容范围容易确定，其内容效度的高低，取决于测验题目的代表性。这种测验必须根据材料与技能的重要性来选题（而不是随机取样），使选出的题目能包含所测内容范围的主要方面，并使各方面题目比例适当。比较好的做法是先对内容范围进行系统分析，将该范围区分为纲目，并对每个纲目作适当加权，然后再根据权数从每个纲目中作随机取样，直至得到所需要数量的题目。内容效度是评价学业成绩测验最适合的方法，适用于学校中的各种学科测验。

构想效度是指一个测验对某种心理学理论所涉及的抽象概念或心理特质测量得如何。例如，某智力测验测得的结果，如果与该测验所依据的智力理论关于智力的一些假设相符，那么，这个智力测验就具有构想效度。

预测效度是指一个测验对处于特定情境中的个体的行为进行预测时的有效性，也就是对于所感兴趣的行为能够预测得怎么样。例如，用大学入学考试预测学生入大学后的学习成绩，用职业测验预测工作能力，用人格测验预测哪种人容易患精神病等。一个测验预测得越准就越有效。

三、难度

难度指的是项目的难易程度。有些教育心理测量学著作把难度表示为受测者答对或通过每个项目的人数比例，比例越大，题目的实际难度便越小；比例越小，题目的实际难度便越大。这种方法实际上就是用通过率来表示难度，在实际应用中很不方便，应用范围较窄，而且容易造成混乱。

把难度表示为全体被试在项目上的平均失分与项目总分之比，用式(8-1) 表示。

$$P = W / X_{max} \tag{8-1}$$

式中　P——项目的难度；

　　　W——全体受测者的平均失分；

　　X_{max}——该项目的满分。

当项目是二分法计分时，如是非题、选择题，通过给分，不通过不给分，难度可用式(8-2) 进行计算。

$$P = W / N \tag{8-2}$$

式中　P——项目的难度；

　　　W——在该项目上未通过的人数；

　　　N——受测者总数。

显然：$0 \leqslant P \leqslant 1$。

用这种方法来计算难度，P 值越接近 1，表示项目的困难程度越大。例如，$P=0.80$，表示在该项目上全体受测者的平均失分项目满分之比为 0.80，$P=0.50$，表示在该项目上全体受测者的平均失分与项目满分之比为 0.50，前者的困难程度大于后者。

项目难度是相对的而不是绝对的。所谓难者不会，会者不难，指的就是难度的相对性。难度的大小，除了和内容或技能本身的难易有关外，还同项目的编制技术和受测者的经验有关。一个本来很容易的问题，可能因表述不清楚，或者受测者由于某种原因没有学过而变难；一个很难的内容，也可能因为答案过于明显或者由于受测者已经学会而变得很容易。

项目的难度水平多高才合适，取决于测验的目的、项目的形式以及测验的性质。在学校教育中，有些测验的目的是为了考查学生对某些知识、技能是否掌握，此时可不考虑难度，只要教师认为重要的内容就可编入测验，甚至那些全部通过或全部不通过的题目也不必淘汰。例如，在某一教学单元开始前，为了了解学生对所教知识、技能的准备情况而进行的准备性测验，几乎每道题目都将产生很低的通过率，但是这些题目不应淘汰，因为它们表明了哪些东西需要学。而在某教学单元结束后，为了检查学生的掌握情况所进行的测验，即使每个题目都有很高的通过率，这些题目也是可用的。因为这种测验是与一个特定的标准相比较，看是否达到了某种水平。

如果测验用于对学生作区分，可选 1/2 中等程度（难度在 0.5～0.7 之间）的题目，1/4 难题，1/4 易题。这样对于好、中、差各种学生都具有较好的区分能力。

四、区分度

区分度是指测验项目对所测量的特性的区分程度或鉴别能力。具体说来，一个测验若区分度很高，那么，不同水平的受测者对测验项目的反应结果也不相同；实际水平高的受测者，应该得到高分，而实际水平低的受测者则应该得到低分，水平不同，在测验上的得分也不应相同。否则，这个项目就不具有较高的区分度，不能对受测者进行有效的区分。

区分度与难度有着密切的关系。当难度过高或过低时，区分度都不高，尤其是极端难度时（$P = 1.00$ 或 $P = 0$），全体受测者都不能通过或都能通过，这时，受测者的分数都集中在极端点上（0分或满分），区分度为0，即试题不能区分出被试的实际水平和能力，不能考察出被试之间的差别。难度水平在0.50时，受测者在测验上的分数将产生最广泛的分布，即区分度接近或达到最大值。

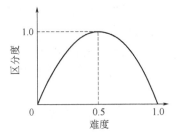

图 8-2　难度与区分度的关系

难度与区分度的关系可用图 8-2 来表示。从图中可以看出，当难度为 0 或 1.00 时，即极端难度的情况下，区分度都为 0，当难度为 0.50 时，区度分最高。

区分度的所有指标和估计方法，都是以对项目的反应与某种参照标准之间的关系为基础的。例如，智力测验可以用年龄作为参照标准，看通过每一项目的人数与年龄的关系，各项目的通过率是否随年龄增长而增长；又如教育成就测验可用年级或教师评定的等级作标准，看测验项目能否把不同年级或不同水平的学生区分开来。

第三节　几种常用的测验

测验的种类很多，根据不同标准有不同的分类。从测量的对象来分，有智力测验、学业成绩测验、人格测验等；从评价的标准来分，有常模参照测验和标准参照测验；从测验的编制来分，有专家编制的标准化测验和教师自编测验；从试题的形式来分，有客观测验和论文式测验。本节对学校常用的测验作些介绍。

一、常模参照测验和标准参照测验

在学校里，一个学业成绩测验可以用来测量学生相对的等第，也可以用来测量学生能完成和不能完成哪些作业。前者属常模参照测验，后者属标准参照测验。它们用作学业成绩测验都要根据教学目标编选试题，但两者有些区别。

常模参照测验是以学生团体测验平均成绩作为参照标准，说明某一学生在学生团体中的相对位置，将学生分类排队。它着重在个人间的比较。主要用于选拔或编组、编班。常模参照测验要求测得的分数变异性大，也就是得分的范围要广，要拉大差距，充分显示个别差异。它要求试题难度适中，具有很强的鉴别力。

标准参照测验是以具体体现教学目标的标准作业为准，看学生是否达到标准以及达标的程度如何，而不是比较个人之间的差异。试题必须正确地反映教学目标，才能作为评价的标准。它所关心的是试题是否从数量上、质量上同要测定的内容和范围一致，即是否能正确地反映教学目标的要求，而不是这些题目的难易和鉴别力。在测验中如果发现多数学生不能正确解答某些试题时。那么，就要检查这些试题是否偏离了教学目标，要考虑教学方法是否得当，而不是简单地删去它。利用标准参照测验可以具体地了解学生对某单元知识、技能的学习情况，哪些学得较好，哪些没学好需要补救。因此，标准参照测验主要用于基础知识、基本技能的测量，用于诊断及个别指导。

二、标准化学绩测验和教师自编测验

从编制的方法来分，测验可分为标准化测验和教师自编测验。

（一）标准化学绩测验

标准化测验是由专门的测验发行机构编制的，智力测验和人格测验都可以是标准化测验。标准化学绩测验仅仅是标准化测验的一种。

标准化学绩测验一般是由学科专家和测验编制专家按照一定的程序共同编制的，具有较高的效度和信度。测验的施测有严格的要求（如适用对象、时限、指导语、评分等），测得的结果有可资比较的标准作对照。标准化学绩测验的突出优点是具有客观性和可比性，所以，它是评价学生学业成绩的重要工具之一。在国外用得比较普遍。例如，美国教育测验中心举办的托福考试，考核非英语国家留学生的英语水平，以决定是否录取留学或授予奖学金。又如美国教育测验中心主持的研究生入学考试也是标准化的考试（学绩考试和学能考试）。目前，我国在标准化考试方面只有一些小规模的编制与试用，与先进国家相比差距还很大。

（二）教师自编测验

教师自编测验是教师根据自己在教学各个阶段的需要，自行设计与编制的测验。由于学校教学科目多，教学检查需经常进行。而教师自编测验的制作过程简易，应用范围限于本班、本校，施测手续方便，所以，它是学校中应用最多和教师们最愿意用的测验。当然，这种测验的编制也需要遵循一定的步骤和原则，也需要掌握一定的编制技巧。

一般地说，教师自编测验须遵循下列原则：测验应能测量明确界定的学习结果，忠实反映教学目标；测验应能测量出预期的学习结果和教材的代表样本；测验应依据所预期的学习结果来选择试题类型；测验的编制应配合其特殊用处以提高测验的成效；测验要有效、可靠。

编制测验的核心是命题。命题的一般原则是：试题要符合测验目的；内容取样要有代表性；试题的文字力求浅显简短、简明扼要，但又不可遗漏必要的条件；各试题应彼此独立，不可含有暗示本题或他题的正确答案的线索；试题的正确答案应是没有争议的；施测和评分要省时。为了编制出合乎需要的题目，教师在命题前，应对教材和教学大纲仔细分析，根据教学大纲列出教材内容和教学目标的分析表（双向细目表），并根据考试性质和目的，确定题目取材范围、题目形式与数量。表8-1是小学高年级自然常识测验的双向细目表，表中的数字代表每一类题目所占的百分比，这些比例反映每一个内容及目标的相对重要性。

表 8-1　小学高年级自然常识测验的双向细目表

教材内容	获得基本知识	理解原理原则	应用原理原则	分析因果关系	综合成系统见解	建立评价标准	合计
生物世界	3	5	6	3	2	1	20
资源利用	2	3	3	1	1	0	10
动力和机械	2	3	4	2	0	1	12
物质特性和能量	5	6	8	2	2	1	25
气象	2	4	3	2	2	0	13
宇宙	2	5	4	1	0	0	12
地球	2	2	2	1	1	0	8
合计	18	28	30	13	8	3	100

一个测验的好坏和测验材料选择的适当与否密切相关，教师在平时教学工作中，要随时把教材的重要地方做上记号，在批改作业或日常测验的试卷时，应记下学生常见的错误。要经常搜集书刊上或其他教师编拟的现成试题，可将随时搜集到的或自编的试题记在卡片上，一题一卡，分类保存。命题时，只要取出卡片，按照内容和试题难易程度加以排列增减即

可。每次考试后，可根据评卷中发现的问题以及题目分析的结果，将题目的特性（难度、区分度等）注在卡片背面，如此长期积累，使所拟题目日趋完善，命题也可省时省力。

三、准备性测验、形成性测验与总结性测验

测量与评价贯穿于教学过程的始终，从教学开始至结束，教师必须做出各种决定，所以，在教学过程的不同阶段，有不同的测验。

（一）准备性测验与安置测验

教师在教学前需解决两个主要问题：一是学生在教学开始时已具备的知识和技能的程度如何？二是学生已达到教学计划中所要达到的学习结果的程度如何？为解决前一问题，在某课程或某单元开始前，用准备性测验，测试学生应具备的有关知识和技能，使教师了解学生对于完成本阶段教学任务在知识、技能和智力等方面的情况，以便制定教育目标和教学计划。例如，在学习研究方法之前，需先测试学生的统计知识；学习法文时，需先测试学生的英文文法。如果学生缺乏必备的知识或技能，则需先进行补缺学习。解决后一问题，采用安置测验（俗称摸底测验），其内容很像教学结束时所实施的测验，不同的是教师的兴趣在于了解学生是否已熟悉新课程或新单元教学计划中的教材，以便教师修改教学计划。这种测验，往往在老师不了解学生的知识和能力时，或者所预期的学习结果非常具体，并有明显顺序的情况下进行。

（二）形成性测验

在教学进行期间，教师最关心的是学生进步的情形。这时，教师要解决的问题：一是学生在哪些学习单元有令人满意的进步？哪些方面还需要帮助？二是哪些学生学习有困难，需要进行个别辅导？为解决上述问题，常采用检查性测验，也称作形成性测验。它可使教师掌握学生的学习情况，及时发现教和学中的问题，从而调整教学计划，改进教学方法。形成性测验类似于教师按传统习惯使用的非正式考试和单元测验，但它特别强调：①测量教学单元所要达到的学习结果。②使用测量的结果来诊断和改进教学，而不是评定学生等第。③必须根据教学目的来编制，凡课程中的重要部分均需测量。④题目的排列以类别和难度为主要依据，通常是将同类题目由易而难加以排列。⑤它只注意学生是否达到学习目标，而并不重视与别人成绩的比较。

（三）总结性测验

教学结束，教师最关心的问题是学生达到教学目标的程度。此时需要确定：哪些学生已熟练掌握教学内容；每一学生的成绩等第。为解决上述问题，应采用总结性测验。总结性测验能使教师了解学生是否达到教学目标，为制定新的教育目标提供依据。这种测验与形成性测验大致相同，但其所包含的范围较广，因此测验内容应注意代表性，每类试题的比例应与整个课程各类学习结果所占的比例一致。测量结果，主要用来评定学生的成绩。

四、客观测验与论文式测验

从试题类型来看，有客观测验和论文式测验。

（一）客观测验

测验的试题可以客观地记分，即不同评分者虽然各自评分，但所评定的结果是相同的，这样的测验叫客观测验。客观测验的试题形式多种多样，主要为再认式，如选择题、是非题、匹配题、排列题，有时也有回忆式的，但答案很简单，只写一两个字或一两句话，如填空题、简答题、改错题等。

1. 选择题

选择题结构包括题干和选项两部分。

题干由直接问句或不完全陈述句构成；选项包含一个正确答案或正确答案的组合以及若干个（一般3～5个）错误答案，让受测者根据要求选择其中最正确、最贴切的答案或剔除错误的答案。选择题可适用于文字、数字和图形等不同性质的材料，它可考察记忆、分析、鉴别、推理、理解和应用知识的能力。

选择题的优点：一是在单位时间内可以施测很多项目，能保证取样的广泛性，保证测验的有效性；二是评分客观，试题多，保证测验的可靠性；三是可通过改变选项中错误答案的迷惑性来调整题目的难度；四是阅卷方便。由于上述优点，故应用广泛，被认为是客观测验中最好的方式。但最好的不等于是唯一的，不能靠此一种试题测量所有学习结果。选择题的缺点是：有固定答案，测不出受测者的创造力和对材料的组织能力；由于选择题的解答是一种再认试题，对于教材中必须切实记忆的事实、原理、符号、规律等，仍须靠填空题等再现试题；题量大，编写困难。

编制选择题要注意以下几方面。

（1）根据测验目的和内容来选择最适当的题型。如果要考察辨别、比较和评价能力，适宜用最好理由式，即几个备选答案都是对的，但其中有一个最好，要把它找出来。例：偷东西的人应该受惩罚，因为：（A）惩罚可使他不敢再犯；（B）偷窃为法律所不容；（C）偷窃的人不是好人；（D）偷窃扰乱社会治安。如要考察推理能力，适宜用类比。

（2）题目只能环绕一个中心。题干应当包括解题所必需的共同要素，并且要精练、准确、清楚，尽可能不要把选项夹在题干中间。例如，战国初期，魏继承（A）秦；（B）燕；（C）齐；（D）晋的旧业，最为富强。最好将题干改为：战国初期，魏国继承何国旧业而最为富强？题干要尽量创设新的情境，文字最好自拟，尽可能避免重复书上的措辞或实例。

（3）各选项在形式上应该协调一致，或为数字或为图形，或为人名，应取一律，文字长短也应大体相当、选题答案要简短，必要的叙述或相同的修饰应全部置于题干中，例如：孔子最伟大的成就在于：（A）学术教育方面；（B）国防军事方面；（C）艺术建筑方面；（D）内政外交方面。四个选项都有"方面"，可移置于题干中，将题目改为："孔子最伟大的成就在哪一方面？"选项之间不应相互重叠，相互包括，相互依赖。例如，9－3是多少？（A）大于3；（B）6；（C）小于7；（D）12。除（D）外，其余三项相互重叠，应修改。各选项在逻辑上和语法上都能与题干相接；几个选项最好按逻辑顺序或随机排列。

2．是非题

是非题也叫正误题或判断题，是要受测者对一个论点的正确与否做出判断，或者从是非两个答案中做出选择，因此，也可把是非题看成是两个备选项目的选择题。

是非题的优点：出题容易，回答方便，适于考查学生对简单观念或知识的了解。其不足之处是易受猜测的影响，可靠性差；缺乏教育诊断作用。所以是非题的应用不如选择题那么广泛。

编制是非题时应注意的几点。

（1）每题应只包含一个观念，避免由于两个以上的观念在同一题中出现而造成题目"似是而非"或"半对半错"。例如，"北京是我国的首都和第一大城市"。此题前半部分是正确的，后半部分是错误的。最好改为两个测题。

（2）论点要简明扼要，意义明确。陈述论点，最好不要照搬教科书上的词句或仅仅加上否定词就构成错误项目。

（3）避免使用具有暗示性的特殊的词，如"绝不"、"完全"等通常有"错"的暗示，而"有时"、"可能"，通常带有"对"的暗示。

（4）尽量采用正面肯定的叙述，避免反面陈述或多重否定的文句。

（5）"是"与"非"的题数大致相等，且随机排列。

3. 匹配题

匹配题实际上是选择题的复合式，它的结构常包括两栏或三栏。让受测者将第一栏中的项目同第二栏、第三栏中的适当项目相互匹配。匹配题可以是完全匹配，即各栏项目的数量相等，也可以是不完全匹配，即各栏的项目数量不等，避免凭猜测作答，以增加可靠性。匹配题可同时考查许多相关事物和知识的内部联系，应用价值较高。例如，将下列著作、作家和朝代中有关联者用线连起来。

宋　　关汉卿　　《梦溪笔谈》
元　　蒲松龄　　《三国演义》
明　　沈　括　　《聊斋志异》
清　　吴承恩　　《窦娥冤》
　　　罗贯中　　《西游记》

编制匹配题应注意以下几点。

（1）各栏内的项目性质应相同，如第一栏都为朝代，第二栏都为作者，第三栏都为著作名称。

（2）作答的方法必须明确规定。要讲清匹配的依据，各项可不限只用一次。

（3）同一组项目应印在同一页上，以免造成作答时的困难。

（4）配对项目不宜过多或过少，以十项左右为宜。

4. 填空题和简答题

填空题通常是以一句话、一段文章、一个公式、算式或一个图形等，略去其中一些关键词或数字符号，留出一处或几处空白，让受测者把空白填补上，达到文意完整。例如，第一个智力测验是由_____和_____编造的。简答题要求受测者根据题意，正确、简练地写出答案。如，一年有哪几个季节？

填空题、简答题与选择题适用于同样类型的材料，但填空题和简答题比选择题容易编写，凭猜测作答的机会较少，但评分不如选择题方便和客观。它们适用于考查实际知识的记忆和理解。有时也可考查推理、判断的能力。

编写填空题和简答题要注意以下几点。

（1）填空题目所空出的应该是关键字句，并要和上下文有密切联系。

（2）一句内不要有太多的空白，太多了会失去意义上的连贯性，使受测者无法理解题意。

（3）避免直接引用教科书的词句。

（4）准备一个正确答案和可接受的变式的标准，如果部分正确也适当给分的，则要做出更具体的规定。

客观测验的优点：可在较短的时间里测试较多的内容，取样广泛和系统化，有助于提高测验的信度和效度；评分客观、迅速。其缺点主要是编写不易，对于高层次能力的测量，具有一定的困难与局限。

（二）论文式测验

论文式测验是以少数试题让受测者或申述说明，或分析比较，或论证批判，或评价鉴赏，等等，根据自己的想法和认识自由作答的一种测验。它是一种用于衡量较高级的思维过程的测验。

论文式测验的优点：试题容易编写，作答不允许猜测和简单背诵，可以反映理解的深度。它最适用于组织能力、分析综合能力、文字表达能力的测量。例如，学生学习之后，对教材是否记住并理解；能否比较分析和推理批判；能否应用知识以解决问题；能否运用文字完整地表达思想；思想有无条理和创见。对于这些综合心理能力的测量，是论文式测验所独具的特点。但是，论文式测验的题目少，取样缺乏代表性，特别是评分困难，既费时又难以排除无关因素特别是评分者的主观因素的影响，从而使测验的可靠性和有效性降低。

编制论文式测验要注意以下几点。

（1）题目不要过小或过大，内容适当具体些，要让被测者知道答案的范围和方向，但也不要规定得太具体，以免变成一系列的简答题。

（2）最好要求受测者在新的情况下，应用知识去解决新的问题，不用那些仅测量意见和态度的问题。

（3）拟订试题的同时，应制定出答案标准，列出答案的主要论点，规定应得分数，使评判者尽量依照规定标准评分，力求达到评分客观。

（4）一般不要有任选题，因为两个论文题很难做到等值。

客观测验与论文式测验各有其优缺点，在一个测验中，可采用一种形式的试题，也可同时采用多种形式的试题。在选择题目形式时，要注意测验的目的和性质。例如，考查对概念和原理的记忆，适宜用简答题；考查对事物的辨别和判断，适宜用选择题；考查综合运用知识的能力，则适宜用论文题。还有要注意受测者的特点，如年龄特点。此外，要注意各种实际因素，如准备情况、测试的时限等。

上面提到的教师自编测验，最好能兼用客观测验与论文式测验这两种形式来命题。

顺便提一下关于口试，口试一般也有与论文式测验相同的优缺点。另外，口试可使主试人在确定不了学生的知识或理解究竟怎样的时候作深一步的探测，中断那些无关的不着边际的回答，在这一意义上，学生就不致故弄玄虚。但是，口试比书面考试容易激起学生的过度焦虑，而且常常对能说会道的人有利。

第四节　评价的类型与测验分数的解释

根据评价所依据的不同标准与解释方法，评价可分为相对评价、绝对评价和个人内差评价。

一、相对评价

（一）相对评价的含义

相对评价是以个体的成绩与同一团体的平均成绩或常模相互比较，从而确定其成绩的适当等级的表示方法。相对评价也称作常模参照评价。对教师来说，就是要比较某位学生与班级内其他学生成绩的高低。这种评价方法重视个体在团体内的相对位置和名次。例如，在几次考试中，某学生学习的实际成绩在提高，但是他在班级里的相对位置（名次）也许仍然没变。

相对评价具有甄选性强的优点，因而可作为分类排队、编班和选材的依据。它的缺点是在排队选优时，对于个人的努力状况及进步的程度不加重视，尤其对于后进者的努力缺少适当评价，因而缺乏激励作用。

（二）相对评价的数量表示和解释

1. 偏差值（Z分数或T分数）

偏差值是以标准分数表示一个原始分数在一个常态分布的团体中，偏离平均数的位置。

$$Z = \frac{X - \overline{X}}{S}$$

（8-3）

式中 Z——标准分数;

X——原始分数;

$\overline{X}$——平均数;

S——标准差。

当 Z 值为零(正好在平均数的位置)时,说明成绩一般;Z 为正值,则成绩高于一般;Z 为负值,则成绩低于一般。Z 分数的全体分布在负五个标准差到正五个标准差之间。

由于标准分数 Z 分数有正负,使用不便,因此,采用 T 分数。

$$T=50+10Z$$

T 分数以 50 为普通,50 以上则越高越优,50 以下则越低越劣。

采用标准分数 T 分数,不仅可以说明一个学生的测验分数在团体中所处的位置,可以在各学生之间进行比较,还可以比较同一学生在不同学科成绩上的优劣。例如,表 8-2 为甲、乙两学生数理化三科学习成绩的比较。

表 8-2 甲、乙两学生数理化三科学习成绩的比较

考试科目	学 生		$\overline{X}$ (平均数)	S (标准差)	T 分数	
	甲	乙			甲	乙
数学	57	73	65	4	30	70
物理	76	86	74	6	53	70
化学	96	70	71	12	71	49
总分数	229	229			154	189
平均分数	76.3	76.3			51	63

2. 百分等级法

偏差值(Z 分数和 T 分数)的计算以常态分布的原理为基础。如果学生成绩分布的实际状况不是常态分布,在这种情况下最好运用百分等级法。

百分等级是一种适用于次序变量的相对位置的数量。例如,在一次测验中,不管有多少人参加,从最低分到最高分,分成一百个等级,某人得分的数值在这一百个等级中所处的位置,叫做这个数值的百分等级。所以,要知道某人得分的百分等级,就要计算出在这个团体中低于该分数的人数百分比。

例如,小明数学考 57 分,班上 45 名学生中有 31 名的分数低于 57 分,因此,小明在班上数学考试中所占的百分等级是:

$$PR=\frac{31}{45}\times100\%\approx69\%$$

这表明在班上有 69% 的人分数低于 57 分,比他好的有 31%,即小明的成绩超过班上三分之二的同学。

百分等级计算方便,容易解释,所以使用较为广泛。

二、绝对评价

相对评价的参照标准是在对测量结果作出统计处理之后确定的,而绝对评价的参照标准是根据教学目标,并在测量之前就确定了的,其目的在于了解被测者是否达标和达标的程度如何,因此,教学目标就是评定目标。绝对评价是以受测者本人的现状与既定的教学目标作比较。

达标标准的确定是绝对评价的重要问题,标准不要定得太高,也不要太低。作为体现教学目标的测题,受测者应该完成多少才算达标,要根据具体情况而定。短期的教学目标和必

须掌握的基本内容，达到的标准可定得高一些，90%或更高，甚至100%。对于较长期的教学目标和只需一般了解的教学内容，则可低一些，但至少要在70%以上。

绝对评价一般用通过或不通过（合格或不合格）来表示，但也有用三级或五级标准来表示。

三级标准的答对率如下。

（1）答对率在85%以上，掌握好与较好；

（2）答对率在70%～84%，掌握一般；

（3）答对率在69%以下，掌握较差。

五级标准的答对率如下。

（1）答对率在95%～100%，优；

（2）答对率在85%～94%，良；

（3）答对率在75%～84%，中；

（4）答对率在65%～74%，及格；

（5）答对率在65%以下，差。

在学校中，绝对评价可了解学生达到教学目标的程度，但有时也可以计算一个班或一个年级的学生达标人数的百分比，或在三级、五级评定中各等级人数的百分比，以了解某班（某年级）学生达标的情况。

绝对评价适用于形成性测验和诊断性测验，通过它得到的反馈信息，可及时了解学生掌握知识的具体情况，及时地调整、改进教学，从而达到教学指导和评价的一体化。但由于在编制测题时，较难充分、正确体现教学目标，因此，教师还不能充分利用严格意义上的绝对评价。

三、个人内差评价

（一）个人内差评价的含义

个人内差评价是比较同一个体在同一学科内或不同学科间的成绩或能力差异的评价。例如，在一个学生的不同学习能力之间进行比较以了解其优势和弱点，或者，以他过去的成绩与后来的成绩相比较，以了解其进步的情况。它是依据个人的标准进行的。不同于相对评价和绝对评价。个人内差评价各人有各人的标准，没有团体的共同标准。相对评价和绝对评价设立标准的立场和方法虽有不同，但对于作为评价对象的全体成员，还是有一个衡量的共同标准的。

在教学中，应用个人内差评价，对于教师深入了解学生的个别差异，进行因材施教是有很大帮助的。

（二）个人内差评价的方式

个人内差评价的方式有横向评价和纵向评价。

1. 横向评价

即在同一时间内，对一个人所具有的特性进行的比较。例如，学习成绩、学习能力、学习兴趣、学习态度等的比较；各学科成绩的比较；同一学科领域不同能力的比较等。

通过横向法可以了解一个学生哪些方面占优势，哪些方面比较薄弱，需要加强辅导。横向法可用轮廓图图8-3表示。各人的轮廓图可分别绘制，也可绘在一张图上，进行个人之间的比较。

在绘制轮廓图前，必须把各测验的原始分数都化成标准分数（T分数）或百分等级，但不可以有的用T分数，有的用百分等级。

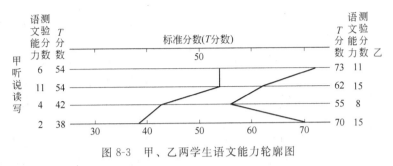

图 8-3　甲、乙两学生语文能力轮廓图

由图 8-3 既可分析甲、乙两学生语文能力的总程度及各能力的差异，又可以对甲、乙两学生各项语文能力逐一进行比较。

2. 纵向评价

即对一个受测者的两个或多个时刻内的成绩进行前后比较。各人的轮廓图既可分别绘制，也可绘在同一轮廓图上，以作比较。

在绘制前，必须把前后的各次测验的原始分数都化为标准分（T 分数）或百分等级。

由图 8-4 可分析甲、乙、丙学生学习总程度及其进步情况，还可对他们学习的水平、进步的稳定性等方面进行比较。

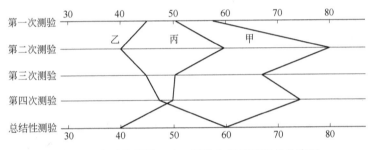

图 8-4　表示某班甲、乙、丙学生学习情况的轮廓图

以上三种评价方法在实际应用中并非截然对立、互相排斥，而是相互补充、融合使用。绝对评价，其评价标准是以教学目标为依据的，但是达标程度还是要以本班教学结果，参照别班或其他学校的教学结果，经过反复考虑、修订而确定，故绝对评价中有相对评价的成分。用于相对评价的测验，在命题和收集其他有关评价资料时，也要参照教学目标，所以，相对评价中也有绝对评价的成分。个人内差评价，只是从个人各方面的特点进行比较，有人认为从理论上来说，它属于绝对评价的范畴。但是，它又是借助于相对评价的标准（T 分数和百分等级）进行的，所以，又具有与团体的平均成绩相比较的相对评价特点。由此可见，它们之间无绝对的优劣之分，只能说哪种评价解释的方法更适合于哪种评价目的的要求。在教学中，教师采用哪种评价法，往往是根据实际需要来选择的。

四、对测验分数的解释与报告

评价学生学业成绩的主要目的，在于通过评价师生双方得到的反馈信息，及时调整和改进教学或学习。但是，并不是在任何情况下，都能取得积极效果的。为了使评价起到加强学生学习动机，促进努力学习的积极作用，教师在向学生或家长解释与报告测验分数时要注意以下几方面。

（1）测验分数是对受测者目前状况的测量，它受许多因素影响，如先天遗传、测前的学习与经验、测验情境等。所以，教师在解释和报告之前，应全面了解学生情况，不要单纯从分数上武断地下结论。

（2）教师在报告学生学习结果时，必须使学生和家长认识到分数或等级通常不具有绝对的价值，只代表一种相对的意义。任何一个测验都不是一把绝对无误的尺，应该把测得的分数看成一个范围而不是一个确切的点。在报告学生某些学科成绩时，最好指明参照组及其在组内的位置。有时可把几个分数（如平时成绩、期中和期末考试成绩）通过加权组合起来，评出一个总的等级。如果使用确切的分数，则必须说明这些分数并不是精确的指标，而是对某人真实成绩的最佳估计。

（3）鼓励学生本人积极参加对测验分数的解释，并用非测验因素如测验时的主观状态、平时的学习与学习态度、学习环境、学习中的一些其他问题等加以补充说明，从而增进学生自我接受与自我了解的程度。

（4）教师应从关心、爱护学生的立场出发，解释和报告测验分数最好采取一对一的形式，尽量不要有他人在场，以利于使测验分数的解释与报告产生积极效果。

研究性课题

1. 谈谈你对测量、测验、评价概念的理解。
2. 试分析测量与评价的功能及局限性。
3. 分析有效测验的必要条件。
4. 教师在解释与报告测验分数时应注意的问题。
5. 运用所学原理设计一套测题测量学生是否已经掌握本门学科。

拓展性阅读

［1］邵瑞珍. 教育心理学. 上海：上海教育出版社，1997.
［2］皮连生. 学与教的心理学. 上海：华东师范大学出版社，1997.
［3］陈琦，刘儒德. 当代教育心理学. 北京：北京师范大学出版社，1997.
［4］吴庆麟. 认知教学心理学. 上海：上海科学技术出版社，2000.
［5］施良方. 教学理论：课堂教学的原理、策略与研究. 上海：华东师范大学出版社，1999.
［6］皮连生. 教学设计——心理学的理论与技术. 北京：高等教育出版社，2000.
［7］皮连生. 智育心理学. 北京：人民教育出版社，1996.
［8］申亚权. 教育测量学. 哈尔滨：哈尔滨出版社，1990.

第九章 教学组织与管理

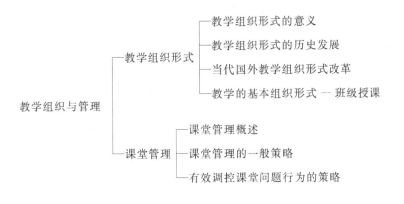

【学习目标】

◎ 用自己的话说出教学组织形式、班级授课制及课堂管理的定义

◎ 比较历史上出现过的教学组织形式并分析其利弊

◎ 掌握有效调控课堂问题行为的一般策略

第一节 教学组织形式

一、教学组织形式的含义

作为一种活动过程，教学的实施必然包含师生一定的关系，涉及教学过程各因素的组合和相互作用并考虑对时空条件的有效控制和利用。教学组织形式，或者说教学活动的组织形式，就是专为解决上述问题而设计和采用的。

关于教学组织形式，国内外各种教育学或教学论专著的定义不尽相同。有学者认为，"教学组织形式就是关于教学活动应怎样组织，教学的时间和空间应怎样有效地加以控制和利用的问题"；也有学者认为，教学组织形式就是"教学过程中学生和教师的搭配在一定程度上定型化了的持续的模式"；还有的学者认为，"教学的组织形式就是由既定的作息制度和规章制度规定的师生之间的相互作用"。虽然上述定义的表述互不相同，在揭示教学组织形式的基本特点上有所侧重，但有几点则是共同的。

（1）从表现于外部的特点来看，教师和学生都要服从一定的教学程序，要么集体上课，要么小组或个人完成教师为他们设计、规定的学习任务。

（2）师生的活动必须服从一定的时间和空间限制，并结成一定的，"搭配"关系。

（3）教师和学生以这种程序和"搭配"关系共同活动，直接或间接地相互作用。

（4）在这种相互作用中，包括了教学内容、教学方法、教学手段和教学程序步骤在时间和空间上的集结或综合。

根据上述特点，可以这样定义教学组织形式：教学组织形式，就是教学活动中师生相互作用的结构形式，或者说，是师生的共同活动在人员、程序、时空关系上的组合形式。

二、教学组织形式的历史发展

教学组织形式主要受下列条件制约：一是生产和社会生活的需要；二是教学内容的广度和深度；三是课程的结构及其复杂程度；四是随科学技术发展而出现的教学手段和设备提供的可能性。上述条件的变革，必然导致教学组织形式的发展变化，并产生与当时的历史条件相适应的教学组织形式。

历史上曾出现过多种教学组织形式，而目前其仍在发生变化。

（一）个别教授

人类最初的教育活动一方面在生产劳动和社会生活中由儿童对成人模仿而进行，另一方面也靠成人逐个向儿童传授知识、技能而进行。学校出现后，教学从生产劳动和社会生活中分离出来，成为一种专门组织的知识授受活动。由于学校教育被统治阶级所垄断且受教育的人数不多，因而学校教学普遍采用个别教授形式，由一个教师面向一两个学生进行教学。我国商周至隋唐时期的各级官学和私学、古希腊、古罗马时代的各类学校以及中世纪的教会学校及宫廷教育等，均采用个别形式进行教学。个别教授难以系统化、程序化，因而效率不高，只能适应当时学生人数不多且教学内容比较简单的教学要求，带有"师徒相授"的性质。这种教学组织形式，是当时低下的生产力水平和科学技术水平的反映。

（二）班级授课

生产的发展要求更多的人接受教育，科学技术的发展需要教学有比较固定的结构和程式，于是，在中世纪末期，集体的教学组织形式便产生了。集体的教学组织形式以班级授课为最高形式，它以固定的班级为组织，把年龄大致相同的一群学生编成一个班级，由教师按照固定的课程表和统一的进度并主要以课堂讲授的方式分科对学生进行教育。班级授课的产生适应了科学知识丰富、科学门类增多、知识技能日益复杂这一趋势，反映了在受教育人数增多的形势下人们对学校教学的要求，有利于提高教学效率并扩大教学的教育效果。捷克教育家夸美纽斯总结当时的教育经验，提出了班级授课的理论，后来，又经德国教育家赫尔巴特进一步完善而基本定型。工业革命以后，随着机器生产对学校教学提出更多、更高的要求，欧美各国逐步推行了这种教学组织形式。我国最早采用班级授课形式进行教学的学校是京师同文馆（1862年），后经"癸卯学制"（1903年）加以肯定并在全国范围推广。

（三）贝尔—兰喀斯特制

18世纪末19世纪初，正是工场手工业向大机器工业过渡的时期。大机器生产需要大批有一定文化知识的工人，要求工人接受起码的文化教育，而资产阶级为了榨取更多的利润，只给工人以低劣的、最初级的教育。反映大工业生产的这种要求并体现资产阶级利益，在英国出现了所谓的"贝尔—兰喀斯特制"，也称"导生制"，其创始人是英国一位叫贝尔的牧师和一位名叫兰喀斯特的教师。其具体做法是，教师以教年龄大的学生为主，而后由他们中的佼佼者——"导生"，去教年幼的或学习差的学生。

这种教学组织形式仍然以班级为基础，不过教师并不直接面向全班学生而只面向一部分学生——"导生"。"导生"则向班内其他学生转教教师讲过的内容。这种教学组织形式与当时英国教育的双轨制相适应；广大劳动者子女只能在设备简陋、师资缺乏的初等学校学习，而师资缺乏和教学水平要求不高，则只能采用这种转授式教学组织形式。事实证明，采用这种形式进行教学的学校，教学质量一般很低，很难满足大工业生产对学校教育质量的要求。因此，这形式没有存在很长时间便自行消失了。20世纪三四十年代，这种教学组织形式也曾在我国少数地区试行。

（四）道尔顿制

工业革命以后，班级授课在各主要资本主义国家获得普及。但由于班级授课本身存在的一些问题，例如，有可能变成教师"满堂灌"，学生的个别差异易被忽视，学生的独立性和主动性易受到抑制等，随着"新教育"的兴起，出现了许多否定班级授课、提倡学生独立活动的教学组织形式，其中最为著名的是"道尔顿制"。"道尔顿制"由美国道尔顿城一位名叫柏克赫斯特的教育家提出并试行。按照这种形式组织教学活动，班级被打乱，教师不再系统讲授教材，而只是指定一些参考书并布置一些作业，学生独立学习教材然后向老师送交作业，通过后再进行下一步学习。这种教学组织形式受到"进步主义者"的推崇，与"活动课程"、"设计教学法"等结合在一起，构成了进步主义的学校教学论和教学实践的重要部分。这种组织形式在得到美国教育家杜威的肯定和赞许之后，便很快在美国中小学推广开来，并在 20 世纪 20 年代初传到我国。

实践证明，否定教师主导作用，脱离教师指导和组织的这种教学组织形式不利于提高教学成效。因此，随着进步主义教育的衰落，"道尔顿制"也就销声匿迹了。

三、当代国外教学组织形式的改革

二十世纪五六十年代，教育改革浪潮在世界范围蓬勃兴起。西方各国在重点进行课程改革的同时，也进行了教学组织形式方面的改革尝试。改革的目标主要是：第一，进一步完善班级授课制，实现以班级为基础的教学组织形式的多样化，为每个学生提供适合其特点的教学活动形式和学习环境；第二，探索能最大限度利用现有技术手段的教学组织形式，提高教学活动的效率；第三，寻求既不失集体影响又有个人独立探究的教学组织形式，扩大学生的教育影响源或信息来源及渠道。

（一）能力分组

能力分组出现于 19 世纪末 20 世纪初，因受到人们的指责而未能推广。第二次世界大战以后，随着欧美各国对"英才教育"的重视，这种组织形式又重新被提倡并被进一步完善，其目的在于克服班级授课不能适应学生个别差异、不利于因材施教等缺陷，分组的依据不再是年龄，而是"智力"或学习成绩。能力分组一般有外部分组和内部分组两类。外部分组打乱了传统的按年龄分组的班级，按学生的能力、智力测验结果或学习成绩编班，是班级间分组。内部分组则是在传统的按年龄编班的班级内进行二次分组，按学生的能力、智力测验结果或学习成绩把一班学生分为几个小组，如 A、B、C 组等，是班内分组。

对于能力分组，各种实验结果并不一致，人们的评价也有分歧。有些资料表明，采用这种组织形式进行教学，可照顾学生差异，适应学生不同的学习要求、学习准备和学习潜能，有利于人才的培养。有些资料则表明，采用这种组织形式进行教学，会对各类学生的发展产生不良影响，不利于学生个性的健康发展，比如，有些学生会产生优越感和骄傲感，有些学生则会产生自卑感。还有资料表明，在同质小组内，由于不同水平的学生失去了相互交流、促进、影响的机会，学习差或能力低的学生将会更差或更低。

（二）特朗普制

又称"灵活的课程表"，出现于 20 世纪 50 年代的美国，由教育学教授特朗普（又译杜鲁普）创立。这种教学组织形式把大班上课、小班讨论、个人独立研究结合在一起，并采用灵活的时间单位代替固定划一的上课时间，以大约 20 分钟为计算课时的单位。大班课把两个或几个平行班结合在一起（约上百人），讲课采用现代化技术手段，讲课教师由优秀教师担任。大班课后上小班课（15～20 人），由学生研究大班课上的教材，进行讨论，发表意见；负责小班课的可以是教师，也可以是学生中的佼佼者。最后是学生个人独立研究，或独立完成教师布置的作业和自选作业，或在资料室、图书馆自己学习。大班课、小班课和个人独立研究穿插在一起，各自所占的时间是：大班课占 40％，小班课占 20％，学生独立研究占 40％。

采用这种组织形式进行教学，上大班课的教师必须充分备课，负责小班课的教师也须随时指导，教师仍起着重要的作用。不过，由于学生有一定时间的自学、讨论和独立钻研，因而有利于培养学生思考问题、解决问题及独立研究的能力并有利于学生获得多种渠道信息。这种组织形式目前在美国仍处于试行阶段，尚未推广，但不失为一种有前途的教学组织形式。采用这种组织形式时，教师组织也有相应改变，一般通过小队协同教学进行。

（三）活动课时制

活动课时制出现于 20 世纪 50 年代的美国。它对班级授课制使用统一的单位时间进行了改革，把原来的 45～50 分钟缩短为 15～25 分钟，不同的学科和不同的教学活动可使用不同的单位时间。受这一尝试启发，我国近年来也开展了这方面的实验研究，对其作了一定的补充和修正并在上海育才中学试行。

采用活动课时制进行教学，可使教学适应不同学科、不同年级学生的特点，调节脑力活动，提高学生的兴趣和学习效率，并克服班级授课制课时固定、学生易疲劳等缺点，是一种有前途的教学组织形式。但是，这种教学组织形式增加了教学管理工作量，教室安排、课表编排等比较麻烦。

（四）"开放课堂"

"开放课堂"源于 20 世纪 30 年代进步主义者的教育主张，并在第二次世界大战期间和其后的英国得以迅速发展。当时，这种组织形式只在幼儿园采用。1967 年，普洛登委员会提请人们注意这种教学组织形式并敦促在小学也采用这一形式。70 年代，这种教学组织形式传到美国并引起了一些人的重视，许多小学进行了这方面的尝试。"开放课堂"的特点是：教学不拘形式，无固定结构，不搞分科教学，不按教材传授知识，学生可以根据自己的兴趣在教室或其他活动场所自由活动或学习，教师的职责是为学生的学习创设并布置好学习环境，重视发展学生的个性。对于这种教学组织形式，有些人认为是"儿童中心主义"在战后的复活。有些人则认为，这种组织形式符合现代"非正规教育"发展的趋势并有其心理学依据，而且，这种组织形式并没有放弃教师对学生的指导作用，只不过不再直接干预学生的学习；采用这种形式组织学习活动时，对教师的要求不是降低而是更高了。

（五）个别教学

20 世纪五六十年代，为克服班级授课教学进度划一、难以照顾学生个别差异的缺点，个别教学被重新提倡并在欧美各国获得发展。其特点是：第一，在采用师生一对一的关系时设计了相应的学习内容和教材，如程序教材、自学参考资料等；第二，由学生在自己理解和掌握的基础上自定学习进程，安排学习活动；第三，采用了新的教学技术手段，如教学机器、音像设备等。现代个别教学虽然使教师和学生结成一对一的教学关系，但并不是纯粹的个别教学，学生的学习仍然有集体活动的成分（如小组讨论或汇报），并间接地受到教师的指导和帮助。

但也有人指出，尽管这种教学组织形式有利于因材施教和"英才教育"，但用其取代班级授课则可能不利于学生个性的健康发展并丧失学生集体中多样的教育影响源。还有人指出，用这种形式进行教学代价过高，不经济，除非在采用班级授课形式难以对某些学生奏效时，一般没有必要采用个别教学。

（六）小队教学

与教学组织形式的改革相适应，有些国家还对教师的组织结构进行了改革，其中最为著名且影响最大的是"小队教学"或"协同教学"。

小队协同教学的思想早在 20 世纪初就已出现，但未引起重视。第二次世界大战以后，随着教学改革的广泛开展，这种思想受到了一些教育家的重视并被付诸实施。1959 年，在罗伯特·安徒生的主持、在哈佛大学教育研究生院的协助下，进行了小队教学的实验研究，随后在美国许多中学实行。目前，在美国和西方其他一些国家，小队教学已同一些新的教学组织形式（如"特朗普制"、"不分级"）结合在一起，从而从教师结构和学生结构两个方面组成了新的教学活动模式。

小队教学的基本特点是两个以上的教师一起工作，共同负责一班或几个平行班的教学工作。在罗伯特·安徒生最初的实验中，教学组分为大组和小组两种；大教学组由 5～6 个教师组成，小教学组由 3 个教师组成，"小组组长"和"高级教师"负责小队的工作；每个教学组配备一名教师助手。

在推广这种教师组织形式的过程中，有些学校还对小队中教师的结构进行了研究，以求各类教师能"优化组合"。目前已经实行的是所谓"区别安置"（也称"不同水平工作人员的配备"），其做法是，由教学研究副主任、教学课程副主任、优秀教师、专职教师和教师助手组成一个教学组（教师小队），各级教师负责和进行不同的工作并获得不同的薪水和其他酬金。

小队教学以及与之相应的对教师的区别安置如要取得预期的效果，需要具备优秀的小队领导者、素质较高且负责任的教师、合理的时间安排和合适的教学场地等条件，并需要对学生组织结构进行改进。尽管小队教学在美国已在许多学校中实行，但由于种种原因，除少数学校外，大部分从来没有达到过其提倡者的高度期望。缺乏优秀的小队领导者，缺乏合理设计的教学场地，小队内教师之间的不同待遇以及传统习惯等，是导致这种状况的主要原因。上述问题如能合理解决，小队教学仍不失为一种有前途的教学组织形式。

综上所述，虽然新的教学组织形式不断出现，且各有其长处和理论、实践依据，但总的来说，它们都处在实验研究或试行阶段，尚未被教育工作者普遍接受，没有被学校普遍采用。目前，各个国家学校教学的基本组织形式仍然是班级授课，但其他一些形式所占的比重已有所增加。一些新的教学组织形式与班级授课相辅，将使学校教学的组织形式日益多样化。

四、教学的基本组织形式——班级授课

上面一节介绍了教学组织形式的历史发展。从中可以知道，不同的时代和不同的国家，根据社会和经济发展的需要，确定了多种多样的教学组织形式。班级授课制（也称班级教学制）从创立到运用已有 300 多年的历史，虽然在此期间，出现过许多意在否定班级授课制或纠正其不足的教学组织形式，但由于班级授课本身的优点，其他教学组织形式并未能完全取而代之，它们或者因不符合教学规律而昙花一现，或者正在改造成为班级授课制的补充形式。

班级授课，是将学生按年龄和程度编成班级，使每一班级有固定的学生和统一的教学计划，由教师按固定的教学时间表对全班学生上课的教学组织形式。班级授课的基本特点有以下几点。

（1）以"班"为学生人员组成的单位。班级编制也称学级编制，通常把年龄和文化程度基本相同的学生编成一个年级，如果一个年级人数太多，则再分成若干个平行班，这种班级编制叫单式班级编制。

（2）以"课时"为教学的时间单位。课时也称学时。一个课时是指一堂课的教学时间。我国各级学校一堂课的教学时间，一般大学为50分钟，中学为40～45分钟，小学为35～40分钟。

（3）以"日课表"为教学活动的基本周期。日课表又称课程表或上课时间表，它具体规定一周内每日上课的科目及其次序，每次上课的起讫时间和休息时间。编制日课表要符合学生的生理、心理特点，各门学科的特点和教师劳动的特点，有利于学生学习效率的提高，教学设备的充分利用，教研组活动的积极开展，以及教师时间的有效分配。

（4）以"课"为教学活动的单位。所谓课，就是在每一个课时内组织的课堂教学活动，即教师在一堂课所规定的时间内，运用各种教学方法和手段，组织学生学习一定分量的教材内容。课与课的衔接，保证了教学过程的完整性和系统性。

综上所述，"班"（人员组成单位）、"时"（教学时间单位)|"表"（教学活动周期）、"课"（教学活动单位）是班级授课的四个显著特点。因此，与其他各种教学组织形式相比，它具有"多"、"快"、"好"、"省"四个优点。

多，是指一个教师同时教40～50个学生，受教育的学生多。在国家投入的物力、财力有限，师资力量也有限的情况下，班级授课制对实施普及义务教育最为有利。

快，是指按照合理的时间单位和周期来安排教学的进度，学生就能用较快的速度来掌握各门学科教材的内容和完成统一的教学计划。

好，是指教师以系统讲授为主兼用其他教学方法，可以充分发挥主导作用。而学生通过群体的交往与活动，可以形成公平竞争的学习动机，形成各种积极的、社会化的个性品质，也有助于智力活动从外部物质活动向反映方面—知觉、表象和概念方面转化。

省，是指教师在课堂教学中进行严格而具有弹性的管理、能使学生在知识技能、思想教育和一般发展诸方面达到比理想的质量和效果，又能使教与学两个方面在时间和精力的支出上有所控制。

但是另一方面，班级授课的特点也决定它有一些弱点。其一，一个教师同时教几十个学生，容易从学生的"平均水平"出发施教，照顾了中间而忽视了两头，使能力弱的学生得不到特殊帮助，成绩越来越差，而能力强的学生也得不到充分发展，学习只能停留在中等水平上。难以照顾学生的个别差异，是班级教学最显著的缺陷。其二，按照规定的课时和课表施教，为完成教学进度，教师容易采用讲述法、复现法和演绎法，不利于培养学生的探索精神、创造能力和实际操作能力。其三，以"课"作为教学活动的单位，而"课"的时间和周期又限制得较死，这就很难适应具有不同特点的学科的内容，也容易将完整的教材人为地割裂，造成学生理解和记忆的困难。

由上述分析可以看出，一方面，班级教学具有明显的优越性，因此它虽然经常遭受尖锐的抨击而又难以被取代；另一方面，班级教学又具有不可忽视的缺陷，如不进行改革，就难以适应当今世界社会进步和经济、科技发展造成的对人才培养的需求。因此，为迅速提高基础教育的质量，一条出路是对班级教学本身进行改革，使其做到高效低耗，又尽量实现因材施教，实现教学的个别化；另一条出路是积极探索各种经济有效并切实可行的新的教学组织形式，作为班级教学的补充形式。

班级教学的两种变式

1. 复式教学

复式教学是指一个教师在同一个教室进行的一堂课上给两个以上不同年级的学生上课的教学组织形式。它仍然保留了班级授课的所有特点，如班级、课堂和统一时间等，所不同的只是教师在一节课内要巧妙地同时安排几个年级或班级的活动。它主要适合于学生少、教师少、校舍和教学设备条件较差的地区，对于普及农村和山区教育有重要意义。

2. 现场教学

现场教学是班级授课的一种变式。它对于加强教学与实际生活的联系，贯彻理论联系实际的原则，扩大学生的信息来源具有重要意义。现场教学仍然保留了班级授课的基本特点，但在教学活动进行的地点、施教的人员以及教学的时间上与校内课堂教学又有所不同。现场教学的地点不是在教室而在事物发生、发展的现场；教学人员不仅仅是任课教师而是现场有关人员或二者协同进行；上课时限不是校内上课的四五十分钟，而是可长可短。

第二节　课堂管理

一、课堂管理概述

中小学教学都在课堂内进行。课堂教学效率的高低，取决于教师、学生和课堂情境三大要素的相互协调。教师是课堂教学的组织者和领导者，在教学过程中起主导作用。教师要为学生创造有效学习的条件，首先必须明确什么是期待学生发生的适当行为，什么是不适当的行为，并让学生懂得自己在不同的场合应该怎样做。然后，教师要把教学目标中提出的对学生的期待转变为课堂活动的程序和常规，并将一部分程序和常规制订为课堂守则，以便指导学生的行为，促使学生积极主动地学习。因教师和学生都必须在课堂情境里活动，所以有必要保证课堂环境的光线充足、布置适宜、清洁卫生、座位合理、过道畅通等。而这些情境条件的创设，又有赖于教师与学生的共同活动。所以，只有妥善地处理课堂里的各种人际关系，才能实现教师、学生与课堂情境的协调，也才能最终有效地达到教学目标。如果课堂里的人际关系紧张，就容易导致纪律问题，发生问题行为，干扰课堂教学。在这种情况下，即使教师受过良好的训练，并能掌握学科教学的方法，课堂教学也难奏效。因此，课堂管理是对课堂中诸因素进行有效的调控，采取适宜的方式与策略，以师生的互动为中介，以学生的自我控制为基本目的，最终促进课堂教学顺利实施的过程。

（一）有效课堂管理行为的特点

1. 教育性

有效课堂管理行为是与课堂教育教学过程紧密结合，不断提高课堂管理效率和教育教学质量的活动。有效课堂管理行为是依据管理目标，不断地进行自身的调节与控制的动态发展过程，在这一过程中，必须注意有效课堂管理行为与教育教学的紧密联系。这包括两层含义：第一，课堂管理行为的一个方面和每一个步骤，都要以实现教育教学任务为基本内容，如师生所制定的课堂管理行为目标和计划，就应当与教育教学目标、相联系，或以教育教学计划的相关措施为核心。第二，课堂管理行为本身还应发挥其教育作用。课堂是培养人的场所，是学生学习、生活的基地，是学生精神生活所必然依赖的地方。因此，课堂中教师的所有行为都应当具有表率作用，并将教师的课堂管理行为限定在教育目标所确定的范围之内。第三，有效的课堂管理行为强调合理地组织课堂中的人、事、物，以实现教育教学目标。就课堂管理的内容而言，无非是对课堂中的人、事、物进行组织与安排，这种安排是否合理，取决于是否有利于教育教学目标的顺利实现。

2. 及时性

有效课堂管理行为注重及时处理课堂中的各种事件。课堂管理行为往往与教师的教学活动联系在一起，它们同时进行，这就需要教师具有重叠处理教学问题和管理行为问题的能力。由于课堂中经常出现各种干扰课堂教学的事件，这就需要教师给予及时的处理，处理的原则是：不干扰或中断教学活动的正常进行，既针对个别学生，又能顾及到其他学生。课堂中偶发事件的出现，要求教师做出迅速、果断、准确的反应，以最小的时间消耗争取最佳的管理效果。

3. 参与性

课堂管理行为是注重学生参与性的行为。课堂或班级是学生社会化的场所，是学生精神和人格获得发展的基点。传统的课堂管理行为注重的是教师向学生单方面的知识传输，再由学生模仿和记忆，这些就构成了课堂管理行为的全部，但是，学生除了与教师以互动方式进行学习外，还与学生组成小组合作学习，以及在课堂讲座中互动。一般而言，课堂中的活动大多是以团体活动为主，因此，课堂中的全体成员在集体中会各自获得一个适当的位置，并承担一定的角色，可以使每一个人都获得一种"存在感"，可以使每一个人履行各种职责并重新认识自己的潜在能力。

4. 规范性

有效课堂管理行为注重规范性，这是有效的课堂管理行为的一个基本特点。有效课堂管理行为注重师生在课堂中行为的效率，效率的最终体现是课堂管理目标的实现。要做到这一点，除了需要对课堂环境进行构建和处理好师生关系外，还需要形成相应的课堂行为规范。课堂管理行为规范对课堂中师生的行为有制约作用，同时，可以对学生的行为产生积极的影响，可以使学生在内化规范的同时，认可规范，形成自我控制。

5. 操作性

有效课堂管理行为注重操作性。课堂管理包括课堂管理理念和行为，而在课堂管理行为的研究中，注重策略研究是当代课堂管理行为研究的发展趋势。策略的一个典型特点是可操作性，它能保证师生按照预定的方向行为。

（二）影响课堂管理的因素

1. 背景情况

背景情况是影响课堂管理行为的重要因素，主要包括课堂文化和课堂的组织设计状况等。课堂文化是通过符号、故事或仪式和其他方式传播的关于课堂中集体的价值观和对集体发展的基本假设。在课堂文化的建构中，教师可以从个人的或协作的或平等主义的角度来考虑。背景情况中组织设计的状况是对课堂中的师生及其关系的构建。

2. 目标

目标对于课堂中所有成员以及课堂作为一个组织都产生深远的影响，这里所要解决的是课堂管理行为目标中集体目标与个体目标之间的协调与融合，以使课堂中所有成员都能在实现课堂管理相关目标的同时，实现个体自身的目标。

3. 课堂规模

课堂规模对课堂管理行为的有效性有重要的影响。有研究表明，规模与课堂中的师生交往和互动有关，并提出，课堂的规模越大，对教师的要求越高，教师需要给予的指导越多，对学生的自我约束要求越高，课堂规则越要正式，达成最终的决策所需要的时间越多。

4. 成员角色

在课堂中学生的角色是否相似，对课堂中师生的行为、动力和结果产生影响。教师没法改变学生的基本个性或态度，因此，让学生尝试不同的角色对学生的影响将更为深远。有人将学生的角色分类为：任务中心型、关系中心型和自我中心型。从课堂管理行为的角度看，学生中任务中心型和关系中心型的角色成员越多，课堂管理行为目标越容易实现。

5. 课堂规范

课堂规范是被课堂中的所有成员所接受和期待的行为准则和模式，它能帮助人们行为以达到目标。由于规范可以使人的行为简化和易于预测，并能避免尴尬的人际关系，因此，教师在课堂中通常会制定相应的规范控制与指导学生的行为。

6. 凝聚力

凝聚力主要反映的是课堂中所有的成员想保留在班级中的欲望以及为此所做出的承诺。它受群体目标和个人目标之间的一致程度影响，但是，凝聚力并不与目标的一致程度呈典型的相关性，低的凝聚力与低的一致性相联系，高的凝聚力不仅仅存在着高度的目标一致性，它还常常表现为高度的成员的承诺和集聚在一起时的愿望，而同时尊重和鼓励行为和思想上的个别差异。凝聚力对课堂管理行为的效率产生重要的影响。一方面，它可以使人获得成就感和责任心；另一方面，它又可能使课堂中师生的投入最少而获得学生最好的发展效果。

7. 教师领导

作为领导者的教师的行为对于课堂中集体的结构和学生的产生影响。作为正式的影响力量，教师拥有对课堂的进程和发展的影响力，而教师同时也可以作为非正式的领导力量，影响学生思想和情感等方面的发展。因此，教师作为领导对课堂管理行为的效率的影响应当是全面的。

以上对影响有效课堂管理行为组织因素的研究，实际上说明了有效课堂管理行为必须加以考虑因素及其相互关系，这些因素并非是独自发挥作用的，它们相互制约、相互联系，共同制约着师生的课堂行为，其发展的最终结果是获得有效的管理。

（三）课堂管理模式

课堂管理理论与管理学、心理学的关系最为密切。现代管理理论认为，管理的目的是为了实现预期的目的，管理的本质是协调，协调必定产生在社会组织之中，协调的中心是人，协调的方法是多样的。

根据管理学的观点，课堂管理的主要活动是协调，即协调课堂教学中的人际关系。课堂管理模式分人际关系模式和群体过程模式。前者强调创造健康的课堂气氛，形成良好的人际关系，使学生主动地学习，减少问题行为的出现。后者受社会心理学的影响，认为课堂是一种社会组织，具有所有社会组织的特征，管理活动的任务是满足学生的需求，形成有凝聚力的群体，以使学生产生积极、有效的学习活动。

需要协调的原因，是人们的行为出现了不一致。在课堂教学中，需要协调的是学生的问题行为。根据行为主义的观点，教师可以通过正确的方式对学生的问题行为进行矫正。这种课堂管理模式被称为"行为矫正模式"。这种管理模式主要是指教师通过强化、榜样、咨询等方法，对学生的行为进行矫正，以使学生有正确的学习行为，从而实现预定的教学目标。

此外，根据管理者的领导方式，还可将管理模式划分为权威模式、放任模式和教导模式。以上所提出的是六种最为普通的课堂管理模式，不同的管理模式反映了不同的管理思想，不同的管理模式采用不同的策略，也会产生不同的管理效果。

二、课堂管理的一般策略

任何课堂管理行为的理念，都需要通过课堂管理具体行为的过程才能得以实现，任何课堂管理的目标，也必须通过实实在在的行为过程才得以完成。因此，在课堂管理中，教师只有通过对学生的深入分析与了解，从而抓住课堂中的关键因素和课堂管理行为的关键环节，寻找恰当的突破口，采取相应的策略与方法。

（一）课堂社会心理环境的构建策略

课堂中师生的互动需要一定的物质条件作为保证，即课堂是由相关教室、设备以及由此形成的按某种方式组合在一起的条件构成的，有效课堂管理行为过程中，教师对这些方面的统筹安排，有助于学生在课堂中的积极行为，但它并非是惟一的条件。学生行为在一定程度上更主要是受到环境中社会的、心理的因素的影响。这种社会心理因素主要是在课堂中教师与学生以及学生与学生之间通过交往建成的各种关系，并由此形成的一种社会心理气氛。

1. 建立和谐的师生关系

人际关系是在课堂中通过师生的相互交往产生的，受每一个人特点支配和调节的人与人之间的心理关系。其中，师生关系是课堂中主要影响着课堂发展与生长的人际关系，它对学生行为的影响是显而易见的。积极和谐的师生关系是学生产生良好行为的基础，同时也是教学获得高效率的基础。因此，在有效课堂管理的研究中，构建良好的师生关系就成为一个重要的问题。

首先，关注学生对教师的感受和期望。一般地说，学生对于教师的课堂管理行为有某种期望，这种期望，对教师的行为具有规范作用，要求教师在考虑其他因素的前提下，尽量地满足学生的愿望，并在实际的行为中，使学生感受到教师对学生的尊重。

其次，将教师对学生的期望有效地向学生传达。教师的期望对学生行为的影响的研究已经很多，这些研究从多个角度提出，期望效应已经成为一个重要的管理原则。这就需要教师针对学生的实际情况，对学生提出不同的要求，并在实际中明确地或间接地传输这些期望，但是，由于每个学生的实际情况不同，教师在对学生提出期望时常常会区别对待学生，这就涉及期望本身的公平性以及期望的合理性问题。

最后，师生关系并非只是涉及学校中的正式的组织关系，还有非正式的关系。这种关系要求教师不能仅仅用自己所拥有的权力去对学生实施控制，而是要更多地考虑师生之间的情感上的联系。

结合课堂管理的实质，在构建良好的师生关系时，教师还需要从以下方面考虑：

（1）确立学生在课堂管理中的地位。就当前的课堂管理理论的发展看，已经将学生作为课堂管理的主体，吸引学生参与到课堂管理中，决定着课堂管理的成败，这就要求教师确立心中有学生的思想，把学生当做活生生的生命体，对学生的所有方面特别是情感方面给予相当的重视，因此，在课堂管理上，教师应当考虑学生的兴趣、爱好，注重学生的个性，以使学生在课堂上更多地体验成功和愉快。

（2）选择恰当的领导方式。课堂管理中，教师的领导方式对于学生的课堂行为影响是深远的。教师的领导方式并没有对与错之分，采取什么样的领导方式，一方面与教师的个性、所受的教育以及所持教育理念相关，另一方面，也与学生的具体状况、班级的发展阶段相关，因此，教师要全方位综合考虑各种因素，采取适当的领导方式，以促进课堂的生长。

（3）教师应注意移情性理解。所谓移情性理解是在情绪、情感和理智上都处于他人的地位来考虑问题，变换角色来处理问题，这是人本主义心理学家罗杰斯首先提出的一种改进师生关系的模式，它可以将教师与学生的目的、看法和情感联系起来，使他们在教育情景中建立一个良好的统一体，使师生之间和悦亲近，水乳交融。

2. 创设良好的课堂气氛

所谓课堂气氛主要是师生在课堂上所表现出来的情绪、情感状态，是师生在课堂上共同创造的心理、情感和社会氛围。它是影响课堂管理行为的一种重要的因素，它是在课堂中通过师生之间、学生与学生之间的互动而产生的，一旦形成某种课堂气氛，就会形成一种社会压力，从而影响到学生在课堂中的行为、态度和课堂管理的效果。

对于课堂气氛的调控，可以从以下几个方面进行。

（1）重视情景因素，努力实现课堂管理的人本化。这需要对课堂心理环境进行个性化设计，美化教室环境，面向全体学生，加强学生之间的竞争与合作，不断拓展课堂心理环境的空间。

（2）树立正确的教师课堂行为理念。在课堂管理中教师是组织者和领导者教师的行为对课堂气氛的形成起着举足轻重的作用。作为课堂管理的组织者与领导者，为了形成良好的课堂气氛，需要从管理的民主作风入手，在课堂上用民主的管理方式，并注重教师权威的塑造，以吸引学生参与到课堂管理中来。

（3）吸引学生参与课堂管理。课堂管理过程实际上可以看做是师生在单位时间内的相互作用的过程，师生行为的效果在很大程度上取决于师生的精神面貌和努力程度。课堂上除了教师的高度投入外，还需要学生以主人翁的姿态参与到课堂管理中来。学生积极主动的参与，可以增强教师在课堂管理中的自信心，激励教师不断地调整自己的行为，以适应学生主动参与的热情和积极性，而教师采用各种手段吸引学生参与，又能使学生产生更高的参与激情，如此形成良性循环。

（4）课堂气氛与课堂教学的有机衔接。课堂气氛并非是独立地在课堂中表现出来的，它往往与课堂教学本身紧密地联系在一起，教师课堂教学设计的状况、课堂教学的进展情况以及在教学过程中对课堂中所发生的偶发事件的处理情况，都直接或间接地影响着课堂气氛，反之，课堂气氛的状况也对教师实施课堂教学产生重大的影响。因此，在课堂管理过程中，教师必须首先在教学上下工夫，使教学在科学性与艺术性上达到特定的高度，在此基础上，加强课堂气氛的研究，并从各个方面使课堂气氛与教学合为一体，在理念和行为上尽量达到和谐。总之，课堂的物理与社会心理环境是课堂管理的一个重要内容，需要教师从多个维度去处理各种关系，使课堂环境有利于教师的教学。

（二）有效课堂管理的纪律制定策略

课堂纪律既是保证课堂教学顺利进行的前提，又是学生社会化的一个有效途径。因此，建立一个适合于课堂的纪律规范，有助于教师教学质量的提高，也有助于学生的全面发展。

1. 影响课堂纪律制定的因素

教师在制定课堂纪律的过程中，首先要考虑以下几个方面的因素。

（1）学校的相关规章与制度。一般说来，这些规章与制度反映了国家的教育教学目的和目标，反映了学校的培养目标和办学宗旨，并对课堂中教师与学生的行为做出了相关的规定。

（2）学校与班级的传统。这是长期以来所形成的对课堂教学起着保障与促进作用的，并被实践证明是行之有效的一种亚文化，它对课堂中教师与学生的行为起着潜移默化的作用。

（3）社会及家长的期望。课堂纪律是一种社会规范，它应当与社会和家长的期望相一致，否则，就会受到来自于各方面的压力。如惩罚，社会及家长总是将它与不人道、不道德联系在一起，并认为这是教师无能的表现，而实际上，课堂中又不可能没有惩罚。

（4）学生对课堂纪律的看法。由于学生的年龄和背景的差异，他们对课堂纪律的认识就会出现差异，因此，教师应当更多地考虑学生的积极的、正向的期望，以保证学生在课堂上与教师保持互动，并按照课堂纪律的规定行事。

2. 课堂纪律制定的要求

要制定出适合于具体班级的课堂纪律，就需要从以下方面入手。首先，要吸引学生参与课堂纪律的制定，这一方面能保证课堂纪律的严肃性，另一方面又能使学生乐于接受并自觉维护纪律，这一点，已为管理学的相关研究所证明；其次，课堂纪律所确立的规范应明确地向学生说明，使学生了解纪律适用的条件和背景；再次，课堂纪律应少而精，所确定的课堂纪律应尽量是最基本的、最适宜的，一般应控制在 10 条以内；最后，课堂纪律的内容表述应以正向引导为主，即尽量用积极的语言，规定学生可以做什么，而少采用不准或禁止学生做什么，积极的语言可以使学生对教师的期望产生积极的反应，使学生理解教师对学生的尊重，从而产生良好的心理效应。

3. 课堂纪律的调整

对课堂纪律，学生都有一个从认识到习惯化的过程，而对于每一项课堂纪律，学生一旦将教师的要求转化为自己的自觉行为，这项纪律的历史使命就已经完成，就需要有新的要求来规范学生的行为，就需要对原有的纪律进行调整，这一点，从学生的年龄特征及学生的认识由低级向高级发展的规律也可以作为明证。而从一个班级的发展看，当大多数学生都能自觉地遵守课堂纪律的某些规定时，也就应当制定出更高要求的纪律，使学生的行为向更高层次发展。课堂纪律的调整可以是补充，到恰当的时候，也可以是完全的修改。

4. 课堂纪律的执行

纪律的执行应当一贯公平。在中小学课堂管理实际中，教师常常会因为学生在班级的地位和表现差异，而做出不同的反应，当学生以同样的方式违反了某一种规定，教师对表现优秀的学生就可能视而不见，相反，表现较差的学生就可能会受到严厉的惩处。这样做，不仅会损伤教师在学生中的权威，使学生对于课堂纪律的认知、情感、行为出现矛盾，而且会使课堂纪律的严肃性和公平性受到质疑。执行纪律的公平一贯要求教师对全体学生一视同仁，自始至终坚持一个标准。但是，针对学生的个别差异，又可以做出不同的反应方式。

（三）课堂组织策略

根据管理学的观点，协调必定产生于社会组织中，课堂管理的组织就是班级或课堂。

1. 组织结构形式

课堂组织形式一般分三种：竞争型、合作型、个体型。以竞争为特性的课堂，强调组织成员个人的优势和成就，评价以学生之间相互比较的方式进行。在这样的课堂中，总有一些学生属于最好的，一些学生比较差，而大多数处于中间状态，但所有的学生都迫切希望比别人学得好。这种类型的班级，学生以个人的或小团体的方式学习，以独立的方式去实现自己的目标。教师是知识的传授者和学习的指导者，通常根据班级中的中上水平，确定学生学习的进度。

合作型的班级强调学生围绕共同的问题活动。班级中的所有成员都是重要的，无论他们的能力如何，每个人都能为班级作出贡献；鼓励学生们为班级出力，建立团体的目标；每个学生都分派有任务；班级听取每个人的意见，选择最佳答案；最终的结果由集体完成。在这种模式中，学生的创造力、积极性和运用先前知识的能力都得以展现，学生能够参与整个活动过程。在这种模式中，教师是促进者，教师的任务是询问、聆听，将学生的观点、思想纳入班级的系统活动中。在许多情形中，这种模式不仅能提高学生的学业成绩，而且使学生的交往能力、学术水平有明显的发展。

在个体型的模式中，学生根据自己的水平开展学习，以自己的进度完成认知任务，服从教师的指导，通常独自完成不同于他人的任务。教师是指导者，负责诊断和确定学生的水平，评价和鼓励学生进步，给学生提供信息的来源。这种模式的目标是使学生掌握认知材料，稳步前进。

在实际的课堂教学中，往往是这几种模式的组合。教师在不同时间，根据不同的教学目标选择不同的模式。不同的课堂组织结构将产生明显不同的效果，教师在选择模式时必须考虑这一点。合作型的结构可能会出现一些混乱，但它有助于发展学生的社交能力、创造能力和决策能力。个体的模式在认知方面的发展最为有效，同时，出现管理问题的机会也可能最少。至于到底选择哪种模式，取决于教师的风格和教学目标。

2. 组织策略

（1）建立行为规范。

班级作为一种社会组织，具有社会组织的特征。根据社会心理学原理，组织中的行为规范是社会组织的一个重要标志。行为规范通常被定义为被组织中的大多数成员接受的一种行为准则。组织的成员有责任遵守这种行为准则，因为这些行为准则反映了人们在社会组织相互作用中的高度规律性，并有一定的预见性。行为规范虽然没有法律的严格性和强制性，但它反映了组织成员共同认可的一种行为准则，成员如有违背，将受到组织的某种惩罚。

行为规范对组织具有功能性的作用，因为它给组织成员提供了行动的方向、准则，对组织的个体和群体都有约束力，组织的成员一般不能公然违抗。因此，在课堂教学管理中，建立课堂行为规范是课堂教学管理的一种重要策略。

（2）合理使用领导者权力。

任何一个社会组织都有它的领导者。领导者的任务是带领、引导和鼓励组织成员为实现目标而努力。在课堂教学的管理中，教师既是领导者，又是管理者、组织者。由于掌握了知识和传递知识的技能，教师就获得了一种形式的权力，随着知识和技能的发展，权力不断扩大。但是，在现代社会中，教师要清醒地认识到，教师不是惟一能传递知识的人。随着教育社会化的不断发展，电视、电影、家庭、工作单位都可向人们提供教育，传授知识，人们还可以通过旅行、各种文化活动来获取知识。在课堂教学中，由于角色和地位优势，教师拥有至高无上的权力。但教师不能过度使用这种权力，否则，可能导致学生产生不安全感和抵抗情绪，这两者都不利于教学目标的实现。当学校管理机构使学生处于一种相对无权的地位，学生可能通过结成团体、引发混乱或不学习等方式进行报复。如果教师希望成为有效的管理者，就应该通过合理地使用权力来达到预期的结果。

三、有效调控课堂问题行为的策略

（一）课堂问题行为产生的原因

课堂问题行为指不能遵守公认的正常学生行为规范和道德标准，不能正常与人交往和参与学习的行为。这样的行为不仅干扰正常的教学活动，引起课堂纪律问题，而且还会影响到学生的身心健康。斯威夫特等人通过系统的课堂观察发现，在典型课堂里，25％～30％学生有问题行为，主要表现为漫不经心、感情淡漠、逃避班级活动，与教师或同学关系紧张、容易冲动，上课插嘴、坐立不安或活动过度、紧张烦躁等。问题行为不是差生、后进生的"专利品"，优秀学生有时也有可能发生问题行为。课堂里发生的问题行为，看上去好像是学生的问题，实际上也与教师、家庭教育和社会环境等因素有关。

下面，将主要从学生和教师这两个方面加以重点介绍。

1. 来自学生方面的因素

（1）厌烦。由于教学内容太易或太难，学生感到索然无味；或对新课听不懂；或者由于教师的教学方法单调等，对教学产生厌烦情绪，寻求其他刺激而违反课堂纪律。

（2）挫折与紧张的发泄。有些学生对于教师所提出的学习、行为方面的各种要求，自己达不到，频频遭挫折，面临失败的威胁。挫折使学生紧张，紧张到一定程度就会导致发泄。

（3）寻求注意。有时候，有些学生表现出问题行为是为了赢得教师和同学们的注意，哪怕是消极的注意。这一原因比许多教师想象的更普遍。

（4）逃避不愉快的状态或活动。有时学生产生问题行为是因为要逃避不愉快状态或活动，有时候也是为了保存自己的面子而故意恶作剧等。此外，还有研究表明：课堂问题行为与学生的情绪和性别都有关。产生问题行为的学生常有情绪冲突，容易对刺激产生一种过于敏感的或过度的反应倾向，对与课业无关的刺激立即以过度活动的方式做出反应。有一部分学生的过度活动是由于脑功能轻微失调造成的。性别因素对问题行为的影响是有差别的，一般来讲，男孩比女孩有更多的问题行为。有人认为，男孩的问题行为是由于获得言语技能较慢而造成的。

2. 来自教师方面的因素

（1）要求不当。有的教师对学生要求过严，学生忙于应付，稍不留意就违反了要求，于是，就不加分析地严惩，结果造成师生矛盾冲突，继而更易产生问题行为。有些教师对学生则要求过低，甚至得过且过，导致问题行为的产生。还有些教师对学生的问题行为凭感情办事，想管就管，不想管就不管，这种情况下，学生的问题行为当然是层出不穷了。

（2）滥用惩罚手段。惩罚手段的运用要谨慎，看"火候"恰到好处，能收到惩一儆百之效。否则，不但不能制止问题行为，反而会降低教师的威信。特别是对学生进行体罚或变相体罚的教师，更使学生产生怨恨情绪，有可能诱发攻击性或退缩性的问题行为。

（3）教师不善于了解情况。这里面包含四层意思：一是教师要了解自己，了解自己的长处、缺点、目标、人格和特殊才能，你才能希望拥有一个有效的愉快的班级；二是要了解自己的学生的成熟、需要、个性特点和能力等；三是要了解目标；四是要了解从何开始，富有成效的管理不是铁面孔、给学生一个下马威，而是开始时尽可能自然，不要过分地装腔作势。

（4）教师缺乏自我批评精神。当课堂问题行为发生时，教师不要一味地责怪学生，而要引咎自责，从自身方面找原因，主动承担责任，向学生做检讨等。这样做会收到意想不到的教育效果，而且也熏陶了学生，使他们逐渐学会正确地归因。

（二）有效调控课堂问题行为的策略

1. 预防是最好的良药

为防止课堂问题行为产生，教师必须使学生明确应该遵守的规章制度，之后就是如何防患于未然。一般地说，成功的管理者能较好地预防问题。有效课堂管理包括以下的四个方面。

（1）明察秋毫。明察秋毫就是指教师使学生知道，他注意到了课堂里发生的每一件事。教师尽量避免被少数几个学生吸引或只与他们交流，因为这变相鼓励了班上其他人心不在焉。教师总是扫视教室，与个别学生保持眼光接触，这样，学生就会知道他们一直在受教师监督。这些教师能预防小面积的捣乱慢慢演变成多数。他们知道是谁在捣乱，并且也能准确地处理当事者，不会犯"时机错误"（等很长时间才进行干预）或"目标错误"（谴责错了学生，让真正的肇事者逍遥法外）。

（2）一心多用。一心多用指同时跟踪和监督几个活动。这方面的成功，同样也需要教师不断地监控全班。例如，当教师不得不检查个别学生的作业，与此同时，还要对班上学生说"好，继续！"从而使他们不间断学习。

（3）整体关注。整体关注是指使尽量多的学生投入适当的班级活动，而避免把注意力集中在一两个学生身上，使所有学生都有事可做。例如，教师可以要求每个学生写出某个问题的答案，然后再让某个学生回答，同时让其他学生比较他们的答案。

（4）变换管理。变换管理是指使课和全班可以顺利地过渡，保持适当的进度和多样性的变换活动。例如，在赢得学生注意之前就宣布一个新的活动，或者在另一个活动中间开始一个新的活动，这样做可使学生心理上有准备，而且能引起学生的注意和兴趣，从而避免问题行为的产生。

一个教师如果能成功地表现出明察秋毫、一心多用、整体关注和变换管理这四个方面的能力，那么班上的学生就会积极参与学习。这不一定就是一个严肃的课堂，这更像一个繁忙的地方，学生在这里积极地学习，获得胜任感和自我价值感。

2. 实用行为矫正技术

（1）以家庭为基础的强化。以家庭为基础的强化策略是指把学生在学校的行为报告给家长，由家长提供奖励。教师让学生把一张每日或每周报告卡拿回家，根据教师的报告，家长给学生以适当的强化。这个方法有以下几个优势。第一，父母能比学校提供更有效的强化和权力。第二，能向家长经常反馈有关孩子的消息。第三，容易管理执行，可取得家长的积极配合。

（2）全班信物强化。信物强化是指学生能把由学习和积极的课堂行为所获得的信物，如小红花、小红旗、小红星、分数交换成他们想要的奖品等。有人研究，以整班为单位的信物强化系统对学生的行为特别有效。如果这种方法能与前两种方法结合起来使用，效果会更好。

（3）集体程序。集体程序是根据集体成员的行为进行奖励。其实，教师经常在使用这种方法，例如，"如果所有学生都放下手中的活，保持安静，我就讲故事。"集体程序的重要之处在于：大多数情况下，整个班级要么得奖，要么不得奖，可以培养集体主义精神或增强凝聚力。在使用此方法时要考虑周到，切不可伤了全班同学的面子或者使教师处于尴尬状态。

（4）心理辅导。学校心理辅导，是指教育者运用心理学、教育学等学科的理论与技术，通过集体辅导、个别辅导以及家庭的心理辅导等多种形式，帮助学生改变认知、信念、价值观念和道德观念来改变学生行为的一种教育活动。它是学校教育工作的重要一环，辅导的最终目标是实现教育目标。

处理课堂问题行为的技巧

1. 做到"二要、八不"

二要：要对事不对人；要尊重学生人格，维护学生自尊心。

八不：不忽视年龄特征，即按学生的年龄特征来看待问题行为；不混淆事实与谣传，做判断时不以部分事实为依据；不轻易做出结论，做判断时不以部分事实为依据；不忽视情境因素，多考虑环境影响和客观原因，少将过失归咎于个人品质和主观意图；不做简单推论，即不以点代面、以偏概全、以现象代本质，不以以往的过失来推断当前的问题行为；不以感情代替理智；不按个人好恶来取代原则；不做主观判断，即不按个人观点作为依据看待周围的人与事；不投入个人情绪，处理问题应摆脱个人情绪的影响。

2. 使用信号制止不良行为

在不良行为刚产生时，教师可用凝视、摇头、叹息、手势、小声咳嗽等信号示意学生停止不良行为。

3. 邻近控制

可走近违反纪律的学生，试用站在他身旁，轻拍其背或头，轻声提醒等方式控制其行为。

4. 移除诱因

对分散学生注意力的书籍、玩物，可暂时拿开，以消除诱因；对上课时爱在一起聊天玩耍的同学，可调离座位；对注意力分散的学生，可安排在与教师邻近的位置，以便于控制。

5. 表扬与不良行为相反的行为

对许多学生来讲，表扬是强有力的激励。教师要想减少学生不良行为，不妨表扬他们所做出的与不良行为相反的行为，他会不好意思继续捣乱下去。或者表扬其他同学，例如"我很高兴看到这么多学生都在认真学习，王××做得很好，李××也不错"等，常会使表现与之相反的学生转变过来。

6. 反复提示

在有些情况下，学生有意无视老师的要求，或者与教师争吵，或者向教师请求，想以此试一试教师的意志(俗话说，能耐)。如果学生认识到教师的立场坚定，并且要采取适当的措施加强有序的和建设性的课堂环境时，他的这种尝试将会慢慢消失。这就是所谓的"坚定性训练"。它是对学生不良行为的明确、坚定而友好的反映。教师应确定他们想要学生做的行为，清楚地告诉学生，并反复重复直到学生屈服为止。

研究性课题

1. 什么是教学组织形式？教学组织形式有哪些？分析其利弊。

2. 创设良好的课堂气氛的有效途径有哪些？

3. 课堂问题行为的类型有哪些？

4. 如何有效调控课堂问题行为？

拓展性阅读

[1] 皮连生主编. 教学设计—心理学的理论与技术. 北京：高等教育出版社，2000.

[2] 李秉德主编. 教学论. 北京：人民教育出版社，1999.

[3] 刘家访著. 有效课堂管理行为. 成都：四川教育出版社，2003.

[4] 李晓文，王莹编著. 教学策略. 北京：高等教育出版社，2000.

[5] 吴立岗主编. 教学的原理、模式和活动. 南宁：广西教育出版社，2001.